海を読み、魚を語る

沖縄県糸満における
海の記憶の民族誌

三田 牧

コモンズ

もくじ◆海を読み、魚を語る――沖縄県糸満における海の記憶の民族誌

はじめに

広漠とした海に船を浮かべ、はるか水面下を泳ぐ魚をとることは、目に見えない対象を追うという意味でとくに難しい。漁師には、海底の地質・地形や潮の流れ、魚の行動などを総合的に把握し、適切な判断をする「海を読む」知識が必要とされる。また、陸に水揚げされた魚は、その土地の魚食文化によって価値付けられる。魚を販売する者には、魚の肉質や毒の有無はもとより、その魚の文化的な価値を判断する「魚を読む」知識が求められる。

私は沖縄を代表する漁師町・糸満《いとまん》で、一九九六年から通算約一年六カ月にわたって文化人類学のフィールド調査を行い、漁師や魚売りの女性から海や魚を「読む」知識を学んだ。糸満の人びとは、いかに海(魚)と関わり、暮らしをたててきただろう。そして、その関わりはどのように変貌しようとしているだろう。それが大学院生のころの、私の研究テーマだった。

この研究をまとめ、博士学位論文として提出したのは二〇〇五年末である。二〇〇〇年を境に、私は糸満に頻繁に通わなくなっていた。調査に一区切りついたことや、海外に居住して次の研究テーマに取り掛かっていたことが、おもな理由だ。しかし、多くの人類学者が言うように、初めてフィールドワークをした地域社会は、その研究者の人生に大きな意味を持つ。

糸満は私の心のなかで一九九〇年代の姿のまま、きらきらとした存在としてあり続けた。いつか沖縄研究に戻らなければ、と思っていた。最初の調査で糸満に魅了されたときから、沖縄に向き合うことを自分の生涯にわたって取り組むべきことと考えてきたからだ。

再び沖縄に調査地をもどし、二〇一〇年に糸満を訪問した私は、その変貌ぶりに愕然とした。糸満では日本復帰を目前とした一九六〇年代末から海の埋め立てが進行しており、九〇年代にも広大な埋め立て地があった。それでも、町の中心は糸満の旧市街と一体となっており、漁撈集落として発展してきた「糸満」の歴史的連続性を感じられた。ところが、二〇一〇年には埋め立てはほぼ完成し、町の中心は埋立地に完全に移行していた。那覇から糸満の埋立地に延びる新しい道路は高架になり、車は糸満の旧市街をまたいでいく。人の動きに無視される旧市街は、見る影もなく衰退していた。この姿に接した私は、一九九〇年代の糸満で見聞したことや研究の成果を改めて世に問うことの必要性を感じた。

大学院生のころ私は、糸満の漁師や魚売りがいかに海との関係性を築いてきたかという視点から、糸満の生活文化について学んだ。それは、漁撈集落として糸満が蓄積してきた経験と記憶の層である。それは、糸満を糸満たらしめているもの――すなわち「文化」であり、アイデンティティの源である。

現在の糸満の姿に違和感を覚えるのは、それまでの糸満の暮らしの記憶と切れたところで新しい町がつくられているように思えるからだ。私は、「新しいものは真正な糸満ではない」と言いたいのではない。人びとの暮らしは、これまでもこれからも日々変わっていく。「伝統」という過去の実態があり、それから離れてはいけないと言っているのではない。

私にとって胸騒ぎがするのは、新しい町と古い町に連続性が見えず、「表の町」と「裏の町」のような二重構造になっている印象を受けるせいだと思う。糸満が歴史的に蓄積してきた経験のほとんどが、「日のあたらない場所」に追いやられているように感じる。埋立地につくられている新しい町は、現在「日のあたる場所」だが、糸満の経験に根差さないこの町は、どこか空虚だ。

糸満の「ルーツ」は、伝承や墓やさまざまな民俗行事にも見出すことはできるだろう。しかし、もっと日常的なところ、糸満に暮らした一人ひとりの思い出（記憶）のなかに、人をある土地に結びつける強力な磁場はある。「懐かしい」という気持ちを掻き立てる、ある風景、ある匂い、ある音。そのようなもののなかに故郷はあるし、それこそが根（ルーツ）であると考えることもできる。

本書では、糸満の人びとの「海とともにある暮らし」の記憶をたぐりよせることで、糸満が糸満であるところのもの、すなわち「文化」をさぐることを試みる。

この研究は、大和《ヤマト》の大学院生であった私が糸満の海人《ウミンチュ》（漁師）や魚売りのアンマー（お母さん）たちに出会い、彼らから多くを教わった、その記録である。私は「よそ者」ではあるが、本研究はよそ者の独り言では決してない。私と糸満の人びととの関わりの結果が本書である。

一九九六年初夏の糸満の、あのつきぬけるような空と、糸満漁師と魚売りの思い出に、本書を捧げる。

序章　糸満へ

糸満市公設市場（1996 年ごろ）

1 問いの始まり

那覇の市場街では、どんな小さな空間でも誰かが何かを売っていた。黒光りする鰹節や南国の果物、丸い油菓子などを前に、女性たちが座っている。迷路のように入り組んだこの空間は、戦後の闇市から立ち上げられたものだ。[1] 沖縄方言で、市場のことをマチグワーと呼ぶ。牛肉よりも豚肉に親しみ、極彩色の魚を食べ、涼しげな衣類を身にまとい、日々の仕事に打ち込んできた人びとの暮らし。それがマチグワーという空間を形づくっている。その一方で、スーパーマーケットには日本全国どこでも見られるような商品が売られている。ときどき沖縄そばやジーマーミー(落花生)豆腐などを見て、ここは沖縄であることを思い出すぐらいだ。

私が予備調査として初めて沖縄を訪ねたのは、一九九五年の夏だった。「戦後五〇年」を報じる新聞が誰かの家の郵便受けに差し込まれているのを見た記憶がある。沖縄本島中南部を歩き、基地や聖地など沖縄のさまざまな側面を見てまわったこの旅のなかで、私の心をとらえたのが市場だった。

一九七二年の日本復帰以来、沖縄の人びとは生活のあらゆる面で急激な変化を経験した。大和人《ヤマトウンチュ》と同じように平和に暮らす権利や、生活の質的向上を希求し、日本に「復帰」した沖縄であったが、開発という形で沖縄に投下された資金が人びとの暮らしを豊かにしたとは決して言えない。また、「日本の安全保障」を名目に居座り続ける米軍基地は、沖縄の人びとに度重なる災いをもたらした。他方で生活様式や言語の大和化は着実に進み、今日では沖縄方言を解さない若者も珍しくない。[2]

マチグワー（市場）とスーパーマーケットが共存する一九九〇年代の那覇の街には、大和化を希求すると同時にそれを拒む沖縄の姿があった。市場にみなぎっている「沖縄らしさ」とは何だろう。それが筆者の最初の問いだった。魚でも豚でも野菜でもいい。市場に売られているものを手がかりにして、市場に生きる沖縄独自の価値観を描き出すことはできないだろうか。そう考えた私は、極彩色の魚が大和との違いをひときわ感じさせる魚市《イユマチ》を調査対象とすることにした。そして、魚に投影された沖縄の人びとの価値観や、その背後にある漁撈活動を研究するにあたり、沖縄を代表する漁師町、糸満を調査地に選んだ。

糸満は沖縄本島南西部、那覇の中心部から南に約一〇キロに位置している。糸満市は南西部一帯を指し、漁撈集落として名高い糸満は行政区では糸満市字糸満である。本書では、後者の意味で糸満という地名を用いる。

糸満では男性がとった魚を女性が販売し、海を中心とした生活が営まれてきた。糸満では、漁師のことを海人（ウミンチュ／ウミンチュー）[3]と呼ぶ。また、女性を「お母さん」という意味で「アンマー」と呼ぶことがあるが、「糸満アンマー」といえば魚売りの女性の代名詞である。本書では漁師を海人と呼び、魚売りの女性をアンマーと呼ぶことにする。

一九九六年二月末、糸満の魚市で筆者のフィールドワークは始まった。初めに手がけたのは、セリに水揚げされた魚を一尾一尾指差して、「これは何という魚ですか」と尋ねて歩くこと。地味な魚に見慣れた大和の人間には奇想天外と言いたくなるような色形をした魚は、このころの筆者にとって「面白い魚」[4]だった。体長五〇センチ程度の優雅な紅の魚名をアカマチ（ハマダイ）という。この魚を吟味して、魚売りのおばあは言った。

「アカマチはね、尾の長さを見るんだよ。尾の長いのが肉がしまって上等」

よく見ると、アカマチの尾の先端は、途中で切れているものもあれば、長く細く伸びているものもある。

美しい緑色のマンビカー〔シイラ〕は、筆者の苦手な魚だった。丸い頭部がどことなく人間に似ていて気味が悪く、当初はこの魚の横を通るのがいやだったほどである。この魚が臆病者だと教えてくれたのは、元海人のおじいだ。おじいは楽しそうに話した。

「マンビカーは臆病者《シカーグワ》。船を叩いただけで死んでしまうぐらい臆病だよ」

同じように魚について語っていても、アンマーが魚の肉質や毒の有無などについて語ることが多かったのに対し、海人は魚の行動や生息域などに言及することが多かった。それは、アンマーが向き合ってきたのが「食物としての魚」であるのに対し、海人が向き合ってきたのが「生物としての魚」であるためだ。

海人やアンマーから魚の話を聞いているうち、筆者の関心は市場から海へと拡大していった。糸満では、男性がとった魚を女性が売ってきた。糸満の人びとやその生活文化について何か語ろうとするならば、女性が向き合ってきた海（魚）と男性が向き合ってきた海は対にしてとらえなければならないと思ったのである。

アンマーは、「食物としての魚」に向き合うなかで、魚の味や太り具合、毒の有無や薬効など、魚の属性を判断する知識、すなわち「魚を読む」知識を培ってきた。それに対して海人は、「生物としての魚」に向き合うなかで、魚の行動や海底の地形・地質、風、潮などを総合的に把握し、その時その場に適切な判断をする「海を読む」知識を培ってきた[5]。

糸満の海人とアンマーは、海とどのように関わりながら生活を切り開いてきただろう。そして、その関わりのあり方は、一九九〇年代後半にどのように変容しつつあっただろう。これが、本書の「問い」である。

海や魚を「読む」知識を記述、分析することでこの問いに挑み、海との関わりを軸に糸満の人びとの暮らしの記憶を綴りたい。

2　本書の背景

本書の関心は、海や魚を「読む」知識にある。高桑守史は、「獲る技術・技能と、商品として捌く才覚をあわせもつものが漁民である」[高桑 一九九四：四二]と述べている。糸満の海人はより多くの魚をとるために「海を読む」知識を培い、アンマーはより多くの魚を売るために「魚を読む」知識を培ってきた。本書では、海や魚を「読む」知識の記述・分析をとおして、漁撈社会糸満の人びとと海の関わりを、男性と女性、漁師と魚売り、海と陸という相互補完的な視点からとらえていく。(6)

本書は、いくつかの流れの研究史を背景にしている。(7)このうち、糸満および糸満漁業の研究史については次章で述べる。また、必要に応じ、各章に関連する文化人類学的な研究の背景を記す。ここでは、沖縄の海や魚に関する人びとの知識を対象とした一連の研究との関連において、本書がめざすところをまとめたい。

沖縄の漁業と海の知識

沖縄の海の特色は、サンゴ礁と生物の多様性にある。日本復帰直後の沖縄で相次いでなされた生態人類学的研究では、そのような海洋環境を反映し、幾種類もの漁法が開発され、多種にわたる生物が広く浅く利用されてきたことが明らかにされた[口蔵 一九七七、寺嶋 一九七七、市川 一九七八]。そして、比較的単純な技術を用いたこれらの漁法においては、海底地形や魚の行動、潮などに関する詳細な知識が必要とされることが指摘された[寺嶋 一九七七、

市川 一九七八、須藤 一九七八〕[8]。

たとえば須藤健一は、糸満漁民の分村である石垣島登野城《とのしろ》地区において潜水漁法について研究報告を行った〔須藤 一九七八〕。この研究では、潜水漁業が、季節風や生物の回遊、潮の干満など自然状況に強く支配されるとともに、魚の習性や生息場所に関する知識を要求する漁法であることが明らかにされている。比較的単純な漁具を用いた漁法において、「海を読む」知識は海洋環境への適応手段として不可欠だったといえる。

しかし、一九八〇年代にパヤオ漁や養殖漁業が導入されたことで、沖縄の漁業は転機を迎える。パヤオ漁とは、人工の浮き魚礁「パヤオ」に集まってきたマグロやカジキなどの回遊魚を捕獲する漁法の総称である[9]。

武田淳は、糸満漁民の分村である沖縄本島港川《みなとがわ》において、一九八〇年代からパヤオ漁に従事する漁師が増え、漁法の単一化が進んだことを指摘した〔武田 一九八八〕。武田によると、パヤオ漁は習得が比較的容易であるうえ、従来の漁法に比べてはるかに高い漁獲高を見込める。そのため、パヤオ漁の導入によって若年層の漁業従事者が増加した一方で、伝統的な漁法に従事する人が減少したという。また、沖縄では一九八〇年代からモズクなどの養殖漁業がさかんになされるようになった[10]。伊谷原一は、伊是名《いぜな》島のモズク養殖をとりあげ、伝統漁法とはあらゆる面で異なるモズク養殖漁が浸透することで、漁業生産は安定していくものの、沖縄漁業の特色であった漁法の多彩さや、漁撈の面白みや興奮が失われていくことを指摘している〔伊谷 一九九〇〕[11]。

一九九〇年代に入ると、外套長《がいとうちょう》八〇センチを超える大型のイカ、セーイカ〔ソデイカ〕を捕獲する漁法が導入された。海人はセーイカが生息する水深五〇〇メートルあたりに縄を入れ、ブイが沈めば縄を引き上げる。ある海人によると、セーイカは人間を見ても驚かず、水面まで引き上げられても逃げもしないという。イカとの知恵比べのないこの漁法において、「海を読む」知識はほとんど必要とされない。この漁法は、面白みに欠けるものの高い漁獲高が見込まれるため、パヤオ漁と並んで一九九〇年代沖縄の主力漁法となっていた。

沖縄の漁業をめぐるこれまでの研究からは、戦後の漁撈技術の進歩に後押しされる形で沖縄漁業が変容してきたことが明らかになった。それは「海を読む」知識に依存する漁から「海を読む」必要性の低い漁への移行であり、多様な生物を広く浅く利用する漁から特定の種を集中的に捕獲する漁への移行、さらには農業のように漁獲対象を育てる漁への移行である。

このような沖縄漁業の移行にともない、「海を読む」知識が研究の対象となることも少なくなっていった。近年「海を読む」知識は、儲けることを目的とせず、ごく単純な道具を用いた漁撈活動の研究においてとりあげられるようになっている［熊倉 一九九八、高山 一九九九、関 二〇〇四］(12)。利益を意識すると、効率を重視するため機械化が起こる。それに対して利益を意識しない漁撈活動では、単純な技術しか用いないという制限をあえて設けることで海との密接な関わりが保持されるというわけである(13)。

これらの先行研究からは、漁撈技術の進歩によって「海を読む」知識が主生業から追いやられ、楽しみとしての漁で細々と生かされているという現状が見えてくる。また、「海を読む」知識は環境への人間の適応手段としてとらえられてきたが、そのような知識が不要になった結果、「楽しみ」を生み出す関わりのあり方として新たな意義を見出されているらしいこともうかがえる。

本書では、「海を読む」知識を主軸に据え、そこから海と人間の関わりの変化を読み取るというアプローチをとる。すなわち、自然環境や社会環境の変化に海人がいかに対峙してきたかを、「海を読む」知識をもとに探るのである。具体的には、次の三つの研究課題を立てる。

①海の埋め立てによる海洋環境の変化を海人がいかに読み、対峙してきたか。

②漁撈技術が進歩していくなかで、「海を読む」知識はいかに構築されていったか。また、「海を読まない」漁が可能になることで、人間と海との関係性にどのような変化が生じたか。

③「天気を読む」知識に個々の漁師の経験がいかに投影されてきたか。そして、天気予報の精度や船の装備が向上するなかで、「天気を読む」知識はどうなっていったか。

沖縄の魚をめぐる知識

沖縄の漁撈研究においては、漁師の知識がしばしば研究対象とされてきたのに対し、「食物としての魚」をめぐる知識や価値観はあまり研究の対象とされてこなかった。

たとえば松井健は、宮古群島来間《くりま》島において魚に関する民俗分類やエスノ・サイエンスの知識(方名、生息場所、漁法など)の研究・調査を行っているが、「食物としての魚」の価値はほとんど論じていない[Matsui 1981]。また、沖縄の食文化に関する研究[『日本の食生活全集 沖縄』編集委員会 一九八八]や薬用動植物に関する研究[飛永 一九八九]では、魚の調理法や薬効をめぐる知識がとりあげられているものの、それらの研究からは魚をめぐる価値観の断片しか見えてこない。

魚をめぐる人びとの知識はこれまであまり注目されてこなかったが、漁撈と魚販売が相補的な活動である以上、どのような魚の価値観のうえに漁撈活動が成立してきたかを問うことは重要である。本書では、「魚を読み」「魚を語る」女性たちの活動をもとに、糸満の魚食文化のありようを描き出したい。そうすることで「食物としての魚」への学術的関心の欠落を埋めるとともに、陸上における魚食文化と海上における漁撈活動を総合的にとらえることを試みる。

3　研究方法

調査

本書の調査方法は、聞きとりと観察による。第2章「魚に刻まれた記憶——アンマーたちの魚売り」では魚販売の参与観察(共に活動しながら観察すること)と聞きとり、およびセリの直接観察を行った。第3章「イノーの記憶——埋め立てられゆく海を読む」では、糸満近海の空中写真をもとに、網漁師から漁場利用の変遷に関する聞きとりを行った。第4章「「海を読む」知識と技術の進歩」では、底延縄《そこはえなわ》漁師からの聞きとりと漁の実演の観察を行うとともに、漁撈日誌と糸満漁業協同組合の水揚げ記録を分析した。第5章「天気を読んだ記憶」では、四八人の海人への聞きとりを行った。

本書の調査対象地域は沖縄県糸満市とその近海である(一八ページ図1)。糸満でのフィールド調査は一九九六年二月から二〇〇四年五月にかけて、通算約一年六カ月にわたって行い、二〇一三年から一四年に補足調査を実施した。ただし、中心的調査は一九九六年から九九年にかけてなされており、糸満についての記述は基本的に九〇年代後半のものであることを断っておく。

図1　糸満とその近海

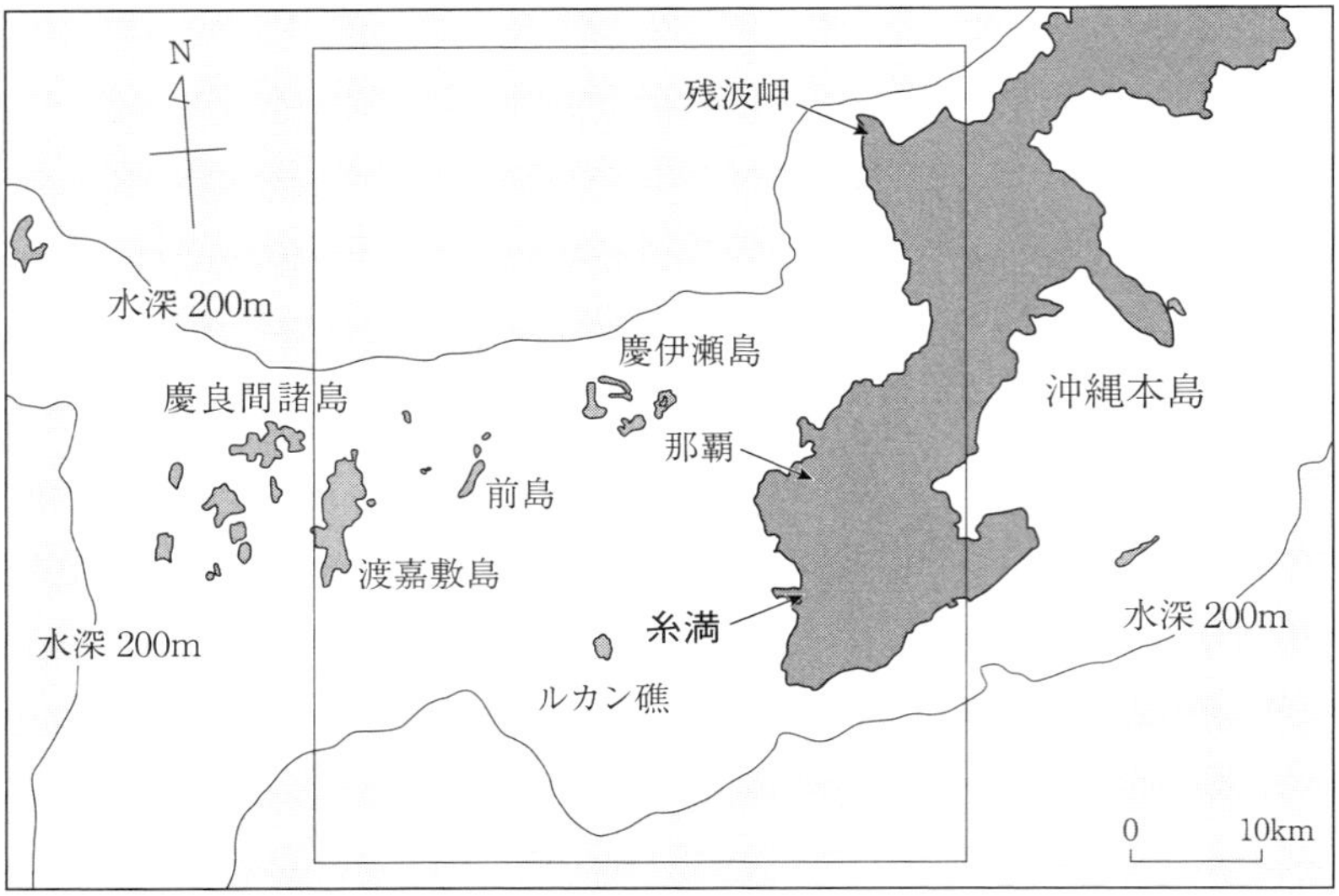

注1：枠内は第4章の研究対象海域。
注2：白い部分が水深 200 m 未満。
出典：[海上保安庁 1982(1997)]をもとに作成した。

表記方法

①人名

本書では人名の表記方法を統一していない。その理由は、とくに第3章と第4章において、研究協力者の意向をできるだけくみとったことによる。

漁師や魚売りにとって、海や魚に関する知識は財産であり、誇りの源でもあるだろう。個人のプライバシーを保護するという観点にのみ立つならば、すべての人をアルファベットで表記する、数字で表記する、あるいは仮名で表記するなどの方法が考えられる。だが、それぞれの人が生涯をかけて培ってきた知識を個別に論じるにあたり、そのような表記方法をとることは必ずしも適切でないと考えた。

そこで、研究協力者自身に表記方法を選んでもらい、第3章では船の名前、第4章では実名を表記することになった。第2章に関しては調査に協力してくれた魚売りの女性たちの人生の語りがとりあげられるため、プライバシーに配慮すると同時に、数字やアルファベットを用いた表記によって語りの人格性が失われることを避けるため、仮名を用いた。第5章に関しては、四八人の漁師の世代が分析上重要であるため、年齢順に海人1、海人2というように数字を用いて表記する。

②魚名

本書では海洋生物名を方名（方言名、あるいはその土地固有の名前）で記載する。数種類の魚を「Aの種類」と分類する場合、Aを「包括的方名」と呼ぶ。Aは基本的に第一次語彙素（primary lexeme）で、バーリンらの言う属名[14]（generic name）にあたる［Berlin et al. 1973］。また、Aに含まれる方名を「個別方名」と呼ぶ。それらには語彙素分析によってAに含まれるものと、語彙素分析上はAに含まれなくともその方言話者によって「Aの種類」と分類されるものがある。

たとえば、ハヤーミーバイは「ハヤー＋ミーバイ」と分解でき、「ミーバイの種類」である。ミーバイを包括的方名、ハヤーミーバイを個別方名とする。また、ユーアカーは名称にカタカシを含まないが、「カタカシの種類」とされるため、カタカシを包括的方名、ユーアカーを個別方名とする。

方名の後にカッコつきで標準和名を記すが、個別方名の場合は〔　〕、包括的方名の場合は【　】を用いる。個別方名において方名と標準和名が一対一の対応をなさず、複数の種を含む場合は、たとえばムルー〔ホオアカクチビ他〕と記載する。

包括的方名の場合は、【　】内にその代表的な種の標準和名を記す。たとえば、シルイユという方名にはアマクチシルイユ〔サザナミダイ〕、アカバニーシルイユ〔タマメイチ他〕、ダルマーシルイユ〔ヨコシマクロダイ〕などが含まれるが、シルイユ【サザナミダイ他】と記す。また、包括的方名が生物学的分類の科とほぼ一致する場合、【　】内に科名を記す場合もある。たとえば、エーグワ【アイゴ】がそれにあたる。包括的方名には、しばしばそれに対応する一般名称がある。そのような場合はわかりやすさを配慮して、一般名称を【　】内に記すことがある。たとえば、フカ【サメ】、カマンタ【エイ】などがそれにあたる。

また、方名はあるものの、糸満で和名をおもに用いている場合は、和名を記載する。たとえば、マグロにはスビという方名があるが、今日ではほとんど使われないため、マグロと表記する。

本稿でとりあげた魚類の方名と標準和名、学名の対照表を付表1（三二一〜三二七ページ）にまとめた。同定に関しては『日本産魚類大図鑑』［益田・尼岡ほか 一九八八（一九八四初版）］および『日本産魚類検索 全種の同定第二版』［中坊 二〇〇〇］をおもに用い、写真を参照しながら行った。(15) 魚類以外の生物名についても方名と標準和名、学名の対照表を付表2（三〇八〜三二〇ページ）にまとめた。これらの同定についても写真によって行い、複数の図鑑［奥谷（編）二〇〇〇、武田 一九八二、千原 一九七〇、中村・上野 一九六三］を用いた。

本文中では魚名や海洋生物名はカタカナ表記しているが、その音声表記も付表1、付表2に記した。(16)

③その他の方言

その他の方言について、本文中では基本的にカタカナ表記（あるいは漢字にカタカナでルビ）をし、その意味と音声表記を付表3（三〇二〜三〇七ページ）にまとめた。また、海の地名については、付表4（三〇〇〜三〇一ページ）にまとめた。

（1）　那覇の市場については小松かおりによる詳細な民族誌がある［小松 二〇〇七］。

（2）本書執筆時には島言葉《シマクトゥバ》の復興運動がさかんであるが、これは沖縄の言葉がユネスコによって消滅の危機にあると認定されたことに連動していると考えられる。

（3）糸満の話し言葉では、海人をウミンチュ、あるいはウミンチューと発音する。また、より純粋な糸満方言ではウミンツ、あるいはウミンツーと発音するという指摘を得たが、ウミンツ、ウミンツーについては実際に使われているのを耳にしたことがない。音声表記については付表3参照。

（4）沖縄では、おばあさんを「おばあ」、おじいさんを「おじい」と、愛情をこめて呼ぶ。

（5）「海を読む」という言葉は、海について多くを教えてくださった漁師・上原佑強氏が使っていた。上原氏については第4章でとりあげる。

（6）本書では、とくに魚を売ることを目的とした漁活動を「漁業」と呼び、魚を売る・売らないにかかわらず魚をとる行為一般を「漁撈」と呼ぶ。

（7）本書は二〇〇六年の私の博士論文をもとにしている。それぞれの研究史にその後新しい研究が加わっているが、二〇〇六年当時の議論を尊重する立場から、研究史のその後の展開はここではとりあげない。

（8）漁師たちが海に関する精緻な知識を培い、海に巧みに働きかけ、魚をとってきたことについては、日本の他の地域においても研究がなされている[たとえば、秋道 一九七七、五十嵐 一九七七、大胡 一九七九、篠原 一九八二、一九八六、煎本 一九九六、田和 一九九七]。

（9）なぜパヤオに魚が集まってくるかについてはいまだ解明されていないが、餌場説（パヤオに付着した生物を小型の魚が食べ、その魚を食べに中型の魚が集まり、中型の魚を食べに大型の魚が集まるという説）と、隠れ場説（パヤオのブイなどに隠れるために集まってくるという説）、本能説（つい集まってしまうという説）がある[鹿熊 二〇〇二]。

（10）ただし、調査当時の糸満ではモズク漁はあまりされていなかった。

（11）伊谷はモズク養殖漁の特徴を次のようにまとめた[伊谷 一九九〇]。①ある程度自然環境の影響を受けるものの、ほとんど人為的に管理されている。②技術が容易で、素人でも従事できる。③就業場所は陸とリーフ内の限られた海域である。④就業時間が比較的安定している。⑤生産調整が行われる。

（12）たとえば熊倉文子は、久高《くだか》島の女性による海浜採集活動の事例から、サンゴ礁地形や潮、捕獲対象生物に関する女性たちの知識を詳細に記述し、それらの知識のうえに成り立つ採集活動の実態を報告した。そして、知識をたよりに獲物を探しながら海を歩くことが「よろこび」として経験されていることを指摘した[熊倉 一九九八]。

（13）　松井健はこのような「経済的な意味は決して高くはないものの情熱を持って継続されている生業活動」をマイナー・サブシステンスと呼んでいる［松井　一九九八］。

（14）　第一次語彙素には三種類ある。松井健が事例を挙げてわかりやすく説明している。A＝単一でそれ以上分解できない語彙素。たとえばマツ。B＝言語学的に見て複合的で分解可能だが、分解して考えることが適切でないもの。B–1＝たとえばクスノキ。クス・ノ・キと分解可能だが、キは方名よりはるか上位の包括的名称である。B–2＝たとえばイヌビワ。イヌ・ビワと分解可能だが、イヌビワは犬でもなければビワの仲間でもない［松井　一九九一］。

（15）　魚の同定に関しては、琉球大学大学院理学系研究科修士課程（当時）の吉郷英範氏のご協力を得た。とくに魚類については新種の発見などによって学名がしばしば更新されると聞くが、私の専門外であるため、一九九六年に吉郷氏に協力いただいた同定と［中坊　二〇〇〇］の学名に依っている。

（16）　方言の音声表記（付表1～付表4）に関しては、沖縄国際大学総合文化学部助教授（当時）の西岡敏氏のご協力を得た。

第1章 糸満という町の記憶

糸満・中ン浜からのぞむ海（1996年ごろ）

1　土地の記憶

(1) 集落・糸満の成り立ち

沖縄に着く。私は下宿生のように住まわせてもらっていた民宿・松乃屋に荷物を置くと、駆け出したい衝動にかられながら、路地を海に向かって歩く。路地は海に突き当たり、サバニ（沖縄の小舟。くり舟とも呼ぶ）や四トン規模までの決して大きくはない船が行儀よく並ぶ糸満漁港・中ン浜に出る。潮のすえたようなにおいが、なまあたたかい風とともに体を包む。「糸満に来た！」と感じるのはこのときだ。琉球王朝の時代から漁撈集落として知られた糸満は、現在の行政区では糸満市字糸満を指す[1]（図2）。

地理学的にみれば沖縄は亜熱帯地域に属し、島をサンゴ礁（裾礁）が縁取っている。糸満が位置する沖縄本島南部は琉球石灰岩によって形成され、はるか昔、このあたりが浅い海で、サンゴ礁が広がっていたことを示している［木崎 一九九七］。一説によると沖縄は「うるまの島」と呼ばれ、その意味するところは「サンゴの島」であるという［仲松 一九九三］。サンゴ礁の海と魚は、つねに沖縄の人びとの暮らしとともにあったのだ。

沖縄の海は、陸に近いところは淡く輝くような水色で、海の底も見える。これは、サンゴが礁を形成したことによってできた浅い海域だ。少し陸から離れると、白波の立つ場所があり、そこがサンゴ礁の縁である。その先で海底は急激に落ち込み、紺碧の海が広がる。島を縁取るように形成されたこのサンゴ礁を、裾礁《きょしょう》と呼ぶ[2]。

図２　糸満の地形とイノー(1997年ごろ)

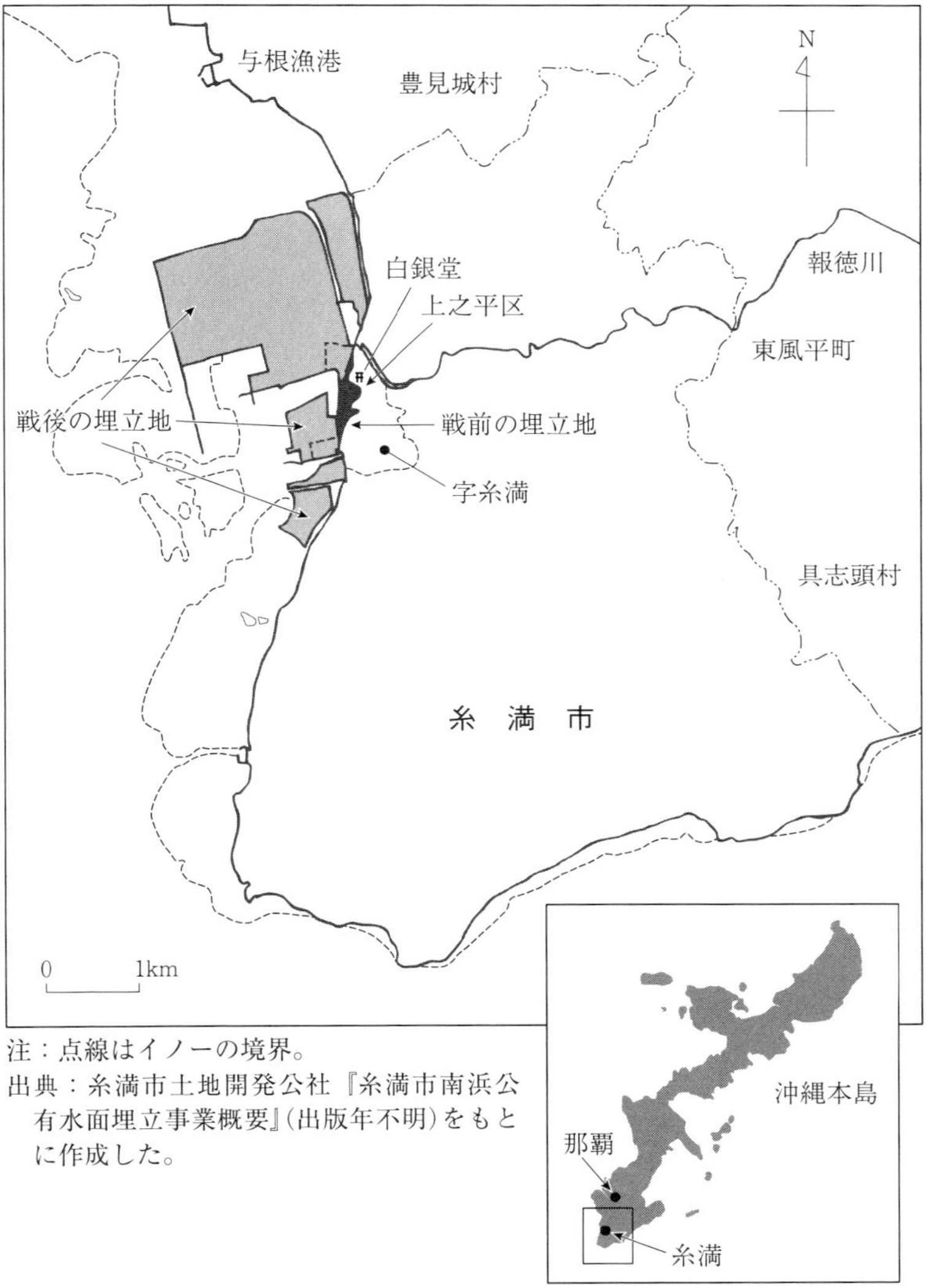

注：点線はイノーの境界。
出典：糸満市土地開発公社『糸満市南浜公有水面埋立事業概要』(出版年不明)をもとに作成した。

糸満の海は比較的広い裾礁に恵まれ、「干瀬《ヒシ》（礁嶺）」をはさみ、内側の浅い海を「イノー（礁池《しょうち》）」、外海を「フカ」と呼ぶ。イノーの内側は、サンゴや海藻、多種多様な海洋生物が生息する色鮮やかな世界である。沖縄ではイノーの地形は細かく分類され［須藤 一九七八、島袋 一九八三、一九九二、目崎 一九八九、島袋・渡久地 一九九〇、野本 一九九五、高橋 二〇〇四］、固有の地名をつけられていることも多い［日刊宮古 一九八三、熊倉 一九九八、高山 一九九九、高橋 二〇〇四］。大潮の干潮時などにはかなりの面積にわたって干上がるイノーは、海と陸の境界に位置する領域であり、人びとにとっては我が家の庭のような馴染み深い場所だった。

琉球王朝時代、集落の地先の海は海方切《ウミホウギリ》(3)によって区切られ、その海に面した集落の人びとが占有的に利用する権利が認められていた。沿岸村落の人びとは、農業を主生業としつつも、海方切によって守られた海域で副次的に漁撈を行っていたと考えられる［上田 一九九二］。

琉球王朝は勧農政策をとったため、沖縄では漁業はあまり発達しなかった。そのなかで糸満は、広いイノーに恵まれている半面、農耕に適した土地がきわめて少なく、漁撈を主生業とすることが許された例外的な存在である［仲松 一九九二（一九四四）、上田 一九九二］。なかでも糸満漁民らが漁獲したフカのひれやスルメは、進貢貿易の重要な貢物となった［上田 一九九二］。

糸満は海岸に面した丘陵を集落の基点とし、徐々に海を埋め立てることによって村を形成してきた。図2は一九九七年ごろの糸満の地図である。戦前の埋め立てによって形成された土地(5)は黒く塗りつぶして示し、戦後の埋立地は灰色に塗りつぶして示している。

「ヨリアゲノ嶽、神名シロカネノ御イベ」と一八世紀初頭の書物『琉球国由来記』にも記された御岳《ウタキ》（聖域）は、「琉球処分」を経て白銀堂《はくぎんどう》と呼ばれるようになり、海人たちの御願所《ウグワンジュ》となってきた［伊波 一九六二（一九四〇）、仲松 一九九二（一九四四）」。白銀堂はせり出した岩の上にあり、その先は、かつては海だった。糸満集落は、白銀堂の御岳とその背後の丘陵地（現在の上之平区）を中心として発展してきたため、今も祝女殿内《ヌルルンチ》（6）や黄金森《クガニムイ》など重要な御願所がこの地域に集中する［金城 一九八九］。

一八世紀なかごろ、上之平の「勢理《シリー》」という屋号の家が、浅瀬を埋め立てて海に面した居住地をつくった。それを契機に、白銀堂の御岳が見下ろす浅瀬の海は徐々に埋め立てられ、海を生業の場とする人たちが多く暮らすようになった［加藤 一九八七］。この埋立地には、住宅の合間を縫って何本かの細い水路が通っており、干潮時は干上がって小路となる。この水路（あるいは小路）と、その水路に沿った数十軒の家々より成る共同体を、門《ジョー》と呼ぶ。一九三五年に水路は埋め立てられ、潮の干満に関係なく小路となっているが、門は御願などをする際の社会組織として現在も機能している［加藤 一九八七］。

このような戦前の埋め立ては、より漁に従事しやすい生活環境をつくることを目的とし、埋立範囲は狭く、糸満の漁撈集落としての発展と軌を一にするものであった。だが、一九六〇年代より進行した大規模な埋め立ては、性格を異にする。漁港の整備など漁業振興を主目的とする埋立工事という名目ではあったが、母なるイノーを埋め立てることは、糸満の海の豊かさを根元から断ち切ることであった。

（2）二〇一四年の糸満

本書を執筆している二〇一四年時点の糸満を、私の目線で、ともに歩くように案内しよう。私が住んだ松乃屋は、戦前の埋立地域にある。海に向かって並ぶ長さ五〇メートルほどの小路（門）が九本あり、その中ほどに位置する高良小門《タカラグワンジョー》の屋号「グンゴウヤー」という家が、糸満の外から来た人の手に渡り、民宿になった。

私は糸満の人に「どこに住んでいるのか？」と尋ねられると、「高良小門のグンゴウヤーだよ」と答えた。すると、たいていの場合、相手はたいへん満足した。門地域は、糸満の人びとにとってもっとも愛着のある場所の一つなのだ。

門と門の間には数十件の住宅が肩を寄せ合い、とても入り組んだ並び方をしている。家と家の間に人ひとり通れるぐらいの通路があり、迷路のようにたどっていくと、奥まったところにも家がある。屋根瓦に家紋をあしらい、風化したシーサー（獅子。魔よけとして使われる）を乗せた古い家がある一方で、四角いコンクリート家屋も多い。そのコンクリートの白い壁が日差しをうけてまぶしく、糸満の門地域は独特の景観を有している。感覚的に言うと、石灰岩のように白く乾燥した町並みである。

昔の海岸線と門地域を隔てるのは国道三三一号線だ。この国道より陸側はなだらかな丘陵となっており、丘に沿っていくつもの門中《ムンチュー》墓(7)や白銀堂がある。先述したように糸満の母体となるのは上之平区を中心とするこの丘陵地帯であり、門地域は糸満が漁撈集落として展開するなかで形成された（図３）。これら両地域は「旧糸満」と呼ばれる。

糸満は、その後埋め立てを重ね、どんどん拡張していった。その様子をながめるために、三巓毛《サンティンモー》に上ることにする。三巓毛は、糸満の昔の海岸線沿いにある小高い丘の頂上である。モー＝毛（野原）という語が示すとおり、ここは平らな空間だ。三巓毛からは海が一望できる。現在も旧暦五月四日に行われる舟漕ぎ祭祀「ハーレー祭」(8)の開始を告げる鉦《かね》は、ここで打ち鳴らされる。また、ハーレーのなかでもっとも神聖な御願ハーレーは、三巓毛でふりおろされる旗を合図にスタートする。三巓毛は神聖な場所であり、糸満のシンボリックな存在である。

三巓毛の丘の裾野にはいくつかの門中墓がある。それらにならんで南山王国最後の王・他魯毎《タロミー》(9)の墓もあり、歴史

図3　2014年における糸満と埋立地

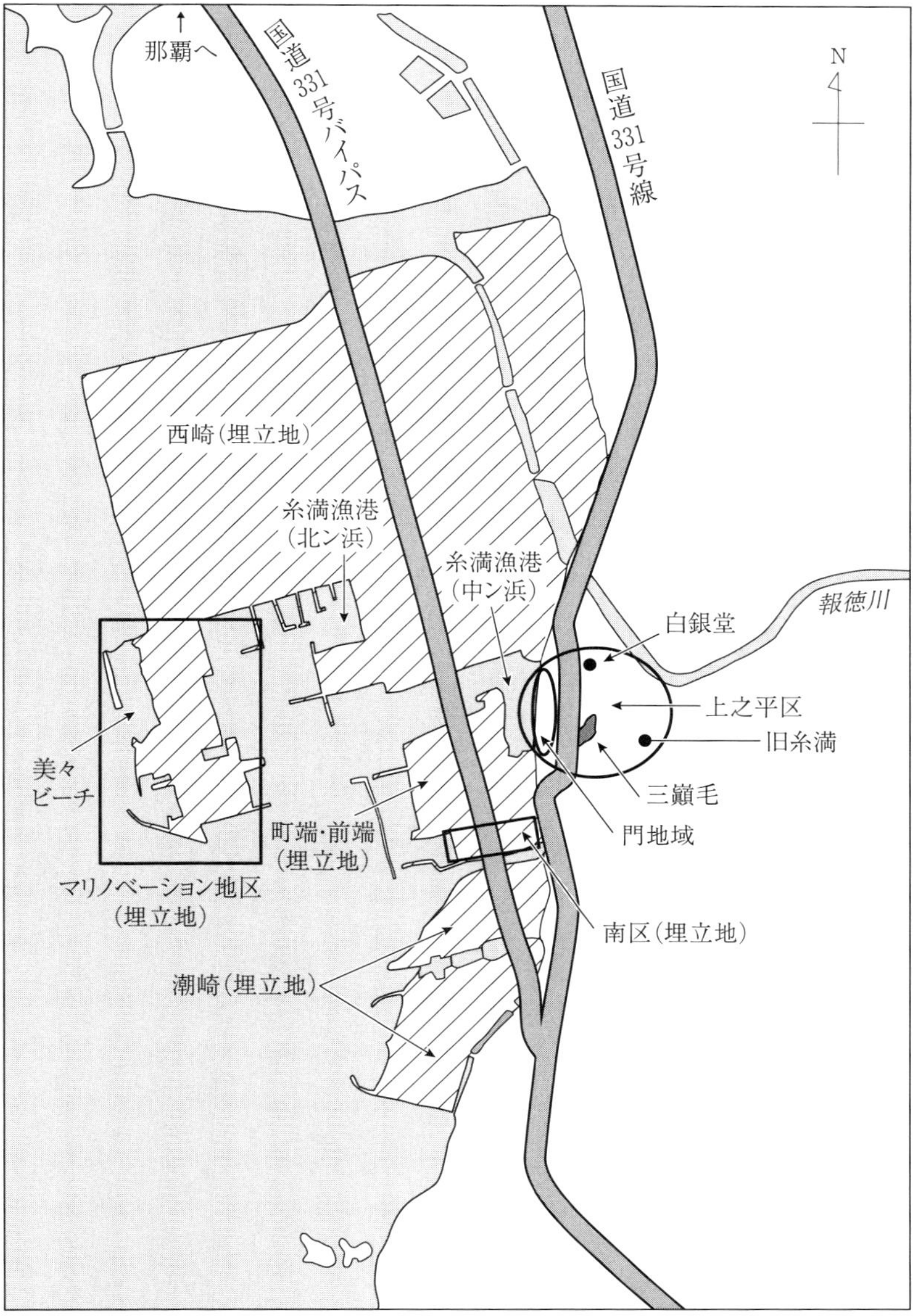

出典：糸満市役所企画開発部による地図（2006年）をもとに作成した。

の奥行きを感じさせる。さらに、三巓毛は第二次世界大戦中、防空監視哨がおかれた場でもあり、標的にならないよう横倒しにされた石碑が転がったままになっている［ＮＨＫ沖縄放送局二〇一〇］。現在、三巓毛からのぞめるのは広大な埋立地であり、海は遠いところにちらちらと見える（図３）。

三巓毛から見て真西から南西に広がる埋立地には、糸満漁業協同組合や漁港（中ン浜）、公設市場などがある。この一帯は日本復帰後の糸満の中心地で、一九九〇年代までは糸満市役所もあった。ここは終戦直後から一九七〇年代までに徐々に埋め立てられた土地である(10)。とくに名称はないが、町端《まちばた》区と前端《まえばた》区にまたがるため、本書では町端・前端埋立地と呼ぶことにする(11)。

三巓毛から見て北西に広がる広大な埋立地は、西崎《にしざき》と呼ばれる。埋立工事は二期に分けて行われ、一九七五年に一部が始まり、残りは八〇年に着手された。西崎埋立地は約二八七ヘクタールに及ぶ。住宅地域、工業地域、リゾート地域に分かれており、南西側のマリノベーション地区(12)には人工ビーチがつくられ、リゾートホテルが二〇〇九年に開業した。また、この埋立地をつくった主たる目的である大型の漁港（通称・北《ニシ》ン浜）は県外船も入港できる第三種漁港である。

那覇方向から豊見城《とみぐすく》市の埋立地と西崎埋立地を経由し、海を架橋して潮崎《しおざき》埋立地に通じるバイパスがある。このバイパスは西崎埋立地から潮崎埋立地まで高架になっていて、町端・前端埋立地をまたいでいく(13)。潮崎の埋め立て着工は一九九五年で、現在はその多くが住宅地として分譲されている。二〇〇二年に糸満市役所もここに移転し、新しい町が広がる。大型のスーパーマーケットも建設された。

西崎（埋立地）から潮崎（埋立地）に橋が架かったことで、市役所やスーパーマーケットに行く人は、公設市場のある町端・前端埋立地を通る必要がない。市役所が移転したことで、町端・前端埋立地の人の往来はまばらになった。また、門地域など旧糸満と呼ばれる地域は、バイパスによってすっぽりと置き去りにされた感がある。

2　層になった記憶

どの土地にも、はるか古代から層になった記憶がある。糸満に関して言えば、古い聖地が担う古《いにしえ》の記憶から、他魯毎の墓が担う南山時代の記憶、琉球王朝時代の記憶、大和に支配され沖縄県となった時代の記憶、戦《いくさ》の記憶、戦後アメリカ時代の記憶、日本復帰後の記憶、現在の記憶が、堆積している。

白銀堂を例に考えてみよう。白銀堂は、糸満に住んでいたころの私にはいまひとつ理解できないものだった。大きな石の鳥居があるが、大和のいわゆる「神社」とは異なる。大きな岩を背にお堂がつくられ、香炉が配置されており、岩に向かって拝んでいるように見える。

私をさらに混乱させたのは、白銀堂の由来として広く知られている伝説だ。この話にはヴァリエーションがあるようだが［金城 二〇〇九a］、基本的には糸満の男と薩摩（鹿児島県）の男の金の貸し借りをめぐる逸話である。私が糸満の市場で魚売りのおばさんから聞いた話は、以下のようなものだった。

糸満の何某という男が薩摩の男から金を借りたが、期日までに返せなかったので、一年待ってほしいと願い出る。ところが、一年後も金は用意できず、糸満の男はわが身を恥じて隠れてしまう。それを聞いた薩摩人は怒り、糸満人を刀で切ろうとする。糸満人は「意地が出るなら手を引いてください、手が出るなら意地を引いてください」(14)と説得し、事なきを得た。

金を貸した男が薩摩に帰ったのは夜だった。家に入ると、妻が男と寝ている。男は逆上し、刀に手をかけたが、ふと糸満の男に言われた言葉を思い出し、手を引いた。はたして、妻と添い寝していたのは自分の母親であった。男が留守だったため、用心のために男装していたのである。薩摩の男は糸満人にたいへん感謝し、翌年糸満を訪問した際には、金は受け取れないと言った。しかし、糸満の男はそのころには娘のナビーを身売りさせて金を用意しており、返さなければ気がすまないという。結局、引き取り手のない金が白銀堂に埋められたというのである(15)。

この話は、私にはあまり納得できるものではなかった。たしかに教訓を含んでいるけれど、拝みの対象になるほどの話だろうか。初めて聞いたときは、ナビーが売られたことが気になって仕方なかった。しかも、拝んでいるのは海での安全や大漁であり、この逸話にはふさわしくない。そう感じていた。その違和感が解消したのは、白銀堂のご神体が白い鍾乳石と知ってからだ。

先述したように、ここは古くからの聖地で、「ヨリアゲノ嶽、神名シロカネノ御イベ」と『琉球国由来記』に記されている。ヨリアゲとは、「魚が寄りあげてくる」の意味である。イベ(威部)は神を意味する。つまり、「魚が寄りあげてくる嶽のシロカネの神」という意味である[伊波 一九六二(一九四〇)]。魚が寄りあげてくる、海にせり出した大岩。その上に祀られた白い鍾乳石。そこで人びとは海での安全や大漁を祈り、ただしダッはあまり寄りあげてきてくれるなと祈った(ダッは口先がとがっていて突進してくると危険だから、という説明を糸満の海人から聞いた)。

琉球が薩摩の支配を受けていた一七世紀ごろ、糸満人と薩摩人の間に金の貸し借りをめぐる出来事があり、この聖地に新たな意味づけがされたようだ。

その後、一八七九年(明治一二年)に「琉球処分」がなされ、沖縄県となった。そして、沖縄県知事として赴任した奈良原繁により、この聖地は「白銀堂」と名付けられた。一九二八年(昭和三年)から三二年(昭和七年)にかけて、白銀堂の周囲に鳥居や拝殿が建てられ、「白銀神社」が建立されたという〔金城二〇〇九b〕。金城善によると、戦後、荒廃した白銀神社は拝殿が解体され、その材木で祝女殿内にお宮がつくられ、神社のご神体である「白銀神」と記された鏡が納められた。一方、白い鍾乳石を祀るお堂は一九五二年ごろに再建された〔金城二〇〇九b〕。こうして、鳥居と白銀堂という名前と金の貸し借りをめぐる逸話が、その場の神聖性への信仰とともに残ったようである。

つまり、白銀堂は、琉球王朝時代あるいはそれよりも古い時代からの信仰と、薩摩支配下の逸話と、明治期の日本による支配、そして戦後の混乱、この四層の歴史を体現しているのだ。

このように、土地にはいくつもの記憶が層となって堆積している。本書で着目するのは、海の記憶である。海に対峙して魚をとってきた男たちの記憶と、その魚を売ってきた女たちの記憶をもとに、糸満を糸満たらしめてきた何ものか（本書ではそれを「文化」と呼ぶ）を描き出すことが本書の目的である。

3　糸満漁業史

(1)　追い込み網漁の発展

一八七九年（明治一二年）、明治政府が琉球を廃し、沖縄県を置いたことにともない、進貢貿易は打ち切られた。このことによってフカヒレの需要が低下し、糸満ではフカ漁はあまりなされなくなる。そのかわり、欧米における

図４　アギャーの仕組み

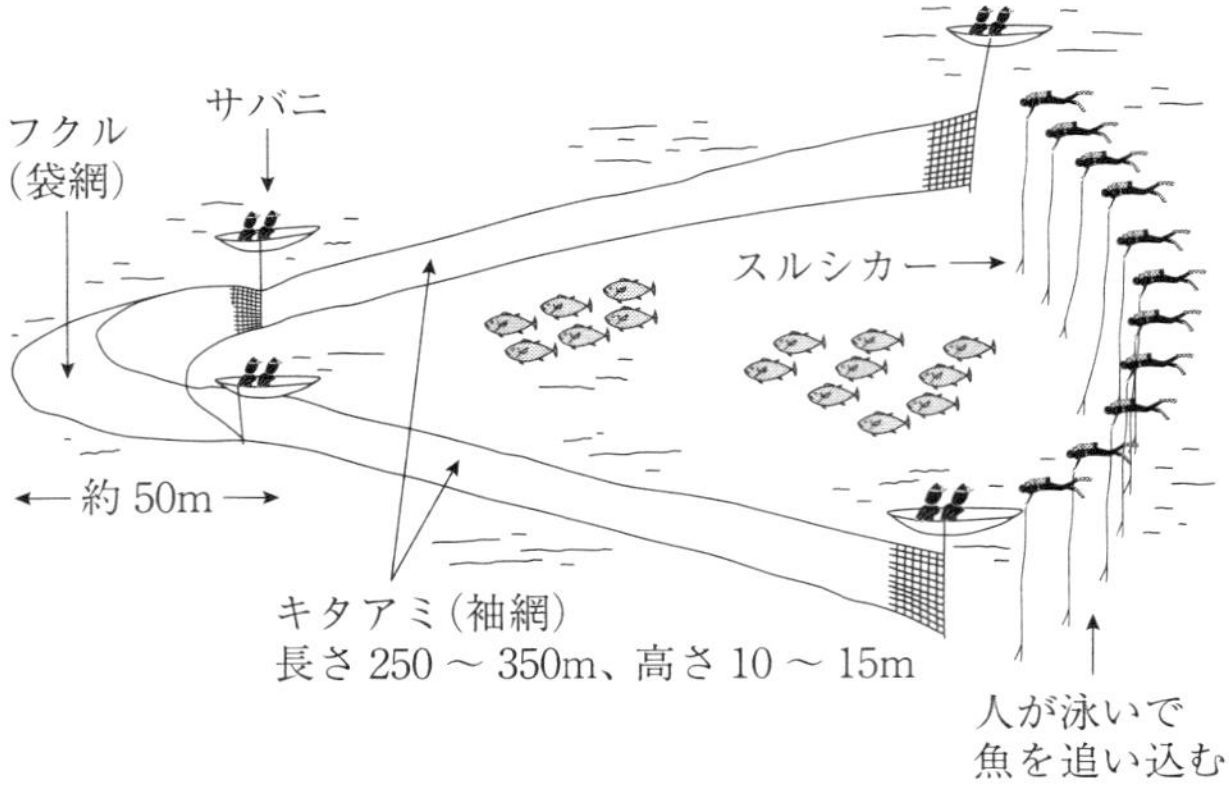

出典：佐久田繁『カラー沖縄　ニライの海』（月刊沖縄社、1974年）と聞きとりをもとに作図。

貝ボタンの需要の高まりを背景に、採貝漁が盛んになっていく［大村 一九八三（一九一二）、片岡 一九八七、上田 一九九一］。

一八八四年（明治一七年）、糸満の玉城《たましろ》保《やす》太郎《たろう》によってミーカガン（水中眼鏡）が考案され、潜水技術を必要とする漁が飛躍的に効率的になったことを受け、糸満では追い込み網漁が一躍勃興した［大村 一九八三（一九一二）、上田 一九九一］。追い込み網漁とは、魚をおどして網に追い込んでいく漁法で、糸満では何種類もの追い込み網漁がなされた。なかでも大型の追い込み網漁アギャーは、糸満を代表する漁法とされ、注目されてきた［たとえば市川 二〇〇九、上田 一九九一］。

アギャーの仕組みを簡単に図示すると、図４のようになる。通常、曽根《スニ》（三七ページ参照）などを漁場とする。漁獲対象は出漁場所によって異なるが、沖縄ではグルクン【タカサゴ他】が主であった。数十人の海人が、スルシカーと呼ばれるおどし縄を持って泳ぎながら魚を追い込む。スルシカーにはアダンの葉（パンダナスの葉）がとりつけられ、その先端には石が結わえられている。石を海底に打ち付けることによる振動と、アダンの葉のはためきによって魚をおどし、袋網に追い込むのである。

この漁法は効率的である反面、その海域の魚を一網打尽にしてしまうため、糸満漁師は新しい漁場を求めて頻繁に移動しなければならなかった［三栖 一九八七、上田 一九九一、片岡 一九九一］。しかし、沿岸村落に認められてきた地先の海の独占的使用権は、明治漁業法の適用（一九〇二年（明治三五年））によってもさして変わらなかった。そのため沿岸村落の圧力を受け、糸満漁民は漁場を求め、外へ、外へと展開していくことになる［上田 一九九一］。

また、追い込み網漁は多くの人手を必要とする。アギャーの場合、その構成員は、組の責任者である大将《テーソー》（漁の指揮者。漁の熟達者がつとめる）[16]が一名、艫乗り《トゥムヌイ》（サバニの持ち主。ある程度漁に熟達した者がつとめる）が数名、そして舳先乗り《ヒーヌイ》（一般の漁夫）が数十名であった［糸満市史編集委員会 一九九一］。

このような集団漁法を労働力の面から支えたのが、雇い小《ヤトゥイングヮ》と呼ばれる人びとであった。当時の糸満では、寒村の子どもたちを前金と引き換えに数年間（多くの場合、徴兵年齢まで）あずかり、漁撈や家事に従事させる慣行があった。俗に「糸満売り」と呼ばれ、人身売買と非難される向きもある［福地 一九八三］。

たしかに子どもに海の仕事を教えるには厳しさがともない、子どもを大事にする親方とそうでない親方があったというが、漁撈に従事してきた雇い小であれば、年季が明けたときには一人前の海人として自立する道が開けた。雇い小慣行は、貧困に苦しんだ当時の人びとにとって、否定的な側面だけではとらえきれないものだっただろう［野口 一九八七、加藤 一九九〇、糸満市史編集委員会 一九九一、上田 一九九一、一九九二］。糸満漁師のなかには、他村、他島出身の雇い小が数多く存在する[17]。

(2) 県外、海外への進出

糸満漁民は、幅広い地域で漁活動を行ったことで知られる［中楯（編）一九八七・一九八九］。国内では、奄美諸島、五島列島、壱岐、対馬、隠岐、若狭、愛媛、高知、和歌山、三重、伊豆半島、伊豆諸島、小笠原諸島などで操業を行っている［糸満市史編集委員会 一九九一］。

一九三五年（昭和一〇年）、隠岐に出漁していた糸満漁師・大城カメに対する聞きとり調査［桜田 一九九二（一九三五）］によると、アギャーは毎年旧正月初めに組をつくって遠征先に出漁し、旧暦の九月に帰郷して組を解散していた。大城カメは三三人から成る大城組の頭で、大正の中期より隠岐に進出した。隠岐では地元の企業家・安達と提携し、安達が有望な漁場の漁業権を各組合から一定期間買い、その権利を大城に貸与するかわりに、大城組の漁獲物を安達が独占的に買い受ける契約となっていたという。

大正時代からは海外への出漁がなされ、出漁先はフィリピンやシンガポール、蘭領東インド（スマトラ、ジャワ、セレベス他）、ボルネオ、南洋群島（サイパン、パラオ、トラック、ポナペ他）などに及んだ［片岡 一九八七］[18]。この時期の糸満漁師は、多くが県外や海外での漁を経験している。一九三八年（昭和一三年）における糸満町出身の海外在留者のうち漁業に従事した者は、フィリピン五〇六人、シンガポール二七一人、南洋群島一四九人にのぼった［片岡 一九九一］。

私が話を聞いた海人のうち、戦前に漁を行っていた場合は県外や海外での漁を経験した人が多い。戦前に一年以上漁を行った一一人のうち、七人がシンガポール、ジャワ、トラック、パラオなど海外での漁を、残る四人のうち二人が五島列島での漁を戦前に経験していた。

また、糸満漁業は現地の漁法にも影響を与えた。野口武徳は、糸満漁師・金城亀一のライフヒストリーにおいて、マカッサルでは糸満漁師が目覚ましい漁獲をあげるため現地の人に尊敬され、慕ってくる子どもらに漁を教えたと記録している［野口 一九八七］[19]。このようなことは糸満漁民の出漁先でしばしば見られ、フィリピンでは一九九〇年代も現地の人びとによって *Muro-ami* という名でアギャーが行われていたという報告がなされている［Ushijima and Neri Zayas 1994][20]。その一方で、魚を一網打尽にするアギャーは出漁先の漁民にうとまれ、紛争やいざこざも絶えなかったようだ[島 一九八九、檜垣 一九八九、上田 一九九一]。

(3) 母村・糸満での漁業

県外や海外での操業と平行して、母村糸満では網漁を基盤とした数多くの漁法が営まれていた。糸満漁民が従事した漁法を概観するため、まず図5をもとに沖縄の海の地形について簡単に説明したい。

本章の冒頭で述べたように、沖縄の海はサンゴ礁によって形成される干瀬(礁嶺)を境に、陸側の浅い海イノー(礁池)と、その外側に広がるフカ(外海)に分けられる。イノーは、干潮時ほとんど干上がるほどの浅瀬から、窪池《クムイ》と呼ばれる深み、溝《シズ》など多様な地形を有する。そして、サンゴや藻類が生息し、多種にわたる海洋生物によって複雑な生態系が築かれている。

干瀬から外海に向けて海底が落ち込んでいく斜面を、「ヒシンクシ(礁斜面)」と呼ぶ。いったんフカに出ると、水深は深くなる一方だが、外海にはところどころ浅くなった場所があり、よい漁場となる。このような場所を「曽根《スニ》」と呼ぶ。また、点在する島々の周辺もよい漁場を形成する。

では、このようなサンゴ礁海域特有の地形を利用して、糸満漁民はどのような漁法に従事してきたのだろう。一九二九年(昭和四年)から九〇年代にかけて糸満

図5　サンゴ礁の海の地形

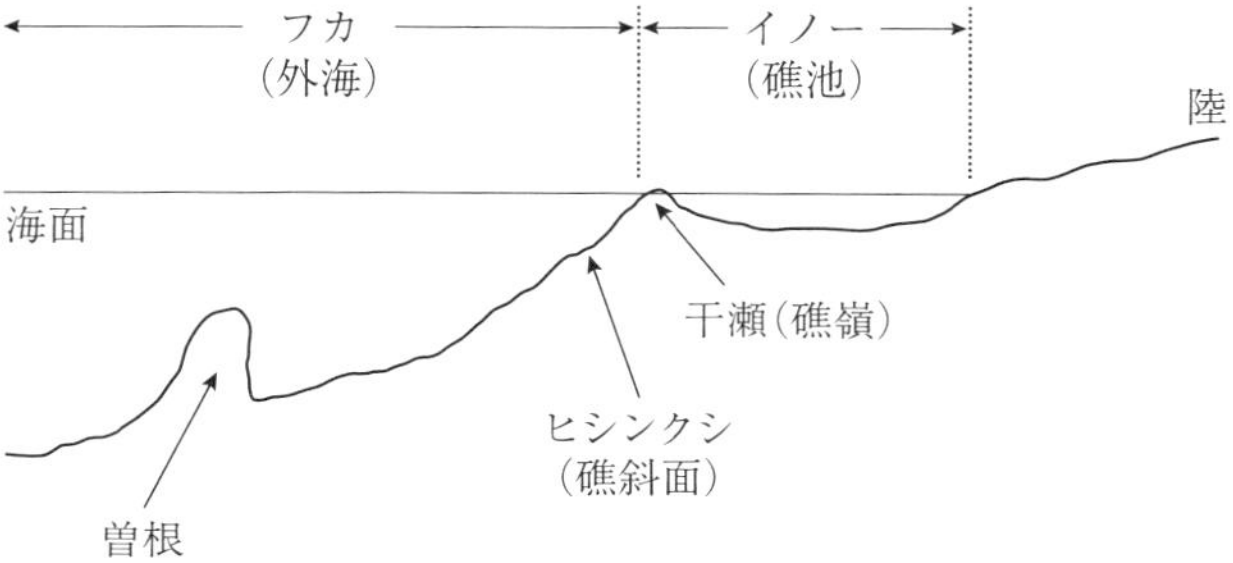

満でなされたおもな漁法

おもな漁獲対象魚種	1929 年	1997〜98 年
マンナグヮー〔タマンガ〕、アジケー【シャコガイ】	○	○
アーサ〔ヒトエグサ〕	○	○
セーグヮー〔未同定〕		×
タマン〔ハマフエフキ〕、ミーバイ【ハタ】	○	×
タコ、カタカシ【ヒメジ】		○
クブシミ〔コブシメ〕、イラブチャー【ブダイ】		○
イビ【カノコイセエビ他】、イラブチャー【ブダイ】		○
エーグヮー【アイゴ】、タマン〔ハマフエフキ〕	○	○
アシキン〔リュウキュウドロクイ〕		○
ミーバイ【ハタ】、ユービヌックヮー〔未同定〕	○	×
タマン〔ハマフエフキ〕、エーグヮー【アイゴ】		○
ハイユー【サヨリ】	○	×
ミジュン〔ヤクシマイワシ〕	○	×
シジャー【ダツ】	○	×
ウートゥブー〔オオメナツトビ〕	○	×
シロイカ〔アオリイカ〕、カタカシ【ヒメジ】	○	×
スク【アイゴの幼魚】	○	×
ヒカーグヮー【スズメダイ】	○	○
シジャー【ダツ】		×
サガーマー〔ツマリトビウオ〕		×
クヮーイカー〔未同定〕	○	×
グルクン【タカサゴ】	○	×
クブシミ〔コブシメ〕	○	×
ヒチュー〔ミナミイスズミ〕、チン〔ミナミクロダイ〕、エーグヮー【アイゴ】		×
エビ、エーグヮー【アイゴ】	○	×
ハララー〔未同定〕、ハイユー〔サヨリ〕	○	×
チヌガイ〔タイワンガザミ〕		○
カーサー【チョウチョウウオ】		○
スルル【キビナゴ】	○	×
アサイガイ〔アサヒガニ〕		○
タマン〔ハマフエフキ〕、ミーバイ【ハタ】		○
イッチョーサバ〔イタチザメ〕	○	×
マーマチ〔オオヒメ〕、アカマチ〔ハマダイ〕		○
セーイカ〔ソデイカ〕		○
マグロ		○
シジャー【ダツ】	○	×
フカ【サメ】	○	×
タマン〔ハマフエフキ〕、ミーバイ【ハタ】		○
アカマチ〔ハマダイ〕		○
フカ【サメ】、トゥビイカー〔トビイカ〕	○	○
シジャー【ダツ】	○	×
アカイカ〔アオリイカ〕		○
アカジン〔スジアラ〕		○
サーラ【サワラ】		○
カジキ		○
アカイカ〔アオリイカ〕		○
マグロ、カジキ		○
ガラサーガーミー〔タイマイ〕、ミジャガーミ〔アオウミガメ〕	○	×
マダイ、シャコガイ、オゴノリ、モズクなど		○

参照し、それ以外は聞きとりにより作成した。
具・漁法』を参照した。
年のうちに一時的になされた漁法と考えられる。

表1　1929年～90年代の糸

漁　　法		おもな漁場
シナグワトゥエー	採貝漁	ヒシンクシ
アーサトゥエー	採藻	イノー
セーグヮートゥエー	エビ漁	イノー（干潟）
ティールグワ	籠漁	イノーのクチの脇、スニ
潜水漁	潜水漁（銛突き）	イノー
電灯潜り	潜水漁（銛突き）	イノー、ヒシンクシ
イビトゥエー	潜水漁（エビ漁）	ヒシンクシ
アンブシ	建干網漁	イノー
小型定置網	定置網漁	イノー
ユーアミタカアミ	刺し網漁	イノー
刺し網（ナイロンアンブシ）	刺し網漁	イノー
トバシー網	刺し網漁	イノー
ミジュンギリ	刺し網漁	クチのそば、水路
シジャー刺し網	刺し網漁	イノー
トゥブー網	刺し網漁	ヒシンクシの少し外
パンタタカー	追い込み網漁	イノー
スクマーイ	追い込み網漁	イノー
ヒカーグヮートゥエー	追い込み網漁	ヒシンクシ
シジャートゥエー	追い込み網漁	ヒシンクシ
トゥブートゥエー	追い込み網漁	ヒシンクシ
クヮーイカーグヮトゥエー	追い込み網漁	ヒシンクシ
アギャー	追い込み網漁	ヒシンクシ、スニ
クブシミイザイ網	網＋銛突き漁	イノー
ヒータミヤー	網漁	イノーの干潟
スンカ網	網漁	イノー
ハララ網・サヨリ網	網漁	イノー
ガイクワーセ	網漁	イノー
熱帯魚とり（観賞魚網漁）	網漁	イノー
スルルー網	網漁	イノー（クチのそば）
アサイガイ漁	網漁	水深15～80 m、地底が砂
底延縄	延縄漁	水深20～160 m
フカ延縄	延縄漁	地底がグバーリ（砂利）
浮き延縄（底立延縄）	延縄漁	水深100～250 m
セーイカ漁	ソデイカ延縄漁他	フカ（水深500 m）
マグロ延縄漁	延縄漁	フカ
チンブクジケー	釣り漁	ヒシンクシ？
フカ釣り	釣り漁	イノー
タティナー	釣り漁	スニなど
深海一本釣り	釣り漁	水深130～350 m
フカッキ（トゥビイカートゥエー）	トビイカ釣り漁、フカ釣り漁	フカ
イキマー	生餌を使った釣り漁	ヒシンクシ
ウーガー	釣り漁	ヒシンクシ
アカジン曳き	曳き縄漁	浅瀬一水深100 m、地底が岩かサンゴ。スニや鳥の周囲など
サーラ曳き	曳き縄漁	スニの周辺やフカ
カジキ釣り	曳き縄漁	フカ（パヤオ周辺）
アカイカ曳き	曳き縄漁	ヒシンクシ
パヤオ	マグロ曳き縄漁他	フカ（パヤオ周辺）
タイマイカケ	カメかき漁	イノー、ヒシンクシ
養殖	養殖	イノー

注1：1929年になされた漁法については沖縄県立水産試験場「島尻郡中頭郡 各村漁業調査」を
注2：「おもな漁場」については聞きとりのほか、上記資料と沖縄県水産試験場『沖縄県の漁
注3：「1929年」の欄にも「1997～98年」の欄にも○印がつけられていない漁法は、その間の70

でなされてきたおもな漁法を、表1にまとめた。この表からは、一九二九年の糸満では網漁が中心的になされていたことがわかる。

母村での漁で重要なことは、子どもたちに段階的に漁を習得させる海人教育の存在である。表1に先立つ明治、大正期の糸満では、男児は早ければ五歳ぐらいから老人に率いられて海へ出て、サガーマー網（あるいはサガン網）という網漁から漁を教え込まれた［桜田 一九九二（一九三五）、野口 一九八七］。サガーマー網漁はサバニ（くり舟）約二〇隻、漁夫約六〇人で行う追い込み網漁で、サバニの上から竿で海面をたたいてサガーマートゥブー（ツマリトビウオ）を網に追い込む。

この漁法は徐々に衰退し、筆者の調査では、一九四〇年代に漁を始めた人は、採貝漁《ンナグワトウエー》あるいはアンブシ（建干網漁：定置網と似ているが、操業ごとに網を移動させる）やパンタタカー（小規模な追い込み網漁）から漁を学んだという人がほとんどだ。また、漁を学び始める時期も、小学校や中学校を終えてからが一般的になっていく。アンブシとパンタタカーは同じ家が操業する（夏はアンブシ、冬はパンタタカー）場合が多かったので、子どもたちはこれらの漁法に従事する家で漁の手ほどきを受けた。アンブシとパンタタカーを営む「アンブシ家《ヤー》」は、子どもたちの海学校として機能したのである。

子どもたちが初めに習う漁法は、基礎的な技の習得に適していた。たとえば採貝漁は、素潜りで貝をとる漁法である。子どもの腰に縄を結わえて貝を採らせ、おぼれかければ縄を引き上げる、というようにして泳ぎを習得させたという。パンタタカーは小規模な追い込み網漁で、約二〇人が一列になって泳ぎ、縄に結わえたアダンの葉を水中ではためかせたり、手でぱんぱんと海面を叩いたりして、イカや魚を網に追い込む。これは、糸満で何種類も発達した追い込み網漁の基本形といえる。

子どもたちは浅い海の漁法をとおして基礎的な技を習得すると、より高度な漁法に従事していった。この海人教育は、戦後、追い込み網漁が衰退するとともに徐々に消滅していったという。

4　魚売りの歴史

日本の漁撈社会では、漁師の妻が魚販売に携わることが往々にして見られる［瀬川 一九七一］。糸満においても、糸満漁業の発展を支えた要因として、女性たちの働きを無視することはできない。糸満では、魚をとるのは男性の仕事、魚を売るのは女性の仕事であった。

魚の販売形態は多くの場合、カミアキネーと呼ばれる行商であった(21)。女性たちは、頭にガンシナと呼ばれる輪を土台として載せ、魚の入ったバーキ(籠)をその上に載せる。バーキは重く、手ではしばしば一人で持ち上げられない。バーキを頭に載せるときは他の人の力を借り、那覇をはじめとする他村、他集落まで歩いて行った(22)。

このような状況を背景に、戦前の女性たちはよく歩いた。ある女性が一人で那覇に向かって歩いていたところ、素足に何かが刺さったが、まわりに人がいないため、魚の入ったバーキをおろすわけにはいかない。一度おろせば人の手を借りなければ持ち上げられないし、一刻も早く目的地に着かなければ魚が腐ってしまう。そこで、バーキを頭に載せたまま、うまくバランスをとって片足を上げ、頭はまっすぐに保ったまま、手で取り除いたというエピソードがある。

一方、店を構えての販売は、市場を中心に行われた。糸満は沖縄本島南部の中心地として機能しており、周辺集落から農作物を売りに来る人びとが集まった［仲松一九九二（一九四四）］。魚売りだけでなく、夫が出稼ぎで海外にいる間、豆腐やカマボコを作って売るなど、商業に従事する女性も多かったという［仲松一九九二（一九四四）］。それらの人びとが糸満の市場に集まり、商いをしたのである。(23) ただし、市場にタナ（店）を持ったり個人で魚屋を開いたりできたのはごく一部で、糸満の魚販売を支えてきたのは行商《カミアキネー》だった。

戦前の糸満では、魚を売った代金の一部が魚代として海人に支払われ、残りは女性の私財《ワタクサー》となった。女性は魚をより高く、より多く売りさばくことで、私財を蓄えられた。糸満では一人前の女性の評価基準に、「他人とものおじせず話ができること」が挙げられる［野口一九八七］。それは、初対面の人に魚を売る能力につながるからだ。現在も、ものおじしない快活な糸満女性が多い。女性が恥ずかしがりでないことは、糸満では長所とみなされてきたのである。

家庭内で男性と女性が別々の財布を持つのは、海人である夫や父がいつ海の事故に遭うかもしれないことへの保険でもあった［坂岡一九八七、加藤一九九〇］。(24) 未婚の娘であっても、とくに家が貧しい場合を除けば、売り上げを私財として貯蓄できた。才覚のある娘は、結婚前にすでに一財産を築いていたという［加藤一九九〇］。

この糸満女性の経済力を広く世に知らしめたのが、河上肇の「琉球糸満の個人主義的家族」という論文である。一九一一年（明治四四年）、伊波普猷に案内されて糸満を訪れた河上は、女性が私財を持つ糸満の経済システムにいたく感銘を受け、「個人主義的家族」と評して賛美した［河上一九七七（一九一一）］。しかし、わずか数時間のインタビューに基づく河上の評価は糸満の実情を正しく反映したものとは必ずしもいえず、また、本土との同化によって差別的境遇から抜け出そうとする当時の沖縄の風潮においては、はなはだ迷惑なものだった。(25)

一九三九年（昭和一四年）には、那覇地方裁判所が「糸満漁民と所謂個人主義に就いて」という世態調査座談会を開いている。そこで質問を受けた糸満小学校校長の玉城泰一は、女性が魚販売で得た代金の一部を男性に支払い、残りを私財とすることは「個人主義」に基づくわけではなく、漁法の特色によるものだと説明した。すなわち、追い込み網漁では魚をとる男性集団が女性集団に魚販売を委託するが、女性集団は魚をとってきた男性の家族ばかりではない。そのため、女性の稼ぎと男性の稼ぎが区分されると説明しているのである。また、門中を例にとり、糸満はむしろ大家族主義的な社会であるという見解も述べている。[26]「真相を申しますと、糸満は決して個人主義の部落ではなく、寧ろ日本固有の大家族主義を保有する部落であります」という玉城の言葉からは、「非国民」の烙印をおされることを懸命に避けようとしていることがうかがえる［那覇地方裁判所・同検事局 一九三九］。

では、議論を呼んだ糸満の魚販売システムとはどのようなものだったのだろう。

魚の販売方法は、漁法によって異なる。個人漁や小規模な集団漁の場合は、基本的にはその漁法を営む家の女性たち（妻、娘、姉妹など。ここでは妻として記述する）が魚を売った。漁獲が多い家の場合、他家のアンマーに魚の一部を売ってもらう約束をすることもある。[27] 魚を売った後で元値を妻が決定し、魚代として海人に支払う。この売値と元値の差額が妻の稼ぎとなった。

アギャーのような大規模な漁法になると、大将（漁の指揮者）や艫乗り（サバニの持ち主）の妻たちが水揚げされた魚をいったん引き受け、他家の女性たちの力を借りて売りさばいた［加藤 一九九〇］。このような水揚げ量の多い漁法は、夫が海外に出漁しているなどの理由で家族の水揚げがない女性たちにも販売の機会を提供したのである。水揚げの場に集まってきた他家の女性たちは、自分が売りたい分だけ魚をかき集める。そして、大将や艫乗りの妻がそれぞれの女性の魚の目方を量り、帳面に書き付ける。

アギャーの場合、女性たちはそろって那覇などへ行商に出かけ、途中で分散し、それぞれの得意先をまわった。

魚の売値は女性の腕しだいで、高値で売ることのできる女性もいれば、なかなか高く売ることができない女性もいる。魚を売り終えたらそれぞれが得た代金を付き合わせ、その結果をみて、大将や艫乗りの妻が、海人に支払う魚の元値を決定する。高く魚を売った女性は多くの利益を得たし、安く売った女性はわずかな利益しか得られない。

河村只雄はこのシステムについて、「女の方からいっても、男の方からいっても、売り手買い手の中に自分の配偶者なり、あるいは親兄弟がいるのであるから、不当な値段がつけられはしないかなどという心配はさらにない」[河村 一九九九（一九三九）：三三三]と述べている。野口武徳も、魚を売る女性側に大将や艫乗りの妻が含まれているため、魚代が男性にとって不当に低くなることはなかったし、魚売りの腕が未熟な女性にも配慮した値段の決定が可能であったと指摘している[野口 一九八七]。糸満の海人とアンマーの関係は、夫と妻、父と娘、兄弟と姉妹という家族関係を基礎としながらも、本質的には漁師とその魚販売を請け負う商人の関係と、とらえられるのである。

野口武徳は、糸満女性はその勤勉さや貯蓄への熱心さにおいてきわだっているが、女性が私財を持つことは日本本土や沖縄の他の地域でも見られ、海岸線を境に夫と妻が漁師と行商人という立場で向き合うという構造から、私財や夫婦別経済といった習俗がより明確な形で存在するところに糸満の特色があると分析した[野口 一九八七]。

5　糸満漁業と魚売りの戦後史

(1) 糸満漁業の変遷

戦後の糸満漁業は、激戦地となった糸満が破壊しつくされ、多くの人命が失われたなかで再開された。サバニは破壊され、隠しておいた網は腐っていた。「糸満に帰って来たら、自分の家が残っていた。中に入ってみたら、床板が盗まれて、位牌だけが残されていた」という時代である。人びとは近隣の集落からサバニを盗ってきたり、米軍の燃料タンクを舟に造り直したり、米軍の偽装網(敵の目を惑わすために被せる網)を裂いて魚をとる網を作ったり、利用できるものは何でも利用した。従事された漁法は採貝漁《ンナグワトウエー》や潜水漁、タコ漁《タクトウエー》など、道具をほとんど必要としない漁や、薬莢の火薬を利用したダイナマイト漁などである。小規模な網漁も再開された。

筆者がインタビューした四八人の漁師がこれまでに従事してきた漁法を表2にまとめた。この四八人の回答には、一九二〇年代から九〇年代に糸満漁師が従事した漁法の推移が大まかにではあるが映し出されている[28]。また、漁法の変遷には技術面での革新がともなっている。ここでは、漁法の変遷とともに漁撈技術の変遷についても記述する。

従事してきた漁法の変遷

1930～1939	1940～1949	1950～1959	1960～1969	1970～1979	1980～1989	1990～1998
	3 人	4 人	2 人	2 人	2 人	2 人
		2 人	1 人	1 人	3 人	1 人
6 人	6 人	10 人	7 人	4 人	3 人	2 人
4 人	7 人	13 人	6 人	2 人	1 人	
		1 人	1 人	1 人		
		1 人	1 人	1 人		
		1 人	1 人			
			1 人	1 人	1 人	1 人
1 人	1 人	2 人	2 人	4 人	3 人	3 人
	1 人	3 人	2 人	2 人	1 人	1 人
						1 人
		1 人				
2 人	2 人					
	1 人	1 人	1 人	3 人	3 人	2 人
	4 人	1 人				
	1 人	3 人	1 人			
	2 人	5 人	3 人			
	1 人	8 人	7 人	2 人	1 人	
		1 人	1 人			
		3 人	7 人	8 人	6 人	6 人
5 人	6 人	5 人			1 人	1 人
	1 人	2 人	9 人	16 人	15 人	8 人
					1 人	3 人
		1 人	1 人	2 人	2 人	1 人
		1 人	3 人	2 人		
				4 人	6 人	3 人
		2 人	4 人	3 人	5 人	4 人
	1 人	3 人	3 人	3 人	1 人	1 人
					10 人	21 人
					3 人	20 人
		2 人	2 人	2 人	1 人	2 人
1 人	1 人	1 人	1 人	2 人		
		2 人	5 人	4 人	1 人	1 人
		4 人	4 人	3 人	1 人	
	1 人	3 人	3 人	2 人	1 人	

表2　48人の糸満海人が

漁法	おもな漁場	1920～1929
潜水漁（銛突き漁）	海域A イノー（礁池）	
電灯潜り（銛突き漁）		
アンブシ（建干網漁）		1人
パンタタカー（小規模な追い込み網漁）		1人
スクマーイ（アイゴ追い込み網漁）		
クブシミイザイ網（コブシメ網漁）		
ユーアミタカアミ（刺し網漁）		
小型定置網		
刺し網		
ガイクワーセ（カニ網漁）		
熱帯魚とり（観賞魚網漁）		
ダイナマイト漁		
ンナグワトゥエー（採貝漁）	海域B ヒシンクシ（礁斜面）	
アカイカ曳き（アオリイカ曳き縄漁）		
ヒカーグヮートゥエー（スズメダイ追い込み網漁）		
シジャートゥエー（ダツ追い込み網漁）		
トゥブートゥエー（トビウオ追い込み網漁）		
イビトゥエー（エビ獲り漁）		
チンブクジケー（ダツ釣り漁）		
アカジン曳き（スジアラ曳き縄漁）	海域BとC	
アギャー（追い込み網漁）		
底延縄漁	海域C 曽根など比較的浅いフカ（外海）	
アサイガイ漁（アサヒガニ網漁）		
タティナー（釣り漁）		
サーラ曳き（サワラ曳き縄漁）	海域CとD	
浮き延縄漁（底立延縄漁）	海域D フカ（外海）	
深海一本釣り漁		
トゥビイカートゥエー（トビイカ釣り漁）		
パヤオ漁（マグロ曳き縄漁他）		
セーイカ漁（ソデイカ延縄漁他）		
カジキ曳き縄漁		
カツオ一本釣り漁		
カツオ曳き縄漁		
マグロ延縄漁（マグロ船）		
その他		

注：6人以上を▭で示した。
出典：聞きとりより作成した。

①一九三〇～四〇年代

中心的な位置を占めたのは、アンブシ（建干網漁）、パンタタカー（小規模な追い込み網漁）、アギャー（追い込み網漁）などの網漁である（ただし、サンプル数は少ない）。アンブシとパンタタカーが、子どもが初めに経験する漁法として代表的である。大規模な網漁であるアギャーは、糸満漁民の県外、海外出漁の推進力となった。

このころ漁を経験した海人によると、当時はサバニを風力と人力で走らせており、慶良間《けらま》の前島から糸満まで、風がないときは一日かかった。ひざまずいた姿勢でサバニを漕ぐため、膝の皮がむけたという。

沖縄の外海は波が荒く、安定性に優れた平底の舟では、波をかぶって沈んでしまう可能性が高い。その点サバニは舟底が逆三角形になっており、「波に踊る」構造になっている。大きな波をかぶると簡単に転覆するが、沈むことはない。転覆すると、皆が潜って櫂《ウエーク》でサバニを支える。一番ウエーク（一番漕ぎ手）と舵取り《トゥムヌイ》がサバニの両端に櫂を突き立て、サバニを半回転させて起こし、乗組員全員で中に入った水をかき出した。サバニに載せられた道具類は木製なので水に浮き、回収するのも容易である[29]。一人乗りの小さなサバニ（長さ六～六・五メートル）、六人乗りの大きなサバニ（長さ七・五メートル）、舟底が広いサバニ、外海の荒波に上手く乗れるよう舟底が狭くなったサバニなど、いくつかの種類があった［糸満市史編集委員会 一九九一］。

②一九五〇年代

アメリカ占領時代の沖縄では、一九四七年ごろにアメリカ製のガソリンエンジンが導入された。このエンジンは終戦直後から一九五〇年代に普及する。たいへん粗悪なエンジンで、水をかぶって海上で動かなくなることもしばしばあったという。戦後しばらくはこのエンジンを利用して、比較的浅い海での漁法が中心的になされた。漁具や船の装備を満足に準備できなかったこの時代は、浅い海での漁法が中心である。表2からはアンブシ、パンタタカー、エビ漁《イビトゥエー》などに従事する人が多いことがわかる。

エビ漁で捕獲されるイセエビは、それまでの糸満ではあまりとられなかったが、アメリカ軍人が好み、よい収入になるため、とりはじめたという。敗戦直後には、イセエビを油や米、シャツなどと交換したという。また、一九五〇年代にはマグロ延縄漁がなされ、フィリピン近海などで操業を行った〔上田 一九九二〕。表2からはこのようなマグロ船に乗った人もいることがわかる。

③一九六〇～七〇年代

日本製のディーゼルエンジンは、一九五〇年代後半から糸満に導入され、六〇年代から七〇年代にかけて広く普及していった。サバニにエンジンとスクリューが取り付けられてから、転覆を前提としていたサバニに安定性が求められるようになる。デッキやローリング返しがつけられ、波をかぶっても、転覆もしなければ沈みもしないように工夫がなされた。

このころ、海上での位置を把握するため、ロラン基地から発信される電波をもとに海上での位置を測定する装置(ロラン)が利用されるようになる。糸満では、一九六〇年代から七〇年代にかけて普及した。ただし、沖縄はフィリピンを基地とするサービスエリアぎりぎりに位置していたため、誤差が大きいのが問題だった。一方、トランジスタラジオを携帯し、方向を知るのに役立てた海人もいた。ひとつひとつのラジオには癖がある。たとえば南北方向に感度のよいラジオの場合、海上でもっとも電波がよく入る方向が南、あるいは北と判断したという。また、魚群探知機も導入された。魚群探知機には、魚影だけでなく、海底の地形も映し出される。海人は、魚群探知機に映し出された海底地形をもとに魚のとれる場所を把握できるようになった。糸満では一九六〇年代から導入され、その後広く普及していく。

一九七〇年代に入ると、ホーラ（自動巻き上げ機）が普及し、操業の省力化に大いに貢献した。アカジン曳きや底延縄漁では、縄を手で上げる際にたいへんな体力を必要とする。ホーラが導入されてからは、高齢の海人でもこれらの漁に従事できるようになった。さらに、海上での連絡手段として一九七〇年代ごろから無線が普及し、情報交換に用いられた。

こうした技術面での進歩に支えられ、アカジン曳きや底延縄漁などの個人漁がさかんになった。アカジン（スジアラ）は沖縄でもっとも好まれ、高値がつく。アカジン曳きは、島や曽根の周辺を漁場とし、もっぱらアカジンを漁獲対象とする曳き縄漁である。底延縄漁は、水深四〇～一六〇メートルを漁場とし、底魚《スクイユ》（海底付近に生息する魚）を漁獲対象とする。

これらの個人漁がさかんになる一方で、戦前の糸満を代表する漁法であった集団漁アギャーは行われなくなっていった[30]。また、日本復帰のころから糸満のイノー（礁池）では大規模な埋立工事が始まり、イノーを漁場とする漁法が衰退すると同時に、漁場は外海へと広がっていった。しかし、当時のエンジンはまだ故障しやすく、海人たちは危険を回避するため数隻つれだって操業したという。

④一九八〇～九〇年代

一九八〇年代のパヤオ漁と九〇年代のセーイカ（ソデイカ）漁の導入は、糸満の漁を大きく変えた。これらの漁法は外海を漁場とし、おもに三～四トン（大きい場合は八トン）の船で操業される。また、他の漁法に比べて技術の習得が容易であるだけでなく、高い水揚げ金額を得られる。そのため、一九九〇年代にはこれらの漁法に従事する海人が圧倒的に多くなった。とくに、若い海人に人気である。それに対して高齢の海人は、装備に高額の投資を必要とするパヤオ漁(31)やセーイカ漁(32)への移行を避け、技能で勝負できる底延縄漁やアカジン曳きなどに従事する傾向にあった。彼らが使う船は、二トン台までの小さなサバニ型だった。

一九九七年度の調査では、糸満漁業協同組合に登録されている四二九隻の船のうち、三トンまでが三二五隻、三～五トンが八一隻、五～一〇トンが一八隻、一〇～二〇トンが五隻である。小型の船がほとんどであることがわかる［糸満漁業協同組合 一九九八］。

この時期、エンジンの性能は目覚ましく向上する。故障が少なくなると同時に速度も格段に速くなり、急なしけが襲ってきても、「逃げて帰る」ことができるようになった。一九八〇年ごろからは、自動操舵機（オートパイロット）が普及し始めた。この機器を導入すると、方向さえ設定すれば自動的に舵がとられる。さらに、一九九〇年にはＧＰＳ（Global Positioning System）が急速に普及した。ＧＰＳの使用によって、海上での位置認識が容易かつ正確になる。ＧＰＳと自動操舵機を接続し、目的地を選択すれば、船が目的地に「連れて行ってくれる」ようにすらなった。外洋に面し、遭難のリスクの高い沖縄では、ＧＰＳが普及するのは早かった。

一方で、これらの普及によって、船を走らせながら針に餌をつけるなど操舵以外の作業をする余裕ができた。そのため船の周囲への注意力がそがれ、衝突事故が起こることもある。そうした事故を防止するために、レーダーが使われる場合がある。レーダーは船周辺の障害物を探知する装置であるが、糸満ではレーダーを搭載した船はさほど多くない。

個人差はあるものの、このような装備を海人たちは積極的に導入した。調査時点の糸満の漁船には、さまざまな装備を搭載した「ハイテク船」から、エンジンを搭載しただけのサバニまであった。

第二次世界大戦、日本復帰と、大きな社会変動を経験したこの時期は、糸満漁業が海外にまで展開した最盛期から徐々に規模を縮小していく時期でもあった。また、集団漁から個人漁への変遷は、雇い小慣行を背景に多くの漁業従事者を確保していた時期から、漁業従事者数が減少していく過程と同調している。漁場についてみると、戦前に県外や海外にも広がった漁場は戦後いったん縮小し、その後再び、徐々に沖へと拡大していった。

市川光雄は沖縄の漁撈について、干瀬の外側の海では漁法が比較的限定されているのに対し、ヒシンクシからイノーでは多岐に分化した漁撈活動が営まれていることを指摘した［市川 一九七八］。イノーから沖へという戦後の漁場の変遷は、漁獲対象から見れば、サンゴ礁域の多種にわたる魚類を捕獲する漁から、パヤオ漁やセーイカ漁など限定された魚種を捕獲する漁への移行と見ることもできる。

この点は、糸満の男性と女性の関係を考えるうえで重要な意味を持つ。すなわち、サンゴ礁域の魚は女性たちによって地元で販売されている。それに対してパヤオ漁やセーイカ漁の水揚げは、地元の市場を越えて他府県の流通にも参入していく。(33) サンゴ礁域の魚をとる漁から回遊魚やセーイカをとる漁への変遷は、「男がとった魚を女が売る」という糸満の性役割が過去のものとなりつつあることを示しているのである。

調査時の糸満で従事されていた漁法を表1（三八・三九ページ）の右端に記した。一九二九年には一五種類なされていた網漁は、調査時（一九九七〜九八年）には七種類のみで、他に延縄漁、曳き縄漁、釣り漁、潜水漁、採貝漁などがなされている。また、養殖や観賞用の魚を生け捕りにする漁に従事する人もある。

さらに、一九九七年度の糸満漁業協同組合における水揚げ量および水揚げ金額を図6に示した。水揚げ量におい

図６　1997 年度の糸満漁協における水揚げ量および水揚げ金額

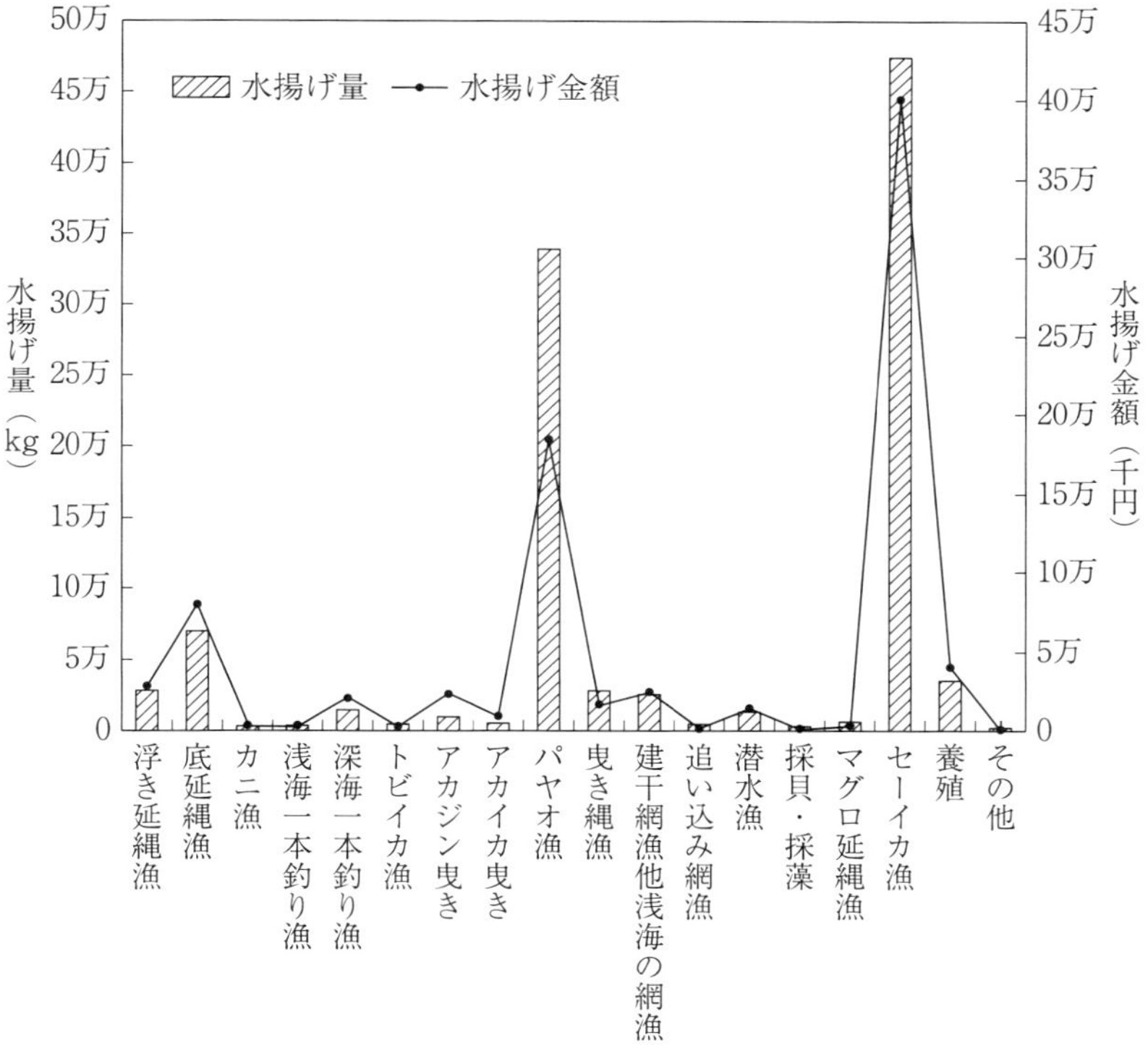

出典：糸満漁業協同組合「業態別月別水揚状況（平成９年度）」より作成。

てはセーイカ漁およびパヤオ漁が群を抜いているが、これは個体あたりの重量が大きいことも反映している。水揚げ金額ではセーイカ漁が最高で、パヤオ漁と底延縄漁が続く。その他の漁法は、水揚げ量も水揚げ金額も少ない。

　一九九八年三月現在、糸満漁業協同組合に所属していた海人は二六八人〔糸満漁業協同組合 一九九八〕である。[34] また、第一〇次漁業センサス〔農林水産省経済局統計情報部 二〇〇〇〕[35]によると、糸満市在住の漁業者数は一九九八年現在、七〇歳以上が三五人、六〇代が七七人、五〇代が三四人、四〇代が三四人、三〇代が一五人、二〇代が一三人であった。六〇代がきわめて多く、五〇代と四〇代は半減、三〇代と二〇代はさらに半減している。この年齢による偏りは、糸満の漁業の最盛期である一九三〇年代に生まれた世代に海人になった人が多く、それ以降は糸満漁業の勢いの低下とともに少なくなっていったことを意味する。

この著しい年齢の偏りをみると、「二人に一人はベテラン漁師」という状況下、パヤオ漁とセーイカ漁を中心に若手の海人も活躍する一九九〇年代後半に、筆者は調査を行ったことになる。

(2) アンマーによる魚販売の変遷

戦後の混乱期、女性たちによる魚販売も再開される。資本が不要な行商はもちろん、市場や店での販売も行われた。戦前のように組織だった大々的な漁法はなされなくなっていったが、この時期においても男性がとった魚を金に換えるのは女性の役割だった。糸満の女性が魚販売に従事した背景には、父や夫が海人であったこと以外にも、母が魚売りをしていた、魚販売が身近な仕事であったなど、さまざまな要因がある。

一九五二年に糸満漁業協同組合が設立され(36)、五七年にセリが開始されると、魚の値段がセリによって決定され、組合をとおして海人に支払われるようになった。糸満のセリ値は、先行する那覇のセリ値に見合うよう、ある程度調整されている。女性たちは仲買人として糸満のセリに参加し、競り落とした魚を売るようになった。一方、潮の干満に合わせて漁を行うアンブシや刺し網漁、小型定置網漁など一部の漁法では、セリに水揚げを間に合わせられないため、海人の家族による魚販売が継続された。このような販売を、浜から直接売るので「浜売り」と呼ぶ。

一九八三年の時点では、糸満漁業協同組合に登録している仲買人一一八人のうち九〇%が女性で占められていた[浜田 一九八七]。一方、一九九六年には、登録仲買人五〇人のうち二七人が個人の魚販売人で、残りは仲買業者であった。わずか一三年で仲買人が半減している。これは、魚売りの女性の減少と、組合が購買力の少ない仲買人を「整理」していったことによる。

戦後、魚の販売形態は、行商から店舗《タナ》商売へとしだいに移行していく。調査時は、糸満市公設市場や私設の魚市場「あんまー魚市」など市場に店を持つ人と、自宅などで魚屋を営む人、そしてごく少数ではあるが行商を行う人がいた。また、「浜売り」もわずかながら見られた。この時期は、スーパーマーケットで魚を買うことが一般化し、アンマーたちの客が年々少なくなっていく時期でもあり、アンマーたちの高齢化も進んでいた。

(1) 糸満市は沖縄本島南西部一帯を占め、調査時の一九九六年は人口五万四八五九人を擁した[糸満市役所総務部総務課 一九九八](本書を執筆した二〇一四年九月のデータでは五万九九八八人である[糸満市役所 web page: http://www.city.itoman.lg.jp/docs/2013043000027/])。

(2) 陸近くの浅い海に生息するサンゴによって形成される。裾礁の陸に近い部分は、潮の干満や雨水や泥水の流入の影響を受けてサンゴの生育が悪い。それゆえ、サンゴが生育できる水深(四〇メートル未満)で、陸から少し離れたところのサンゴがもっとも生育がよく、礁を形成する[本川 一九八五]。ここが干潮時には干上がる干瀬《ヒシ》(礁嶺)である。

(3) 村や集落の地先の海をその村や集落の人が専有的に利用できるとする仕組み。古来からあった慣行を、琉球王府が公的な決まりとしたと考えられる[上田 一九九一]。

(4) 琉球王は、明(のちに清)の皇帝から「冊封《さくほう》」を受けることによってその地位を認められると同時に、明との交易を行う権利を得ていた。この体制においては、琉球側は明に貢物を進貢し、明はそれをはるかに上回る品物を琉球に与えた[外間 一九八六]。すなわち明(清)への形式上の従属を受け入れることによって、琉球は実利を得たといえる。

(5) 第二次世界大戦前の海岸線については、糸満市教育委員会文化課作成の模型を参照した。

(6) ノロ、あるいはヌル(祝女)は、地方の祭祀を司る女性である。沖縄では伝統的に、男性が政治、女性が祭祀に携わっていた。男性は国王を頂点とする政治組織を形成し、女性は聞得《キコエ》大君《オオキミ》を頂点とする祭祀組織を形成する。聞得大君は王族の未婚の女性がつとめ、祭祀に関し最高の権力を有していた。この聞得大君を頂点とする祭祀組織の地方神官がノロである。祝女殿内はノロが司る社で、集落の信仰の中心となった[伊波 二〇〇〇(一九一九)]。

(7) 門中とは父系出自集団のこと。「一門の人びと」が原義という説がある[糸満市史編集委員会 一九九一]。門中墓は門中を単位とした墓で、さまざまな形がある、とても大きいのが特徴の一つだ。

(8) 大漁や海での安全を祈ってサバニレースをする。沖縄全域で見られ、糸満ハーレーはとくに有名。

(9) 一四二九年に尚巴志《ショウハシ》によって滅ぼされる。これによって北山、中山、南山の三山時代が終わり、琉球王国が成立する[高良・田名 一九九三]。

(10) 終戦直後の個人による埋め立てと、一九五〇年代に行われた糸満漁港(中ン浜)西側の埋め立て、さらに第二次埋め立てと呼ばれる一九七〇年着工の埋立地により構成される。

(11) 町端区や前端区の範囲はより広く、戦前の埋立地なども含まれている。

(12) 総合的視座から水産業の発展をめざすマリノベーション構想には、海を利用した観光やレジャーが含まれている。

(13) 「国道三三一号バイパス」と呼ばれ、那覇から豊見城と糸満の埋立地を抜けて、南部地域につながる。本書執筆時も工事が進められている。

(14) ここでいう「意地」は、「怒り」の意味と考えられる。「怒りがわき起これば手を引き、手が出れば怒りを収めよ」、つまり「怒りにまかせて手を出すな」という教訓と考えられる。

(15) 金城善の示す二説のうち、ナビーの身売りが登場するのは糸満の根人腹門中《ニーチュバラムンチュウ》に伝わる伝承である。根人腹の伝承では、金を借りた糸満人と、薩摩人をいさめた糸満人は別人である。この点の他にも私の聞いた話と異なる部分があるが、伝承とはあいまいであるし、私の記憶違いという可能性もある。

(16) 上原初美は、テーソー(大将)について、次のように述べている。「テーソーは七〇人程の人間とその家族の生活、生命にすら関わる存在であり、海の地理、天候、漁の技術、知識に精通しているだけではなく適確、且つスピーディーな決断力、ニンジュ(組の構成員)の結束に必要な包容力等の人間的条件を要求される。漁獲量は実にこのテーソーの力量ひとつにかかる」[上原 一九七六:一六二。( )は三田による]

(17) 片岡千賀之は、糸満出身者に限らず糸満漁業を体得した者を「糸満漁民」と呼んでいる[片岡 一九九一]。それに対して上田不二夫は、他村出身で雇い小として糸満で修業した漁業者を「糸満系漁民」、糸満出身者を「糸満漁民」と呼んで区別している[上田 一九九二]。本書では片岡と同じく、糸満出身の漁師も、糸満で漁業訓練を受けた他村出身の漁師も、「糸満漁民」あるいは「糸満漁師」と呼ぶ。

(18) 海外での沖縄県人による操業のうちアギャーとアンブシ(建干網漁)は糸満漁民が中心となり、カツオ漁は宮古島の漁民や座間味島の漁民など糸満とは系譜を異にする漁民が中心となった。

(19) アギャーはムロ(沖縄方言ではグルクン)を漁獲することが多かったことから、ムロアミとも呼ばれた[上田 一九九一]。

(20) フィリピンでは一九三二年の漁業法制定以降外国人による操業が厳しく制限され、マニラでは追い込み網の運搬船の名義はフィリピン人とし、フィリピン人の乗り組みが義務付けられていた[片岡 一九八七]。戦後もフィリピンでアギャーがなされたのは、そのときに技術移転が起こったためと考えられる。

(21) カミアチネーという呼称も一般的である。筆者は糸満の人から「カミアキネー」と表記するよう助言されたため、本書ではカミアキネーと呼ぶ。

(22) 一九一八年(大正七年)に糸満—那覇間に軌道馬車が開通し、女性たちも魚売りの行き来に利用したものの、二〜三年で閉鎖された。一九二三年(大正一二年)には軽便鉄道糸満線が開通したが、那覇に行くには迂回路を通るため、魚販売に利用した人は少なかったという[加藤 一九九〇]。

(23) 『糸満市史』によると、一八八八年(明治二一年)には糸満の市場で魚が販売されたという記録がある[糸満市史編集委員会 一九九一]。また、一九〇八年(明治四一年)当時の市場には魚市《イユマチ》、肉市《シシマチ》、野菜市《ヤーセーマチ》、豆腐市《トーフマチ》などがあったという。この構成は、調査時(一九九六〜九八年)の糸満市公設市場とほとんど変わっていない。

(24) 漁民の社会においては男性が留守にしがちであるため、女性が社会生活一般において責任を持つことが広く見られる[Acheson 1981]。

(25) たとえば沖縄の時の言論人太田朝敷は、一九〇〇年(明治三三年)の講演で、「沖縄今日の急務は何であるかと云えば、一から十まで他府県に似せる事であります。極端にいへば、くしゃみする事まで他府県の通りにすると云ふ事であります」と述べたという[小熊 一九九八]。

(26) 河村只雄もまた河上肇の見解の修正を試みており、その根拠は玉城泰一とほぼ同じである。河村の論文には玉城の世話になった旨が記されており、おそらくこの報告は玉城から聞いたことに基づいていると推察される[河村 一九九九(一九三九)]。

(27) このようなアンマーを「魚の受け手」という意味で、ウキジュと呼んだ。石垣島の糸満系集落・登野城《とのしろ》でウキジュの調査を行った今村薫は、「ウキジュ関係において、売り手は買い手に対して必ず売らなければならない義務を負うと同時に買わせる権利を持つ。同様に、買い手は売り手に対して優先的に魚を売らせる権利を持つと同時に買わなければならない義務を負う」とし、「ウキジュとは、売り手と買い手が互いを権利と義務で拘束し合う、二者間の関係である」とした［今村 一九八九：一五〇］。

(28) 海外や県外で操業された漁法も含まれており、必ずしも糸満で操業されたとは限らない。

(29) 現在も、糸満ハーレーには「転覆ハーレー」という競技がある。これは、レースの途中で一度サバニを転覆させ、海上で起こし、乗り手のうち数人がサバニに入った水をかき出し、残りの乗り手が櫂で漕ぎ続けるというものである。もっとも、「海上で転覆させてもよい」というのは、風力と人力を動力源としていた時代のサバニにあてはまることである。現在のようにデッキがついている船にはローリング返しがついており、転覆しない仕組みになっている。

(30) 戦後まもなくアギャーやパンタタカーなど各種追い込み網漁が再開されたが、人手を多く要することもあり、徐々に衰退していった。表2（四六・四七ページ）からは、一九八〇年代から九〇年代にかけてアギャーに従事した人が一人あることが見てとれる。これは、糸満で漁を習得した漁師が沖縄本島北部で操業したものである。このようにアギャーは、糸満では廃れたものの他地域で操業され、一九九〇年代にも行われていた［竹川 一九九六、一九九八］。

(31) 人工の浮き魚礁を浮かべ、そこに集まるマグロなどの回遊魚を捕獲する漁の総称である。一九八〇年代にこの漁法を導入したことで、漁獲対象が回遊魚にまで広まった。

(32) 糸満では一九九〇年代に導入された。セーイカは水深五〇〇メートル以深という深い海域を漁場とするため、それまではほとんど漁獲対象とされてこなかった。この魚法はパヤオ漁に続き、新しい資源をもたらした。

(33) 糸満では調査当時さほどなされていなかったが、沖縄でさかんなモズク養殖も、他府県の流通に参入していく漁法の代表的な例である。

(34) 本書の執筆時には、糸満漁業協同組合に所属する漁業者数は著しく減少し、二〇一二年度は一三七人である［糸満漁業協同組合 二〇一三］。なお、糸満漁業協同組合には、豊見城市与根地区の漁師も加入している。

(35) 調査は一九九八年。この統計は市町村単位である。したがって、糸満漁業協同組合に所属している豊見城村の漁師は含まれていない。

(36) 組合組織としては、すでに一九〇三年に糸満浦漁業組合が設立されていた。

第2章　魚に刻まれた記憶——アンマーたちの魚売り

糸満アンマーの魚売り。おばあたちの小規模な商い（1996年ごろ）

1 糸満アンマーのいる風景

私のフィールドワークは、糸満アンマー(糸満のお母さん)の魚売りから始まった。公設市場のときこおばさん(1)とかずこおばさんが私を受け入れてくださり、手伝いをしながら調査をさせていただいた。この二人が私の先生であり、保護者であった。本節では、魚売りのアンマーたちがなぜ魚を売り始めたか、また、どのような形の商売をしていたか、数名のアンマーの個人史をもとに描きたい。

■公設市場の魚売り:ときこおばさんの場合

調査初日、市場の中をおずおずと歩いていたとき、初めに声をかけてくれたのがときこおばさんだった。ときこさんは、お客を逃がさない。通りすがりの人にも親しげに声をかけ、「はい、はい」と言いながら、にこにこと向き合う。それだけで、売り手と買い手の関係にひきこまれる。私も買い物客と思われたのだろう。

市場での流儀にしたがって、私は買い物をすることにした。市場では会話をもとに何を売るか、あるいは買うかが決まる。そのやりとりのなかで私は、自分が京都の大学生で糸満の魚売りについて勉強するために来たこと、素泊まりの宿屋に泊まっていて自炊していることなど、手短かに話した。すると、おばさんは一人で食べるのにちょうどよいぐらいの分量の刺身をみつくろい、わさびを添え、醤油まで小さな袋につめてくれた。普通は一〇〇〇円で一盛の刺身を売るが、私のために作ってくれたのは五〇〇円分の盛り合わせだ。

初めて会ったころ、ときこおばさんは五〇代前半だったと思う。彼女は生粋の糸満人であり、母も祖母も魚売りだった。戦後しばらくして、海人だった父が慶良間の爆発事故[2]で亡くなったこともあり、長女のときこさんは母の手伝いをして魚を売ったそうだ。学校から帰ると、母が準備しておいたサンマを油であげ、那覇に売りに行った。若い売り子に同情して、サンマフライはよく売れた。また、調理した魚を売ることも当時は珍しかったという。

ある日、那覇からの帰り道、バスを乗り間違えて遠いところへ行ってしまった。

「サトウキビ畑を歩くと、風がさわさわしてさ、人が追ってきているのではないかと怖かったよ。数人の男たちがいてからさ、怖かったけどさ、堂々と道の真ん中を歩いたよ。糸満のバス停に着いたときは夜の一〇時をまわっていて、母がバス停で待っていた。このとき、母の言ったことが憎らしい。『あんた男と遊んでいたね？』って。それで『もうやらん！』って言ったよ」

ときこさんが魚売りを本格的に始めたのは、子どもが産まれてからだ。恋した人とは結婚しなかったから、一人で息子を育てなければならなかった。ときこさんは言う。

「子どもが産まれて、食わさなくてはならなくなって、母に泣きついたんだよ。母のおかげさ」

ときこさんの母は魚のさばき方だけを教え、選び方は祖母から教わった。幼いころから父も母も人を雇って忙しく働いていたから、ときこさんは「おばあっ子」だったという。

幸い、ときこさんの母は糸満の公設市場内に店を持っていたので、買い手は集まる。また、祖母の代から引き継がれてきた得意客もあった。ときこさんは、ハタの仲間ミーバイ（九八・九九ページ参照）を中心に販売する。ミーバイは人気のある種だけでも一〇種類ぐらいあるが、基本的に高級魚だ。高級魚を中心にした品ぞろえは、遠くからわざわざ買い手が来る公設市場の魚売りだからこそできることである。

■公設市場の魚売り：かずこさんの場合

ときこさんと同じぐらい私がお世話になったかずこおばさんは、調査時に六〇代前半。父は糸満の追い込み網漁の大将《テーソー》で、母は朝から晩まで魚を売る真の「糸満アンマー」であった。

初めて魚売りを体験したのは一五歳で、行商《カミアキネー》に出たものの、途中で雨に降られ、びしょぬれになって、「もう二度とするものか」と思ったという。それで、一六歳からはアルバイトとしてアメリカ軍の仕事をした。本格的に魚を売り始めたのは、結婚して子どもがある程度大きくなった二六歳のときである。当時父は体調を崩し、漁を止めて魚屋経営を始めていたので、その店を手伝ったのだ。三〇代なかばからは市場で母の魚屋を手伝い、その後は従妹の店でともに魚を売った。市場に一人で店を構えるようになったのは、私が調査に入る直前の五九歳からだという。

かずこさんの場合、魚売りをする差し迫った理由はなかった。夫は公務員で、経済的に安定していたからだ。糸満女性の自然なあり方として、魚を売っているように見えた。かずこさんの母は生粋の魚売りで、七八歳まで魚を売り続けた。私が糸満に滞在していたころは、半身不随で寝たきりの生活をしていた。そんな状態であっても、考えているのは魚のことだという。「魚が目の前を泳いでいる。つかまえようとすると逃げる」という夢を見たと話すそうだ。かずこさんが魚を売る背景には、そんな母の姿があるのかもしれない。

かずこさんは勉強熱心で、踊りなどの芸事も好きだった。友人と踊りを観に行くときなどは早めに仕事を切り上げ、一風呂浴びておしゃれをして出かけていく。仕事も家事も趣味もきびきびとこなし、人から頼られる気質のかずこさんは、私にとってもよい先生だった。

■公設市場のアンマー：きよおばあの場合

きよおばあほど心の優しい人は、めったにいない。私は落ち込んでいるときなど、おばあの店先に立ち、話をすることがあった。おばあの笑顔は芯から優しく、それだけで慰められたからだ。このおばあのように優しい人は、それだけの苦労をしている。

きよおばあは沖縄の寒村に生まれ、糸満に奉公に出された。俗にいう「糸満売り」された人である。年季が明け、糸満で結婚したが、子どもが産まれず、離縁させられた。失望して奄美大島に出稼ぎし、織りの仕事をしたようだ。再び糸満に帰ったころ戦争に遭い、そのとき一緒に逃げた人に気に入られ、その人の息子と再婚することになった。二度目の夫になった人は潜り漁の海人で、フィリピンに出漁した経験があった。この人の話をするとき、おばあは幸せそうだった。夫が病気をして海人をやめたころ、二人で魚屋を始めた。当初は嘉手納《かでな》に店を構えたらしいが、一年後に糸満の公設市場に店を持つ。この夫との間にも子どもはできなかったので、夫がわずか五五歳で亡くなったとき、おばあは再び一人になった。

経済的に自立することが、おばあにとっての不文律だ。夫を亡くした後、銀行から金を借りて土地を買い、家を建てて、その半分を人に貸した。そうすることで家賃収入があるし、いざというときは助けを呼べる。決して恵まれた人生とはいえないが、自分の力で生活を切り開いてきた、強く心正しい人である。

■行商の魚売り：徳子おばあの場合

徳子おばあは、私が出会ったころ、八〇歳と言っていた。当時、本格的な行商をする人は彼女ぐらいだった。おばあの夫は糸満で海人をしていたが、若いころに病気になった。まだ幼い末っ子を含め、子どもたちと夫を食べさせていかなければならない。それで、当時四〇歳だった徳子さんは、魚売りを始めたという。

「(あのころは)どうやって生きてきたかもわからんよ」と徳子おばあは言う。

「朝食べたら、昼はどうやって食べよう、って考えたさ。こっちからお金借りて、食べて、そのお金を返すためにまた他から借りて、お金入れて……」

徳子おばあの家は表通りに面していない。また、市場に店を持っているわけでもない。そこで行商をした。私は一度、徳子おばあの行商についていったことがある。初夏の天気のよい日だった。その日の訪問先は豊見城村真玉《まだん》橋《ばし》で、目的地までは仲買業者の車で連れて行ってもらい、そこから得意先を訪ねて回って、おばあの魚売りが始まった。

まず、新聞紙をねじって棒状にすると、それを輪にして「ガンシナ」を作った。ガンシナは、魚を入れたたらい(昔はバーキと呼ばれる籠だった)を支えるクッションになる。このたらいを人の手を借りて頭に載せる。魚、天秤ばかり、包丁、まな板、氷の入ったたらいはたいへん重く、腕で抱えていては一人で持つことはできない。しかし、いったん頭に載せると、小さな徳子おばあは上手にバランスをとって、すたすたと歩いた。

まっすぐに伸びた背中をとんとんとたたきながら、おばあは独特のリズムで歩く。路地から路地へ、ときには「こっちが近いさあ」と、人の家のガレージも横断する。

一軒目の家ではマグロがたくさん売れた。おばあは出されたお茶と菓子を食べ、友人である買い手のおばあとひとしきり話した。二件目の家で売れたのはプープーマチ(ヒメダイ)だ。魚はその家のガレージの水道を借りて、その場でさばいてしまう。この家では話に夢中になって包丁を忘れ、あとで私が取りに戻った。

この日おばあが訪問した集落では法事があり、留守宅が多かった。それでも、何軒かの家では歓迎され、「このごろ来ないから心配したよ」と優しい言葉をかけられることもあった。途中で、車とぶつかりそうになる。道を渡ろうとしたとき、車が出てきたのである。おばあは頭に荷を載せているから首を回すことができない。おばあは「馬鹿あ！」と怒鳴り、ドライバーを気迫で圧倒した。

留守宅が多かったこともあり、この日はなかなか魚を売りきることができなかった。最後はおばあが「親切な人」と認識している人のところへ行き、残った魚をすべて買ってもらった。そして、その人の好意で水道を使わせてもらい、商売道具を丹念に洗った。帰りはバスに乗る。だから、魚の臭いをおばあはひどく気にしていた。ふたりでバスを乗り継ぎ、糸満に帰ってきたのは、夕方だった。

■「あんまー魚市《イユマチ》」のアンマー：サイパン帰りのナカおばあの場合

「あんまー魚市」は、もともと公設市場の周辺で路上販売をしていた人びとが集まって一九九三年に設立したという。公設市場に比べると、全体に値の安い魚を売る傾向にあった。この市場に店を構えていたのは五店舗だ。そのほか、短時間だけ魚を持ち込んで商売をする人たちがいた。

ナカおばあは、腰が九〇度曲がった小さなおばあだ。出会ったころは七〇代なかば。朝早くから「あんまー魚市」に座り、仲買業者から仕入れたマグロとカジキを売っていた。彼女は話好きで、若いころ南洋群島のサイパンにいたという話をよくしてくれた。子どものころに親を亡くし、一三歳で糸満に奉公人として売られたという。その糸満の人たちとともに、日本統治下にあったサイパンに渡ったようだ。サイパンでは、北ガラパン一丁目の金城魚店で働いた。男が二〇人ぐらい、女が五人ぐらい雇われており、男は海人だった。男たちが魚をとってくると、それを女たちが売ったという。

サイパンには大和人《ヤマトゥンチュ》、沖縄人《ウチナーンチュ》、そしてサイパンの「島民」[3]など多様な人がいたから、魚の呼び名もそれぞれ違う。おばあによると、沖縄で「エーグワ」と呼ばれる魚（標準和名アイゴ）は、大和人は「よつばり」と言い、サイパンの人たちは「アトゥライ」と呼んだ。サイパンの人たちが魚を買いに来る場合、彼らも日本語を話した。ナカさんは少しチャモロ語ができたから、彼らの言葉をまじえることもあったそうだ。サイパンの人たちに何人か友達がいて、ナカさんが叱られていると、「なんでナカだけ叱るの？」と、かばってくれたという。

ナカさんは、一九四二年（昭和一七年）にラバウルに、四四年（昭和一九年）にパラオに行った。軍に徴用され、タピオカでかりんとうを作ったという。それは戦場の兵隊の食料だった。パラオで終戦となり、二五歳の一九四七年にやっと沖縄に帰った。結婚後は魚の行商をし、子どもを育て、年をとってからは公設市場の脇の路地で魚を売っていた。路地販売は保健所が怖かったが、一九九三年に「あんまー魚市」ができ、安心して商売できるようになったという。

沖縄からサイパンには年に一度、慰霊団が訪問しているが、おばあは参加したことはない。おばあは言う。

「一度サイパンに帰ればよかったって、本当に後悔しているよ。もう腰が曲がってしまって、人に迷惑をかける。『ナカ、来ないね』ってサイパンの友達が言ってたって、（サイパンから）ひきあげた他の人から聞いたよ」

おばあの青春はサイパンにある。だから、何度もその話を私にしてくれたのかもしれない。

■浜売りのアンマー：カマドおばあの場合

カマドおばあは、大きな体と大きな声の、堂々としたおばあだ。毎朝、嫁と二人で、糸満の海端で夫と息子のサバニ（くり舟）を迎える。彼らのとった魚を刺し網からはずす間、おばあは魚の買い手と話をしている。海端に魚を買いに来るのは、たいてい料理屋だった。夫がとった魚を妻が売る、昔ながらの光景であろう。[4]

カマドさんは、久米島の糸満系移民の家に生まれた。家はアンブシ（建干網漁）を営む「アンブシ家《ヤー》」で、娘時代から家族がとった魚を売っていたという。結婚した相手は糸満のアンブシ家の人だったから、その漁獲を売った。[5]

「アンブシの魚」は、糸満では人気がある。イノー（礁池）の魚種が糸満の人にとってなじみがあり、好まれているという理由もあるが、「お父さんのとった魚」というアンマーの言葉がなにより重みをもつようでもある。「お父さんのとった魚」は、セリを通さないので鮮度がよく、身元が確かだ。とくに人気のあるカーエー（ゴマアイゴ）やミーエー（アイゴ（シモフリアイゴ型））などは、値が高い。それでも、あっという間に売れてしまう。

おじいが亡くなったとき、カマドおばあは小さくなった。ある日、おばあに「魂込め《マブイグミ》」[6]をするといって、おばあの家族が儀礼に使う魚を買っていた。「おばあ、どうしたの?!」と聞くと、おじいを亡くしてから元気がなく、魂を落としたのではないかという。それで、「魂込め」の拝みをするという説明を受けた。そのかいあってか、おばあは数年かけて元気を取り戻し、九九歳の祝いをするところまで長生きしたのである。

■町の魚屋のアンマー

糸満の町にはあちこちに小さな魚屋があり、女性たちが思い思いの商売をしている。一人ひとりの商いは異なる形をとり、魚を売る背景には一人ひとりの事情がある。

たとえば、駄菓子屋と魚屋を兼ねた小さな店を営むゆきおばあは、戦後しばらくは電話の交換手をしていたという。農業もしようとしたが、畑を耕していて人の骨を掘り当ててしまい、止めたそうだ。電話の交換手は悪い仕事ではなかったけれど、夜のシフトにあたることがあった。ある日、他所の子どもたちに「夜仕事に出ている」とからかわれ、「これは大変だ」と魚売りに転業したという。調査時は、駄菓子を買いに来る子どもにお釣りの計算を教えたり、楽しく商売をやっているという印象を受けた。

糸満の飲み屋街に店を構えるキミエおばあは、夕方になると店を開ける。バーやスナックが商売相手で、「安いものしか売れないさあ」と言う。もともと糸満の生まれで、父はアギャー（追い込み網漁）の海人だった。キミエさんは、母とともに父の操業する沖縄本島北部・国頭《くにがみ》まで行き、宿に泊まって魚を行商したという。海人と結婚したが、当時はすでにセリがあったため夫のとった魚を売る必要はなかった。ここで店を開けてから、かれこれ二〇年になるという。

アンマーたちの個人史からは、彼女たちが魚を売ったさまざまな背景が見える。父や兄弟が海人だったから、夫が海人だったから、その魚を売ったという人もあれば、雇い小《ヤトウィングワ》として糸満に売られてきた人もいる。母が魚売りだったから、という人もある。経済的な必要があって魚売りをしている人もいれば、そうではない人もいる。いずれにしても、糸満の女性が自律的な生活を切り開くうえで、魚売りはもっとも身近な仕事の一つだった。また、アンマーたちは同じ魚を売っているのではない。家族の従事した漁法や、母の売ってきた魚、どこに店を構えたかなどさまざまな要因で売る魚種は異なる。

糸満アンマーたちは、それぞれの経験や身の丈にあわせた思い思いの商売をしていた。高齢になっても、魚を売るということは彼女たちの身にしみついた行動であり、彼女たちの自律的生き方を支えていた。魚売りのアンマーの多くにとって、魚を売ることは生きることの傍らにあることだったのだ。

2　アンマー魚を読む

午前六時三〇分ごろ、糸満漁業協同組合のセリ会場では、七時のセリ開始を前にしてアンマーたちが熱心に魚を吟味している。購買力のあるアンマーはセリ権を持っているが、そうでないアンマーたちは仲買業者が競り落とした魚を、セリ値に工賃（キロあたり五〇円）を加算して購入する[7]。セリ権のあるアンマーもセリ権のないアンマーも、めいめいが売りたいと思う魚を探し、その値段を算段する。

「売りたいと思う魚」は、アンマーによってまちまちである。それぞれの販売魚種が異なることは前節で述べたとおりだ。たとえば、公設市場のアンマーであれば、高級魚であるミーバイ【シロブチハタ他】やアカマチ〔ハマダイ〕などに目がいくし、自宅で魚屋を営んでいるアンマーなら、手ごろな大きさで、あまり値段の高くない魚種を吟味する。もっぱらマグロばかりを吟味するアンマーもいる。以下、アンマーたちが魚の属性をいかに読んでいるか、見ていこう。

（1）見立ての基準

①鮮度

目やエラの色、魚肉のしまり具合で判断するのが一般的である。魚肉のしまり具合を確認するには、魚の胴を指で押してみるとよい。アカイカ〔アオリイカ〕の場合は、胴を触ると赤褐色の発色が出る個体が新しく、真っ白なイ力は死んでから時間が経っていると判断される。魚肉のしまり具合には、海人が魚をどのように扱ったかが反映される。船にたくさんの氷を積んで、十分に冷やした魚はしまっており、氷の量を節約した海人の魚はしまりがない。このことを指して、ときこおばさんは言った。

「魚には海人の態度が出るよ。魚をていねいに扱う人は、それだけ儲ける」

②太さ

太ったアンダーグワ（脂がのっている状態）の魚が好まれる。セリに出ているマグロの場合、尾の付け根が切られているため、アンマーたちは魚肉の色を見て判断する。ときには、魚肉をひとかけとって口に入れることもあった。ただし、こうした方法が他の魚にも適用できるわけではない。たいていのアンマーは、魚の太り具合を尾の付け根の太さで見極める。腹は魚が食べたものでふくらんでいる可能性があるので、尾の付け根で判断するのが確実という。

また、「同じ魚ならミーグワ（目が小さいもの）が上等」という見解を、魚売りのはつねおばあから聞いた。同じ種であれば、眼球の大きさにはあまり差がないと考えられる。したがって、目が小さく見える個体ほど太っているという論理である。大きさについては、「なんでも魚は中くらいのがいい。小さいと軟らかくて味が薄いし、大きいとしまりがなくて皮が厚く、おいしくない」という見解をかずこおばさんから得た。

③臭い、ムシなど

シルイユ【サザナミダイ他】やタマン〔ハマフエフキ〕では、イシカバという臭いのする個体がある。イシカバとは、

「サンゴの臭い」という意味で、例えて言うなら漂白剤のような臭いである。しばしばアンマーたちは、これらの魚の総排泄口に指を入れ、腸の臭いを確認していた。カマンタ【エイ】にも臭いのする個体がある。あるアンマーはそれを「辛い臭い」と表現し、「とくに夏、臭いがする」と指摘した。

タマン〔ハマフエフキ〕では、「ムシ（寄生虫）」がしばしば問題になる。「ムシ」は、うろこを通して外からでも見える場合がある。このような個体には漁協側があらかじめ「×」印をつけ、セリ値を低くする。ときこおばさんによると、産卵期を終えた魚は種を問わず、ムシが入ることが多いという。

マグロの場合は、肉が白っぽく変色し、軟らかく、水っぽくなることがある。このような状態をアンマーたちは「ニートン（にえている）」と言って嫌う。[8] ときこおばさんは、こう述べた。

「温度が高くなると、マグロは黒ずんだ赤になって、いくら冷やしてもなおらない。かさかさするし、お酢をかけたような感じになって、おいしくない」

マグロやカジキについては、捕獲時の銛痕も値段を下げる要因となる。

④その他

魚の種によって、特定の部位が評価の対象となることがある。たとえばアカイカ〔アオリイカ〕では、アンマーたちはしばしばイカの胴の内部をのぞき、墨が十分入っているかどうかを確認していた。沖縄ではイカを墨汁にして食べることが好まれるうえ、墨には薬効があると考えられている。そのため、墨がきわめて重視されるのである。

また、真紅のアカマチ〔ハマダイ〕は、沖縄では高級魚である。はつねおばあは、「アカマチは尾の長いものほど肉《ジュー》がしまって上等」と言った。アカマチを専門に釣っている海人もこの違いを認識しているが、彼の見解はもう少し複雑である。(9) この海人は、アカマチには「頭でっかちで目玉のでっかいの」(10) と「尾っぽが長くて、頭が小さいの」があると言う。前者は魚肉の質が悪くて味も悪いが、後者は肉質も味も良いそうだ。そして、後者のうち太っている個体は「(水揚げされたときに)たいてい口を閉じている」と言う。口を閉じている原因については、「胃袋の裏についている脂肪の関係ではないか」という見解を述べた。

(2) 毒の有無

沖縄に生息する海洋生物には、食中毒を起こすものがある。毒にあたることを方言で「よう」と言う。以下、糸満で「よう」とされている海洋生物の代表的な例を挙げる。

シガテラ毒

橋本芳郎によると、「シガテラ ciguatera は、熱帯および亜熱帯海域の主としてサンゴ礁の回りに生息する毒魚によって起こる死亡率の低い食中毒の総称」[橋本 一九七七：九四]であり、「シガテラの毒魚の毒性にはいちじるしい部位差、個体差、地域差、ならびに年変化が認められている」[橋本 一九七七：九九]という。このような毒の特性のため、日常的に食べる魚であっても常に有毒性を示す兆候に気を配らなければならない。

①ミーバイ

沖縄ではもっとも人気のある魚のひとつだが、個体によっては毒がある。アンマーたちは、胴やひれに少しでも黒ずんだところがあれば、「ようかもしれない」と言って避ける。とくに警戒されるのはナガジューミーバイ〔バラハタ〕である。

「尾の先の黄色いナガジューミーバイ〔バラハタ〕で、体に黒い部分があったり、黄色（い部分）が黒ずんでいたりするのは、よう」（かずこおばさん）

「ナガジューミーバイの尾の先が白いの〔オジロバラハタ〕はよい。黄色いの〔バラハタ〕はやめておいたほうがよい。黒いのはダメ」（ときこおばさん）。

方言でナガジューミーバイと呼ばれる魚には、尾の黄色いナガジューミーバイ〔バラハタ〕と、尾の先の白いナガジューミーバイ〔オジロバラハタ〕の二種類がある。バラハタはもともと尾やひれの先が黄色く、そのこと自体は有毒性の指標ではないが、アンマーたちは、バラハタはできれば避け、オジロバラハタを好んで店頭においていた。かずこさんもときこさんも、ナガジューミーバイの胴やひれが黒く変色していた場合、毒があると判断していた。(11)

②モンツキ〔イッテンフエダイ〕

個体によって、ようものとそうでないものがある。ある海人は、「はね（胸鰭）や尾の黄色い個体は毒がある」と言い、別の海人は「モンツキの赤いような黄色いような色のは、よう」と述べた。

③アカナー〔バラフエダイ〕

「アカナー（がようかどうか）は見てわからないが、（それらがとられた）海でわかる。尖閣のものはまず大丈夫。慶良間の南ならよいが、北のはよう（中毒する）可能性がある。毒蟹を食べたのがようみたい」（ある海人）

「アカナーは、悪い餌を食べたのだけがよう。ティールグワ（籠漁）でとったのは、（籠の中に入っていて、毒蟹を食べる可能性が低いため）よわない」（別の海人）

アンマーたちは、魚がとられた海域は詳しくわからないので、これらの魚を売りたがらない。あるアンマーは、「アカナーはようけどおいしくて、やめられない。(ようと)骨が痛くて、だるくなる」と述べた。

その他の毒

種レベルで有毒性が明白なイングヮンダルマー〔アブラソコムツ〕やプーナー【フグ】は簡単に見分けられるが、魚の有毒性の多くは個体レベルのものである。どの海域でとられた魚であるか、魚が何を食べたかといったことは、アンマーには知る術もない。それで「あまり珍しいものは食べるな」ということになる。

①イングワンダルマー【アブラソコムツ】

ある海人は、「これ食べると大変よ。食べると、すぐ、お尻から油が漏ってくる」と述べた。橋本芳郎によると、この魚は筋肉に多量の油(wax ester)を含み、食べると下痢を引き起こす[橋本 一九七七]。とれても海人が海に捨ててしまうため、セリで見ることはまずない。

②プーナー【フグ】

テトロドトキシン(tetrodotoxin)という毒が含まれていることは広く知られている。沖縄では食されることはめったになく、海人が海に捨ててきてしまうことが多い。

③カーミー【ウミガメ】

今日の糸満でとられることはめったにないが、ときどき刺し網にかかる。ある海人は、「カーミー【ウミガメ】の、甲羅が一三余る（一三より多い）のは怖いよ」と述べた。このように甲羅の甲板の数を有毒の指標とする考え方は、沖縄に広く見られるという［白井 一九八二］。

④セーンスラー【ソウジハギ】

「セーンスラーは豚には毒」という意見をあるアンマーから聞いた。セーンスラーの消化管内容物には、パリトキシン（palytoxin）という毒が含まれている。豚にセーンスラーの内臓を与えると消化管内容物まで食べさせることになるため、「豚には毒」と考えられるという［橋本 一九七七］。

中毒するか否かは食べた人間の側にも要因があるという見解もある。ある海人は次のように述べた。「よう、よわないは、体質にもよる。内臓の悪い人は、ちょっと食べてもすぐによう。下痢をしたり、手足に痺れがきたり。昔は黒糖を煎じて飲んで、毒を還した。病院ではどうしようもない」

このような知識をもとに、アンマーたちは魚をさまざまな角度から読み、評価を下す。そして、その評価をもとにセリに参加する。セリ値は、漁協職員の「〇〇円から」という掛け声に始まり、しだいに値を吊り上げていく形で決められる。初めの値段は那覇のセリ値を基準に設定される。その意味で、魚の値段は糸満を越えたより広域な社会における評価と、糸満における評価の双方を反映しているといえるだろう。

3　アンマー魚を語る

このようにして仕入れた魚を、アンマーたちはめいめいの方法で店に運ぶ。糸満漁業協同組合と公設市場をはさむ道路は、朝は車が多い。アンマーたちは魚の入った箱を抱えたり、両手に一匹ずつタコを持ったりしながら、横断していく。おばあがマグロをずるずるとひきずって渡っていくのを、車が列をつくって待つこともある。

午前七時から始まるセリが終わるころには、糸満の仲買業者Kが那覇と糸満のセリで購入した魚を並べる。アンマーたちは、道端でそれらの魚も吟味し、気に入った魚があれば購入する。Kから魚を買うのは、セリ権を持たない高齢のアンマーたちが多い。他の仲買業者と契約しているアンマーたちは、あらかじめ注文しておいた魚を仲買業者が那覇のセリで購入し、配達してくるのを待っている。

この時間帯、浜では刺し網漁師たちが魚を網からはずしている。このセリを通さない「浜売り」の魚は、その妻や娘によって売られる。

（1）糸満の市場

魚売りの記述に入る前に、筆者が調査を行った糸満市公設市場について少し述べておきたい。公設市場は町端・前端埋立地にあり、調査時は市役所も近く、ある程度のにぎわいはあった。図7は、一九九六年四月一二日午前八時四〇分ごろの市場中心部の見取り図である。市場のことを方言でマチグワーと呼ぶ。マチグワーには、野菜を扱

図7　糸満市公設市場（部分）とその周辺（1996年4月12日午前8時40分）

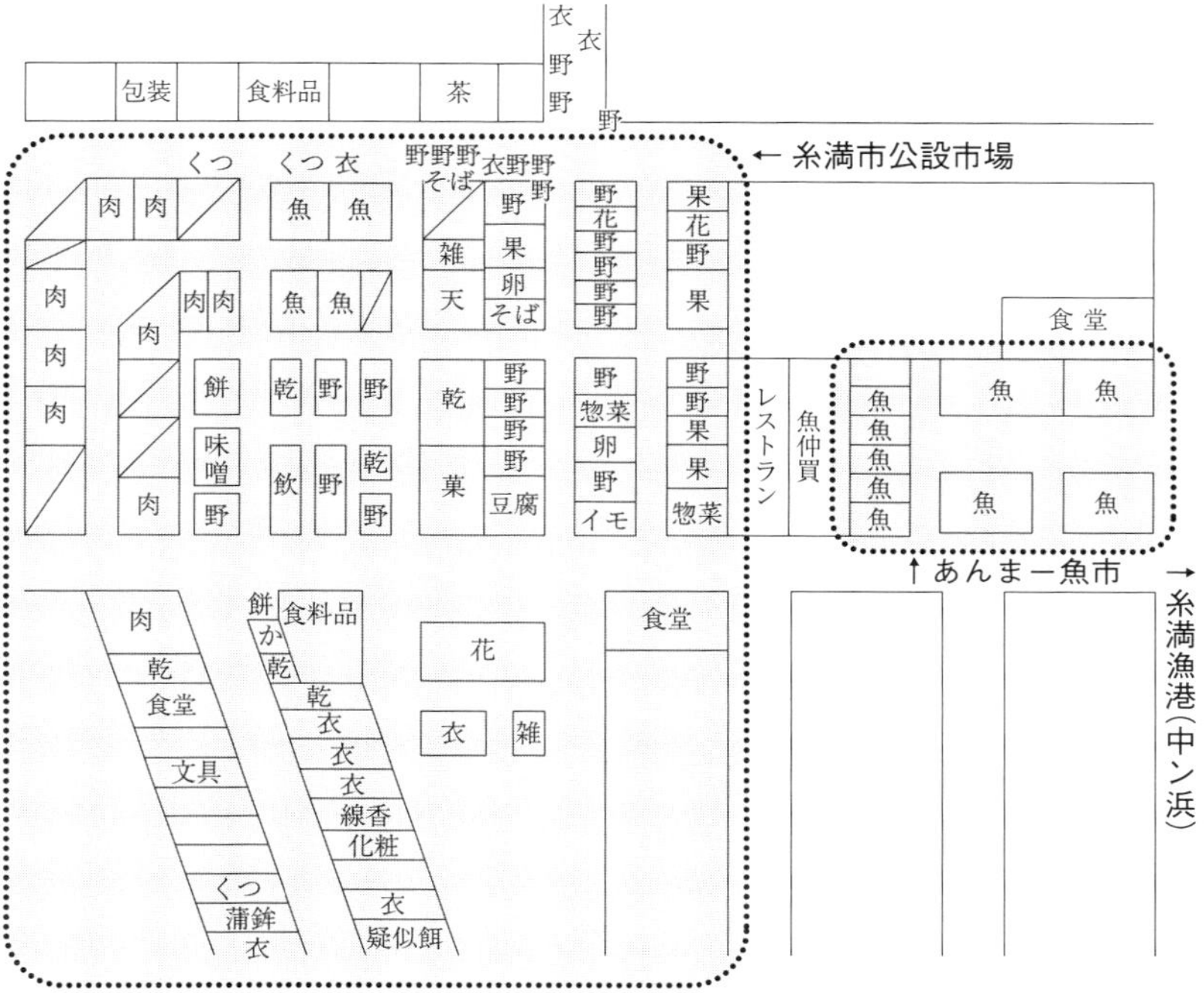

注：野＝野菜、衣＝衣類、か＝蒲鉾、乾＝乾物、果＝果物、飲＝飲料、雑＝雑貨。

う野菜市《ヤーセーマチ》、肉を扱う肉市《シシマチ》、魚を扱う魚市《イユマチ》などがある。そのほかにも、鰹節店や蒲鉾《カンブク》屋や餅屋、缶詰などを売る食料品店、梱包用品の店、食堂などがある。

マチグワーの一日

朝のマチグワーは活気に満ちている。野菜市には近隣の農家の女性たち（ときどき男性もいる）がござを敷き、収穫したばかりの野菜を並べる。場所が足りないため、路上に店を出す人もいる。野菜市の間に店を出す雑貨屋は、山のように積み上げた靴や安い服、雨が降りそうな日には傘などを売る。肉市では精肉業者が豚の部位を運び込み、女性たちが肉の塊を切り分けている。かたわらの洗濯機では豚のナカミ（胃や腸）がぐるぐると洗われ、酢のような匂いがたちこめる。魚市では、セリで買ったばかりの魚をアンマーたちが陳列用の冷蔵庫に色よく並べている。

この時間帯、マチグワーで働く人たちは、缶コーヒーや「ばくだん」と呼ばれるおにぎり(周囲を蒲鉾《カンプク》で覆った丸いおにぎり)などを買ってきて朝食をとる。

マチグワーで商いをするのは、店を持つ人ばかりではない。路地で野菜を売る人たちもそうだが、何か売るものがあって、それを並べるだけの空間を見つけられれば、マチグワーでの商いは可能だ。一輪車に野菜を載せて、飼い犬と一緒に商いをしているおばさんもいれば、数段重ねのせいろに餅《ムーチー》を入れて、アーケードの下に一日座っているおばあもいる。なかには、商品を陳列すらしない人もある。背中のリュックサックに殺虫剤や雑貨を入れて、「蚊《ガジャン》が喰う、ハイ、殺虫剤」などと歌いながら、おもしろおかしく商売をするおじさんもいた。

朝のマチグワーにはなんでもそろっているし、質のよいものが手に入る。料理屋を営む人や、是が非でも入手したいものがある人たちは、朝早くから買い物に来る。売り手も買い手も多く、マチグワーは活気を帯びる。

午後に入ると、野菜市のおばあたちが三々五々、帰っていく。売り手でいっぱいだった路地は閑散とする。マチグワーの規模は縮小し、買い物客もあまり来ない。売り手たちは、めいめいの店に備え付けたテレビで連続ドラマを観たり、遅めの昼食をとったり、昼寝をしたりしている。マチグワーの周辺にある食堂から出前をとる人もあれば、弁当を持ってくる人もある。

マチグワーが昼下がりのまどろみからさめるのは、午後四時ごろだ。ぽつ、ぽつと買い物客が集まってくる。「何かあるね?」と魚の陳列ケースをのぞきこみ、気を惹くものがあれば買っていくような、目的のはっきり定まらない人も少なくない。ときには観光客が遠慮がちに通る。

夕方に買い物客のもうひとつのピークがあり、午後七時ごろには売り手たちはおおかた引き上げる。魚市は比較的遅くまで店を開けているが、約一時間かけてていねいに掃除をすると、「先になろうね（先に帰るね）」と、まわりの人にあいさつをして帰っていく。

マチグワーの買い物客たち

買い物客は、糸満（糸満市字糸満）の人ばかりではない。少し離れた地域からも、バスや自家用車に乗ってやって来る。糸満市南部の集落からワゴン車をチャーターして、おばあたちが集団で買い物に来ることもある。

マチグワーがもっともにぎわうのは、行事の日の前日だ。旧正月はもちろん、一月一六日の後生《グソー》の正月[12]、彼岸《ヒガン》、春の清明祭《シーミー》、旧暦五月四日のハーレー祭（舟漕ぎ祭祀）、盆、十五夜《ジュウゴヤー》などの前日には、客が途切れることはない[13]。

マチグワーには、行事に必要なものがそろっている。たとえば色つきの蒲鉾、三段重ねの餅、汁にするナカミ（豚の胃や腸）、てんぷら用のアンダーチ（メカジキ）などが手に入る。豚の三枚肉にしても刺身にしても、このときは質のよいものをたくさん手に入れなければならない。ふだんはスーパーマーケットで買い物をする人たちも、このような特別な日にはマチグワーで買い物をする。

マチグワーで買い物をする場合、買い手はそれぞれの売り手と話をし、値段を交渉し、ときには世間話に花を咲かせる。それは情報交換の場であり、女性たちの社交の場でもある。あるアンマーは、「マチグワーで話すことは、ハーレー鐘を叩くのと一緒」と述べた。旧暦五月四日、糸満ではハーレー鐘を打ち鳴らしてハーレー祭の開始を告げる。このアンマーの言葉は、マチグワーで話したことは糸満中に知れ渡るということを意味している。

マチグワーでは、売り手は買い手の要望を把握し、きめ細かく対応しようとする［沖縄大学沖縄学生文化協会 一九八二］。那覇のマチグワーで肉市の研究を行った小松かおりによると、肉市では、一人ひとりの買い手が肉のどのような部位を好み、どのような切り方を好むかが細かく配慮され、買い手と売り手のやりとりのうちにひとつの商品がつくり出されるという。また、シーブン（おまけ）という形で値段も柔軟に変動する［小松 二〇〇二］。

では、マチグヮーに店を持つアンマーは、どのように魚を売っているのだろう。魚市における参与観察[14]をもとに、おもに買い手と売り手の間で交わされた魚に関する語りに着目して記述する。

（2）マチグヮーのアンマーと買い手のやりとり

糸満の公設市場には、四つの魚屋がある。それらの店のうち、筆者はときこおばさんの店とかずこおばさんの店で手伝いをしながら参与観察を行った。ここでは、より観察時間の長かった、ときこおばさんと買い手のやりとりを分析する。

ときこおばさんは調査当時五〇代で、息子に手伝わせながら魚売りをしていた。調査時はマグロとカジキ、アカマチ〔ハマダイ〕の三種を刺身として常備し、陳列ケースにはミーバイ【シロブチハタ他】類を中心に、シルイユ【サザナミダイ他】、ヤキー〔アマミフエフキ〕、アカイカ〔アオリイカ〕などが丸のまま色よく並べられていた。高級魚であるミーバイを中心とした品ぞろえは、高い魚を買う心づもりをした人が集まるマチグヮーならではである。彼女の魚売りでは、魚についてどのようなことが語られていただろうか。以下に一九九七年の観察から得たアンマーときこさんと買い手のやりとりを記す[15]。

①アカイカ〔アオリイカ〕とシロイカ〔アオリイカ〕についての言及

事例1　買い手：高齢の女性（二月二〇日／旧一月一三日）

客をもてなすためにイカ墨汁を作ると買い手が言う。大きさと値段を考えて、買い手は小さくて値の安いイカを買うことにする。だが、ときこさんは、それでは足りないのではないかと考えた。

アンマー「七名分、足りるかね。あれも買おう〔買ってください〕」

ときこアンマーは、もう一匹アカイカ〔アオリイカ〕を手に取り、胴の中の墨袋を見せる。

アンマー「これがいいんでない？」

買い手「これ、アカイカな？」

アンマー「そうだよ。アカイカとシロイカと違うかね？」

買い手「違う。シロイカは甘い」

アンマー「あれ雌《ミームナー》と雄《ウームナー》ってよ。アカイカは雄《ウームナー》」

買い手は〈よくわからない〉という顔をする。

アンマー「雌が好きなんだね」

アカイカ二匹と、アカマチ〔ハマダイ〕の刺身が売れた。

ここで問題になっているのは、イカの大きさ、値段、アカイカかシロイカかという三点である。

買い手は小さくて安いイカを買おうとしたが、それだけでは量が足りないと、ときこアンマーは考えた。そこで、もう一匹買うことを勧める。買い手も同意したが、「これ、アカイカな？」と聞いてきた。ときこさんは買い手がシロイカを好むことを知っていたため、手元にあるイカがアカイカであることを認めつつも、「アカイカとシロイカにたいした差はない」という語りをすることになった。

ときこさんは、アカイカとシロイカの違いをオスとメスの違いにすぎないと説明している。アカイカとシロイカは、標準和名はともにアオリイカだが、アカイカがヒシンクシ（礁斜面）でとれるのに対し、シロイカはイノー（礁池）でとれる。シロイカは網漁で漁獲されることがあるものの、セリにはめったに出ないので、ときこさんが売るのはたいていアカイカである。ただし、薬効があるとされるのも味がよいとされているのもシロイカである。

ときこさんは、「アカイカよりシロイカを（買い手は）欲しがるさ。アカイカも腹と腹を合わせておいておくと、やがて白くなるよ。白くならない先に冷凍したら赤いまま」と述べた。鮮度がよいイカは胴に赤褐色の発色があるが、完全に死ぬと白くなる。買い手はシロイカという名前にひかれて白いイカを好むため、アカイカを冷凍する場合は、完全に死んで白くなった後に冷凍したほうがよいと言う。

また、このやりとりでは、アンマーが買い手に墨袋を見せて、十分墨が入っていることを確認させていた。ときこさんが、「イカはクリ（イカ墨）が問題よ。（イカが）生きていてもクリがなかったら意味がないのに」と言うほどに、イカ墨は重視される。イカが墨汁にして食べられるのに加えて、イカ墨がクスイムン（薬になるもの）とされているからである。

②クスイムンについての言及

事例2　買い手：高齢の女性（二月一八日／旧一月一一日）
買い手「おつゆ、わかす」
ときこアンマーは、アマクチシルイユ（サザナミダイ）を指して言う。
「これがいいんじゃない？　〇〇円[16]」

買い手「熱、冷ますよね」
アンマー「そうだよ、これは本物のシルイユ、アマクチャー（アマクチシルイユ）だよ」
アマクチシルイユがおつゆ用にさばかれ、売れた。

このやりとりで問題となっているのは、おつゆにするのにふさわしいこと、値段、薬効、そして「本物の」シルイユという点である。

買い手の「おつゆにふさわしい魚を」という要求に応える形で、ときこさんがシルイユを勧めると同時に値段を提示し、買い手のほうから薬効に言及している。ときこさんはシルイユが熱さましの効能を持つことに同意し、さらに、「これは本物のシルイユ、アマクチシルイユだよ」と述べた。「本物の」という形容詞には、「民俗分類上シルイユとされる一連の種のなかでも、アマクチシルイユは代表的な種である」という意味と同時に、「本物だからきっと薬効がある」というメッセージがこめられているようだ。

クスイムンとされる海洋生物は数多く存在する。なかでもよく知られたものとして、シロイカ（アオリイカ）とカマンタ【エイ】がある。

シロイカの場合、とくにイカ墨が重視され、その効能として「シロイカの墨が沸騰しない前に火を止めると下げ薬《サギグスイ》になる。墨をよく煮ると止め薬《トウミグスイ》」という話をしばしば聞いた。下げ薬には何でも下げる効能があり、「便秘が治る」とか、「産後の内臓をすっきりさせる」などと言われる。「止め薬」はその逆で、何でも止めて下痢などが治るとされる。また、「シロイカはシーシマシグスイといって、何にでも効く」という見解や、「イカ墨はがん予防」という見解もあった。その一方で、「シロイカは薬とか何とか言うけど、結局はおいしいのよ」という意見もあった。イカ墨がクスイムンであるという知識は、糸満では常識に属するらしい。買い手がシロイカを求めただけで、ときこさんが「おじいはまだ病気なの？」と聞いたことがあった。

カマンタ【エイ】は下げ薬で、何でも下げる効能があるとされる。その効果は強力で、「食べたらすぐ、トイレに駆け込んだ」という人の話を耳にした。「透析している人から注文があった」と、かずこおばさんがセリでカマンタを探していたこともある。

カマンタについては、「煎じてお茶に入れて飲むと、一五分で血圧が下がる。喉から上、耳鼻咽喉に効く。婦人科の問題にも効く」という見解や、「子どもが予定日を過ぎても生まれないときに、煎じて汁を飲むといい。すぐに子どもが生まれる。耳鼻咽喉にも効くし、のぼせたときの血圧も下げる。解毒作用もある」という見解などがみられた。一方で、出産予定日に満たない妊婦には食べさせてはならない。流産の危険性があるからだ。

ある海人によると、カマンタのなかでもよく食べられるシラカマンタ〔ヤッコエイ〕は、戦前はかなり高価だった。しかし、刺し網で頻繁にとれるようになったことと、薬としての需要が減ったことなどが原因で、安くなったという。

③魚の旬についての言及

事例3　買い手：中年の女性〔三月一一日／旧二月三日〕

買い手がヤキー〔アマミフエフキ〕を買うことにする。

買い手「半身は刺身、半身はおつゆ用に〔さばいて〕ね」

アンマー「今はミーバイよりこれがおいしいんだよ。彼岸《ヒンガン》タマンっていって」

このやりとりでときこさんは、買い手の要求するように魚を切り分けながら、その魚がいかに「お勧め」であるかを語った。「ミーバイよりおいしい」という発言は、ミーバイ【シロブチハタ他】が糸満ではもっとも値段が高く、美味とされていることに基づく。つまり、この言葉には、「この時期のヤキーは、高級魚のミーバイよりも美味」というメッセージがこめられているのである。

ヤキーはヤキータマンとも呼ばれ、タマン〔ハマフエフキ〕の下位分類名である。春の彼岸のころは、タマンやヤキーが産卵のために群れになる。この時期のタマンやヤキーを「彼岸タマン」と呼ぶ。ときこさんは、このころのヤキーを美味と認識していることになる。

かずこおばさんによると、魚は一般的に旧正月から旧暦三月ごろまでが美味であり、産卵した旧暦五月ごろ以降は旧暦七月ごろにかけてまずくなるという。これらの見解からは、産卵が魚の味を分ける分岐点と認識されていることがわかる

④本船マグロとパヤオマグロについての言及

事例4　買い手：料理屋の男性（三月一〇日／旧二月二日）

料理屋の男性がマグロを塊で買いに来る。

アンマー「これさ、本船もの（本船マグロ）。仲買業者Sが持ってきたけど、あんまり上等でないよ」

そう言ってマグロを見せながら、ときこアンマーは次のように言い添える。

「でも、パヤオは変色するけど、これ（本船マグロは）、色はきれいだよ」

那覇や糸満で手に入るマグロには、パヤオ漁でとられた沿岸のマグロと、マグロ船から水揚げされた遠方のマグロがある。アンマーによっては、それらを「パヤオマグロ」「本船マグロ」と呼んで区別する。ときこさんによると、パヤオマグロは船の冷蔵設備が簡便であるため変色しやすいが、たいてい日帰り操業なので新鮮である。それに対して、本船マグロは船の冷蔵設備がよいので魚肉の色が美しいが、長期にわたって漁をするため鮮度は劣る。どちらを好むかは、買い手しだい、アンマーしだいである。

この事例においてときこアンマーは、マグロが「本船マグロ」であること、仲買業者が持ってきた魚であること、「あまり上等でない」こと、「色がきれいであること」に言及している。そして、「あまり上等でない」のは、仲買業者が那覇のセリで購入したマグロで、ときこさんが直接選んだものではないから、ということがそれとなく伝えられている。

このようにアンマーが自分から魚のマイナスの評価について語ることは、ときとして見られた。とくにこの事例では、買い手は料理人で、魚の質に対して敏感である。「あまり上等でない」ことを隠して魚を売ると、かえって信用を落としかねない。それを考慮してときこさんは、まず魚についての否定的な評価を述べ、その後で「色がきれいだよ」と肯定的な側面を言い足したのである。

⑤イマムン(今物)についての言及

事例５　買い手：元魚売りの年配女性(三月二二日／旧二月一四日)

アンマー「カジキ、こうろう(買ってください)。イマムン(新鮮なもの)だよ」

買い手は立ち止まり、カジキを購入。

アンマーは後で、「やっぱりイマムンは売りやすいね」と言う。

イマムンは、「新鮮なもの」という意味で、買い手の心を動かす最強の要素である。この買い手は、魚屋に来ることを目的とせず、店の前を通り過ぎようとしていた人であった。そこに「イマムンだよ」と声をかけることで、販売に成功した例である。

⑥シマムン（島物）についての言及

事例６　買い手：高齢の女性（三月二六日／旧二月一八日）

買い手「このシロイカ、シマムン（沖縄のもの）な？」

アンマー「シマムンよ！」

シマムンとは「沖縄の島のもの」という意味である。スーパーマーケットでは台湾などから輸入されたシロイカ〔アオリイカ〕が安く売られているが、味が落ちるといわれている。この事例では、その点を確認した買い手に、ときこさんがあきれたように返答している。「シマムンよ！」という言葉には、「この店にはシマムンしかおかないよ。スーパーマーケットなんかと一緒にしないで」という、ときこさんのプライドがこめられている。

⑦アンダーグワ（脂小）についての言及

事例7　買い手：中年の女性（三月二六日／旧二月一八日）
買い手「このマグロ、上等ね？」
アンマー「上等だよ、むる（全部）、アンダーグワ（脂がのっているもの）」
マグロが売れた。

「アンダーグワ」とは、脂がのっていて美味なものという意味。「イマムン」にならんで、アンマーたちがしばしば口にする言葉である。

⑧特別な部位についての言及

事例8　買い手：中年女性（三月一〇日／旧二月二日）
買い手がヒカーグヮー【スズメダイ】を指して、「これ、ハラミ（卵）は入ってる？」と聞く。
アンマー「入ってますよ」
買い手「これ、潮煮《マースニ》にするさ。マギー（大きいの）からとって」
横で見ていた人「（食べるのが）面倒くさいよね、これ」
買い手「それがおいしい。小さいのはから揚げ、大きいのは潮煮が最高」
アカビキ〔キホシスズメダイ〕が売れる。

特定の部分が価値を持つ魚がある。ヒカーグヮー【スズメダイ】の場合は、卵がそれにあたる。あるアンマーによると、卵を孕んでいるのは旧暦二月から旧暦四月ごろで[17]、この時期に店頭に並ぶ。「ヒカーグヮーは卵を持っているときが上等。その後はどうしようもない」という見解も聞いた。

この事例では、ときこおばさんはほとんど語っていない。「卵が入っている」と、事実確認をしただけである。あとの会話は、買い手とその横で魚の売買をながめていた人との間でなされ、魚の大きさに応じた調理法について意見が交換された。

⑨供えの魚、拝みの魚

事例９　買い手：中年の女性（二月一八日／旧一月一一日）

買い手「マグロ、一六日（後生《グソー》の正月）の（供え物にする）てんぷら用に」

アンマー「これ、安くて上等」と、マグロの塊を出してくる。

アンマー「長さは（どれぐらいに切る）？」

買い手「どうでもいいよ」

てんぷら用に短冊に切ったマグロが売れる。

糸満では行事の際に、てんぷら用の魚が売れる。重箱に入れて供えるためである。アンダーチ（メカジキ）がもっとも好まれるが、常時水揚げされる魚ではないので、代わりにカジキやマグロが売れることもある。このやりとりでは、買い手は「供え物用の、てんぷらにするマグロが欲しい」と要望を述べ、ときこおばさんは「安くて上等」

なマグロを提示した。さらに、ときこさんは切り方について買い手の要望を聞いたけれど、買い手はあまり細かい要望を持たない人だったようだ。ちなみに、このときの行事は後生の正月（あの世の正月）である。

供え物や拝みに使う魚には、特別な配慮がなされる場合がある。たとえば、かずこさんの店に法事用に刺身の注文が入ったことがある。このときかずこさんは、「法事だから、身（魚肉）の白いのしか使えないよ」と言った。また、魂込めに使うからと、いずれも体長約二〇センチのガーラ【ナンヨウカイワリ他】とハンゴーミーバイ（シモフリハタ）が売れたときがある。他のアンマーの魚売りでも二回、魂込めに使うという魚を見たが、いずれも体長二〇センチ程度の魚が二尾使われた[18]。

拝みに使われる魚は「姿」が重要である。ある日かずこおばさんは、アカマチ（ハマダイ）の小さい個体を、尾頭付きで何匹もさばいていた。神人《カミンチュ》[19]から注文があったという。かずこさんは、「神人の拝みでは、尾頭付きの、姿がそのままの魚が求められるよ」と述べた。

神人がときこさんの店で、お供え用にヤマトゥビー（ニセクロホシフエダイ）を尾頭付きで買っていったこともある。ときこさんは、縁起の悪い記事（死亡広告など）の載っている新聞紙を包装に使わないように注意していた。

⑩進物の魚

事例10　買い手：中年の女性（四月二日／旧二月二五日）

買い手「明日さ、内地に持っていくんだけどさ、アカジン（スジアラ）あるかな」

アンマー「用意しとこうね。セリであがったら、とっておくよ」

「高値の魚」も扱っているマチグワーには、しばしば進物にする魚を買いに来る人がいた。この事例では、内地に行く際の土産としてアカジンミーバイが求められている。ミーバイは沖縄でもっとも高く評価される魚で、とくにアカジンミーバイは最高級だ。進物の場合、アンマーはとくに質のよい魚を勧め、美しく包装していた。

⑪調理法についての言及

事例11　買い手：中年の女性（三月一五日／旧二月七日）　常連の買い手である。

買い手「この前の、おいしかったさあ。ヤナー（悪いの）はとらさない（売らない）ね、って言ってたの」

アンマーは、ヤキー〔アマミフエフキ〕を指して言う。

「これはさ、おつゆがいいよ。その日のうちがおいしい。次の日に温めても身（魚肉）が崩れる。ミーバイ【シロブチハタ他】なんかは、細火にして、次の日ぐらいがおいしいんだよ。ヤキーのおつゆはだしの素も何にもいらない。自然そのままだよ」

ヤキーがおつゆ用に売れる。

このやりとりでは、買い手が前にときこさんから買った魚が美味であったことと、ヤキーの調理法が話されている。アンマーが魚の調理法やその魚のもっともおいしい（とアンマーが考える）食べ方を提案することは、しばしば見られた。また、沖縄では魚を味噌汁に、イカを墨汁にする食べ方が一般的なので、「だしがある」という表現が魚のほめ言葉としてよく使われた。

（3）買い手のまなざし

こうした魚をめぐるやりとりにおいて、アンマーの発言が買い手にそのまま受け入れられるとは限らない。ここではいくつかの事例を参考にしながら、買い手のまなざしや発言がどのようにアンマーの語りに影響を及ぼしているかを分析したい。

①魚についてほとんど知らない買い手

魚についてほとんど知識を持たない買い手がいる。こうした人の場合、買い手は自分の意見を持たないため、アンマーの意見に従うことが多い。ときこおばさんは、一言口にするごとに買い手の反応をうかがいながら、初めて店に来た買い手にとって「望ましい魚」がどんなものであるかを探っていた。

②自分の意見を持つ買い手

魚についてさほど詳しいわけではないが、自分の意見を持っている買い手もいる。こうした買い手を相手にする場合は、アンマーの語りもすんなり受け入れられるとは限らない。

事例12　買い手：中年女性（三月一一日／旧二月三日）

アンマーはジセーミーバイ［アザハタ］を指し、「これは？」と勧める。

買い手「ううん、あれは食べないよ」

アンマー「これがおいしいのに」

買い手はハヤーミーバイ（シロブチハタ他）を指し、「この、口閉じてるのがいい」と言う。
アンマーは、同じハヤーミーバイでも異なる個体を指して、「あれ、上等よ」と言う。アンマーは二匹のハヤーミーバイを手にとって、エラを見せる。
買い手は両方の魚の胴を指で押してみて、「これ、身（肉）が固い。これにするよ」と、先に自分で指定した「口を閉じた個体」を選ぶ。
アンマーはその魚を二枚におろし、おつゆ用にさばき始める。
買い手「そこ（エラの下の部分）はいいよ（いらないよ）」
アンマー「ここが魚で一番おいしいとこだよ。だしがある」
買い手「そうね？」
さばいているのを見ているうち、買い手は「これでは少ないね」と言い出す。
アンマーは、「あれ、する？」と、初めに勧めた魚を再び勧める。
買い手「あれは食べんというのに」
アンマー「（笑いながら）あれが売りたい」
結局、ハヤーミーバイをもう一尾、刺身用にさばくことで話がまとまる。
アンマー「ミーバイしか買わんね」
買い手「私は大きいのが好き。大きいのがおいしい」
アンマー「お客さん、よくわかっているよ。大きいのがだしがあるんだよ」
結局、ハヤーミーバイが二匹売れた。

このやりとりにおいては、買い手はときこさんが勧めた魚を拒否し、自分の指で魚の胴にさわり、「身（肉）が固い」個体を選びとった。ときこさんは買い手の言うことに従っているようにみえるが、最初に拒絶された魚を再び勧めてみるなど、強引にならない程度に自分の意見を述べている。買い手も、一方的に主張するのではなく、ときこさんの意見に従って、エラの下の部分は捨てずに調理することに同意した。このやりとりの最後には、「（魚は）大きいのがおいしい」という買い手の意見にときこさんも賛同し、「お客さん、よくわかっているよ」と買い手をほめた。

このような自分の意見を持った買い手との間では、アンマーが一方的に会話をリードするのではなく、ある程度緊張感をともなったやりとりがなされることがわかる。

③挑戦してくる買い手

ときにアンマーは、魚の評価をめぐって真っ向から異議をつきつけられる。たとえば、次のようなやりとりがあった。

事例13　買い手：中年の男性（四月二日／旧二月二五日）

買い手「ハヤーミーバイ〔シロブチハタ他〕あるね？」

アンマー「あるけど、これ、おいしいよ」

アンマーは、ヤキー〔アマミフエフキ〕を見せる。買い手と値段の折り合いがついたので、アンマーはヤキーをさばき始める。

すると、途中からのぞきこんできた高齢の女性が言った。
「イシカバすん（サンゴの臭いがする）！」
アンマーは、「しないよ。この魚はね、これからおいしくなるんだよ」と言った。

イシカバは漂白剤のような臭いで、この臭いのある個体は売り物にならない。このとき魚にけちをつけてきた人は買い手ではなく、横で魚がさばかれる様子を見ていた人だった。このおばあの発言には買い手をひるませる勢いがあったが、アンマーはイシカバなどしないと自信を持っていたため、あっさりと否定した。そして、「この魚は、これから（旬で）おいしくなるんだよ」と語ることで、その魚の価値を上乗せし、買い手を安心させたのだ。

④魚販売経験のある買い手

糸満では、魚販売に従事した経験のある高齢の女性が少なくない。彼女たちは魚に詳しいため、売り手にとっては緊張を強いられる買い手である。先輩アンマーと現役アンマーのやりとりについて、対照的な二つの事例を観察した。

事例14　買い手：元魚売り、高齢の女性（三月二九日／旧二月二一日）
買い手「このマチ【オオヒメ他】、買わそう（売りなさい）」
とりおきの魚だったので、「これは人の」とときこさんは言う。
買い手「いいや、上等さ。買う」
アンマーは、「困ったね」と、うれしそうな表情をした。

私は、アンブシ(建干網漁)の魚を売るひろみアンマーの魚売りを手伝うこともあった。ひろみおばさんは夫がアンブシに従事しており、その漁獲を販売していた。網漁の水揚げは人気が高く、買い手は浜からついて来て、アンマーの周辺は買い手で騒然とすることもしばしばである。以下は、ひろみさんの魚売りで観察した事例である。

事例15　買い手　元魚売り、高齢の女性(三月二五日/旧二月一七日)

アンマーがタマン(ハマフエフキ)を見せて言う。

「アンダーグワ(脂がのっている)よ」

買い手はじっと魚を見て、「アンダーグワあらんよ(脂のってないよ)」と言う。

アンマー「のってるよ。刺身する?」

買い手「いかちゃが(いくら?)」

アンマー「三三〇〇円」

買い手「高さん(高いよ)」

アンマー「おばあだから、すでに安めてあるんだよ」

買い手はぶつぶつ言いながらタマンを買った。

先輩アンマーの目は侮れない。事例14のように、「その魚が上等だ、是非とも買いたい」と先輩に言われることは、アンマーにとって名誉なことである。

また、事例15の買い手のおばあは、昔魚を売った経験があるだけでなく、たいへんな魚好きである。このやりとりにおいて、おばあは「脂がのっていない」と主張したが、現役アンマーが「のってるよ」と、にべもなく否定し、「刺身にする?」と、包丁を構えた。いったんさばき始めれば、その魚を買うのは買い手のマナーである。おばあは仕方なく買うことにするが、「もう少し安くしろ」と主張する。ところが、この主張も「(おばあはお得意だから)すでに安くしてあるんだよ」というアンマーの主張により却下された。

このように先輩アンマーとのやりとりには緊張感があり、アンマー同士の腕比べといった感がある。

4　アンマーの専門分野と方名認識

アンマーたちは糸満における魚の「専門家」であり、その知識は買い手から一目置かれる。ただし、アンマーたちの持っている知識は一律ではない。アンマーにはそれぞれが売り慣れてきた「専門分野」の魚がある。それらの魚については詳しい知識を持っていても、専門外の魚についてはあまり知らないこともある。

このことを実証的に検討するため、民俗分類において「ミーバイ」と呼ばれる魚と「カタカシ」と呼ばれる魚の方名認識に関する調査を行った。ミーバイ【シロブチハタ他】は高級魚で、普通セリで入手される。それに対してカタカシ【ヒメジ】は、たいていアンブシ(建干網漁)の水揚げとして売られるため、セリを通さないことが多い。

調査では二九枚のミーバイの写真(九八ページ図8-1、九九ページ図8-2)と一一枚のカタカシの写真(一〇三ページ図9)を提示し、その方名(なるべく細かく個別方名まで)を答えてもらった(一〇〇・一〇一ページ表3)。調査に協力してもらったアンマーは、魚の販売経験も売ってきた魚種も異なる以下の五人である。

ときこさん　調査時五〇代。一貫してマチグワーで魚を売る。高級魚であるミーバイを多く扱ってきたが、カタカシはあまり売ったことがない。

かずこさん　調査時六〇代。当時はマチグワーで魚を売り、ミーバイなどの高級魚を多く扱っていたが、アンブシの魚も売っており、カタカシも扱い慣れている。

図 8-1　方名認識調査に利用したミーバイの写真と標準和名

写真 1　アジアコショウダイ

写真 2　コロダイ

写真 3　イシガキダイ

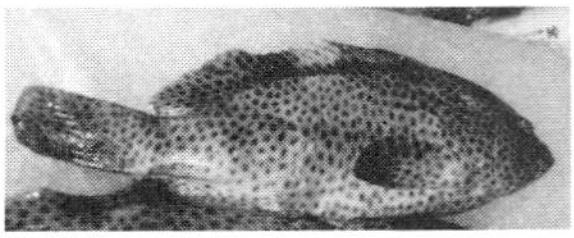
写真 4　シロブチハタ

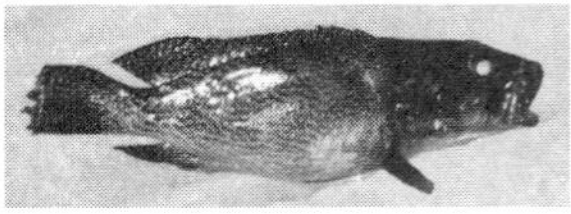
写真 5　ナミハタ

写真 6　キビレハタ

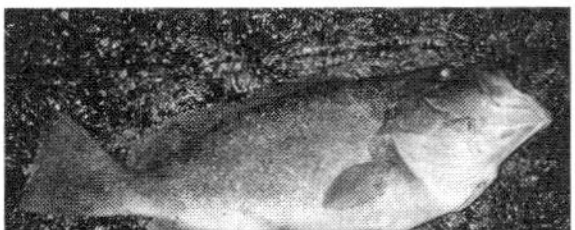
写真 7　ツチホゼリ

写真 8　ユカタハタ

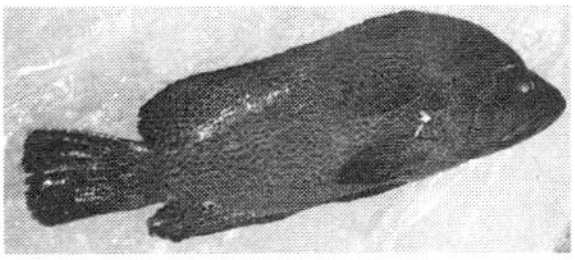
写真 9　アザハタ

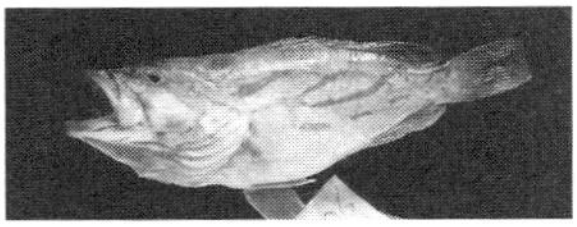
写真 10　ホウキハタ

写真 11　ヒトミハタ

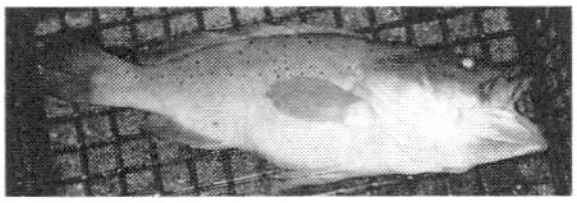
写真 12　コモンハタ

写真 13　コクハンアラ

写真 14　キテンハタ

きよさん　調査時八〇代。マチグワーに店を持つが、冷凍物を中心に売ってきた。ミーバイもカタカシもほとんど扱ったことがない。

カマドさん　調査時八〇代。アンブシに従事する家に生まれ、同じくアンブシに従事する家に嫁ぐ。アンブシでとれるカタカシは扱い慣れているが、ミーバイはあまり売ったことがない。

図 8-2　方名認識調査に利用したミーバイの写真と標準和名

写真 15　オジロバラハタ

写真 16　アザハタ

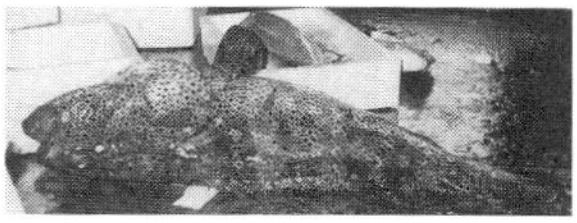
写真 17　ヤイトハタ

写真 18　マダラハタ

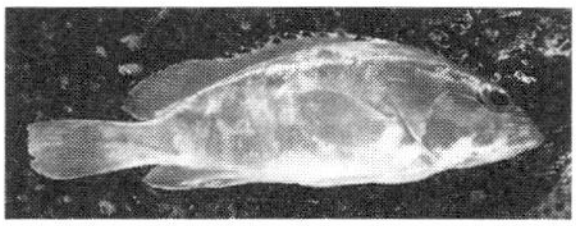
写真 19　アカハタ

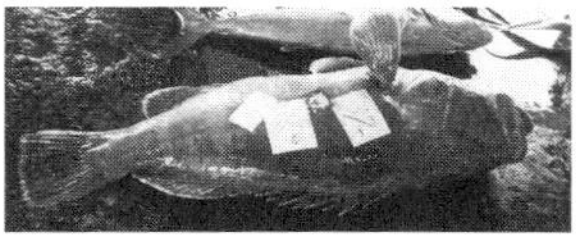
写真 20　クエ

写真 21　チャイロマルハタ

写真 22　スジアラ

写真 23　スジアラ

写真 24　カンモンハタ

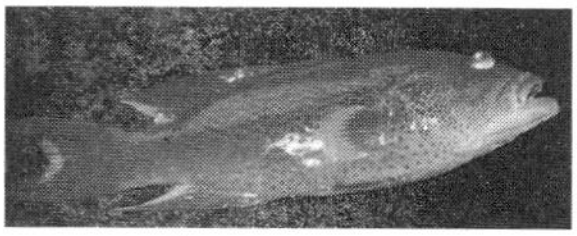
写真 25　バラハタ

写真 26　ホシヒレグロハタ

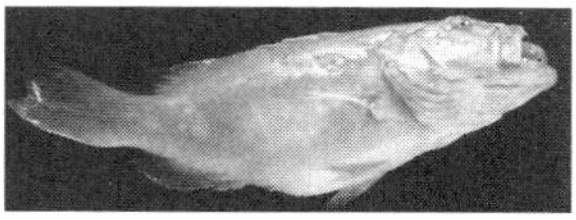
写真 27　ヤマブキハタ

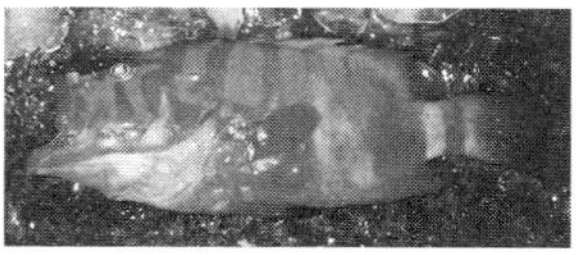
写真 28　シマハタ

写真 29　シモフリハタ

注：写真 22 と写真 23 は魚の色が異なる。22 は真紅、23 は黒っぽい。

識するミーバイの方名

きよさん	カマドさん	はつねさん
ミーバイ	クレーミーバイ	クレーミーバイ
わからない	クレーミーバイ	クレーミーバイ
ガラシーミーバイ	ガラシーミーバイ	ガラサーミーバイ
ミーバイ	ミーバイ	ミーバイ
ミーバイ	ミーバイ	ミーバイ
イシミーバイ	ミーバイ	ミーバイ
ミーバイ	ユダヤーミーバイ	タカバーミーバイ
アカジン	アカミーバイ	ホンミーバイ
ミーバイ	ミーバイ	ミーバイ
オーナシミーバイ	クワーガナー	ミーバイ
ユラヤーミーバイ	ミーバイ	ミーバイ
わからない	ミーバイ	ミーバイ
ミーバイ	ミーバイ	ミーバイ
ミーバイ	ミーバイ	ミーバイ
アカジン？オーナシ？	アカミーバイ	ナガジューミーバイ
ミーバイ	ミーバイ	ミーバイ
ミーバイ	ミーバイ	ミーバイ
ミーバイ	ミーバイ	ミーバイ
イシミーバイ	アカミーバイ	ミーバイ
ミーバイ	わからない	ミーバイ
ミーバイ	ミーバイ	ミーバイ
アカジンミーバイ	アカジンミーバイ	アカジンミーバイ
ミーバイ	クルアカジンミーバイ	クルーアカジンミーバイ
イシミーバイ	イシミーバイ	ミーバイ
ジューナガーミーバイ	アカミーバイ	ナガジューミーバイ
ミーバイ	ミーバイ	ミーバイ
わからない	ミーバイ	ミーバイ
アカイユ？ミーバイ？	ミーバイ	インディアンミーバイ
ミーバイ	アカミーバイ	ミーバイ
9	12	10
なし	なし	少しあり

ーとガラサーなど）や語順の違い（ナガジューとジューナガーなど）、意い＋アカジン〉など）は、同じ方名認識とみなす。

表3　5人のアンマーが認

写真	標準和名	ときこさん	かずこさん
1	アジアコショウダイ	ミーバイ	クレーミーバイ
2	コロダイ	ミーバイ	クレーミーバイ
3	イシガキダイ	ガラシーミーバイ	ガラシーミーバイ
4	シロブチハタ	ハヤーミーバイ	ハヤーミーバイ
5	ナミハタ	ウエーンチュグワミーバイ	ミーバイ
6	キビレハタ	イミテーションハヤーミーバイ	ミーバイ
7	ツチホゼリ	タカバーミーバイ	タカバーミーバイ
8	ユカタハタ	アメリカミーバイ	ジセーミーバイ
9	アザハタ	アンゴーミーバイ	ジセーミーバイ
10	ホウキハタ	オーナシミーバイ	オーナシミーバイ
11	ヒトミハタ	ヨーローミーバイ	ヨーローミーバイ
12	コモンハタ	オーナシミーバイ	シルミーバイ
13	コクハンアラ	タイガーミーバイ	タイガーミーバイ
14	キテンハタ	シルジーミーバイ	シルミーバイ
15	オジロバラハタ	ナガジューミーバイ	ナガジューミーバイ
16	アザハタ	ジセーミーバイ	ジセーミーバイ
17	ヤイトハタ	ユダヤーミーバイ	アーラミーバイ
18	マダラハタ	ユダヤーミーバイ	ユダヤーミーバイ
19	アカハタ	アンゴーミーバイ	アカミーバイ
20	クエ	アーラミーバイ	アーラミーバイ
21	チャイロマルハタ	アーラミーバイ	アーラミーバイ
22	スジアラ	アカジンミーバイ	アカジンミーバイ
23	スジアラ	クルバニーアカジンミーバイ	クルバニーアカジンミーバイ
24	カンモンハタ	イシミーバイ	イシミーバイ
25	バラハタ	ナガジューミーバイ	ナガジューミーバイ
26	ホシヒレグロハタ	ハヤーミーバイ	ハヤーミーバイ
27	ヤマブキハタ	アンゴーミーバイ	アメリカミーバイ
28	シマハタ	インディアンミーバイ	インディアンミーバイ
29	シモフリハタ	アンゴーミーバイ	ハンゴーミーバイ
個別方名回答数		27	27
ミーバイ販売経験		あり	あり

注：アミかけした部分は、アンマー間で共通した個別方名。音のわずかな違い（ガラシ
味のわずかな違い（クルバニーアカジン〈黒い＋ヒレ＋アカジン〉とクルーアカジン〈黒

はつねさん　調査時七〇代。夫がアンブシに従事していたため、カタカシを売った経験が豊富である。五〇代からは店を構え、セリから魚を仕入れて売るようになった。ミーバイはあまり扱ってこなかった。

①ミーバイ

表3を見ると、これらの魚がほとんどの場合「ミーバイ」と認識されていることがわかる。ミーバイとは異なるカテゴリーの魚の名前が挙げられたのは、ミーバイを扱ったことのほとんどないカマドさんが写真10を「クヮーガナー」とした例のみである。

また、表3からは、ミーバイを売った経験の長いときこさんとかずこさんが個別方名まで答える傾向にあるのに対し、あまり売ったことのないきよさん、カマドさん、はつねさんは包括的方名を答える傾向にあることがわかる。[20]

魚ごとに見ると、写真3については五人全員が「ガラシーミーバイ（ガラサーミーバイ）[21]」と回答し、写真22を「アカジンミーバイ[22]」とすることについても五人の意見が一致した。写真23の「クルバニーアカジンミーバイ（クルーアカジンミーバイ）[23]」や、写真24の「イシミーバイ[24]」、写真25の「ナガジューミーバイ（ジューナガーミーバイ）[25]」も、五人のうち四人の回答が一致している。

②カタカシ

表4（一〇四・一〇五ページ）は、カタカシの方名に関する五人の回答である。これらの魚がほとんどの場合「カタカシ」と認識されていることがわかる。異なるカテゴリーの魚名が挙げられたのは、カタカシをあまり売ったこと

のないきよさんが写真3と写真4を「ミジュン」とした例のみである。また、かずこさんとはつねさんが写真2を「アカムルー」とし、「カタカシ」という語彙素が含まれていないが、「アカムルーはカタカシの種類」と認識されることが多い(26)。

　カタカシについて個別方名をもっとも多く回答したのは、カタカシを売った経験の豊富なかずこさんとはつねさんである。カマドさんは、カタカシには慣れ親しんできたにもかかわらず、個別方名を回答したのは四例にとどまった。一方、カタカシをあまり売った経験のないきよさんは、ほとんどの写真について包括的方名を回答するにとどまっている。ときこさんもカタカシを売った経験がほとんどないが、約半数について個別方名を回答した。

図9　方名認識調査に利用したカタカシの写真と標準和名

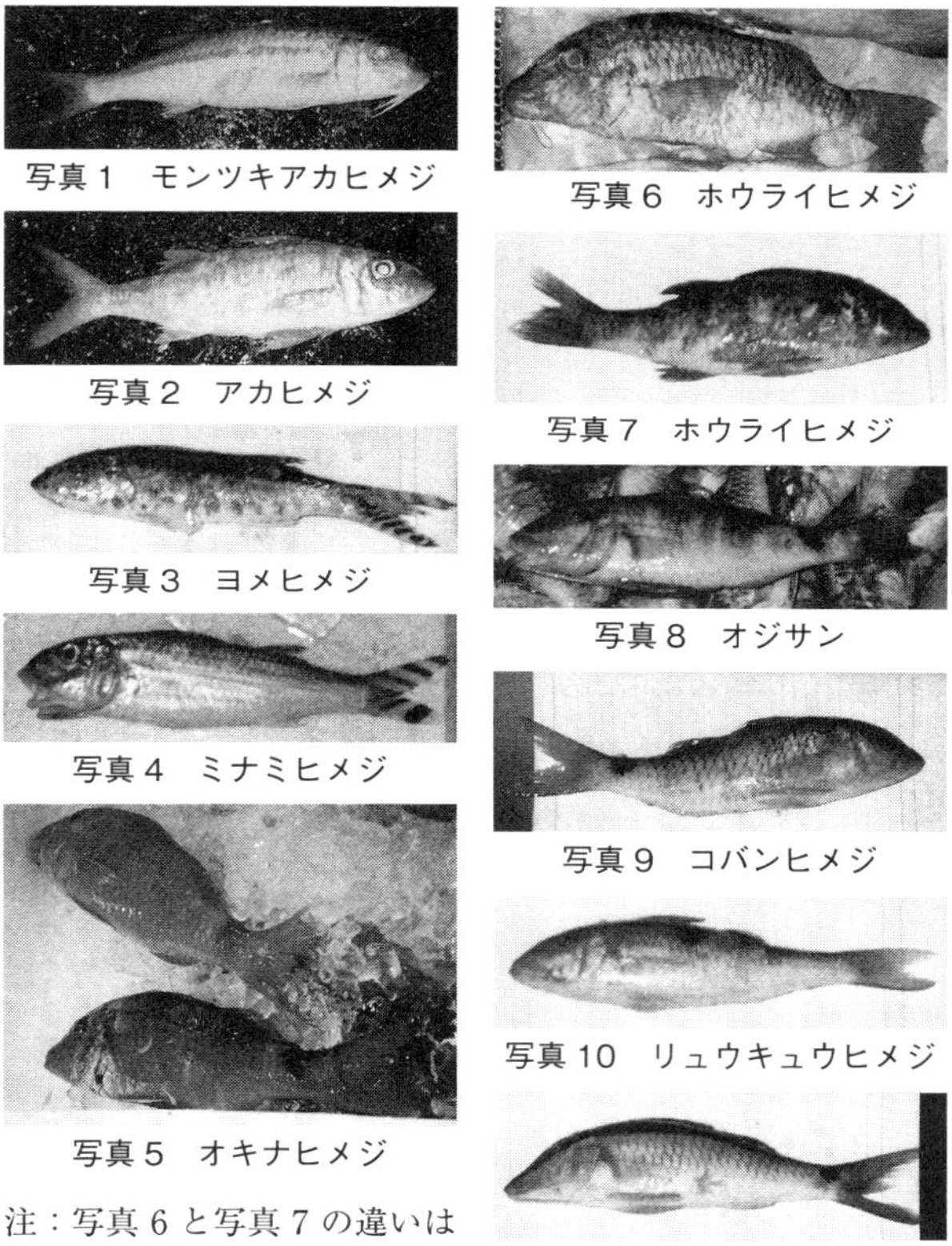

写真1　モンツキアカヒメジ
写真2　アカヒメジ
写真3　ヨメヒメジ
写真4　ミナミヒメジ
写真5　オキナヒメジ
写真6　ホウライヒメジ
写真7　ホウライヒメジ
写真8　オジサン
写真9　コバンヒメジ
写真10　リュウキュウヒメジ
写真11　オオスジヒメジ

注：写真6と写真7の違いは105ページ参照。

　魚ごとに見ると、写真6は「ユーアカーカタカシ」あるいは「ユーアカージンバーカタカ

識するカタカシの方名

きよさん	カマドさん	はつねさん
カタカシ	カタカシ	マーカタカシ
ジンバーカタカシ	アカムルーカタカシ	アカムルー
ミジュン	ウズラーカタカシ	ウズラーカタカシ
ミジュン	カタカシ	カタカシ
カタカシ	カタカシ	ジンバーカタカシ
ユーアカー	ユーアカーカタカシ	ユーアカージンバーカタカシ
カタカシ	カタカシ	ユーアカーカタカシ
カタカシ	アヤカタカシ	ジンバーカタカシ
カタカシ	カタカシ	ジンバーカタカシ
カタカシ	カタカシ	カタカシ
カタカシ	カタカシ	ジンバーカタカシ
2	4	9
なし	あり	あり

アカーとユーアカージンバーは、ともにユーアカーと認識している

シ」と認識され、回答がほぼ一致している。この魚は鮮やかな紅色をしているという目立った特徴があるうえ、味も良く、広く知られた魚である。

魚の販売経験の異なる五人のミーバイとカタカシの方名認識からは、それらの魚を扱った経験の長いアンマーほど個別方名まで答える傾向が明らかになった[27]。また、「専門」とする分野における知識の深化も、アンマーによっては見ることができた。

たとえば、ミーバイをよく売るときこさんとかずこさんの場合、ともに写真4と26を「ハヤーミーバイ」と呼んでいるが、これらは斑点模様のある種である。ときこさんは、斑点のある写真6を「イミテーションハヤーミーバイ」と呼び、「ハヤーミーバイ」の亜種のように位置付けた。この魚は写真4や26の「ハヤーミーバイ」と比べると味が落ち、値段も安い。そのことが「イミテーショ

表4　5人のアンマーが認

写真	標準和名	ときこさん	かずこさん
1	モンツキアカヒメジ	カタカシ	フールヤーカタカシ
2	アカヒメジ	ジンバーカタカシ	アカムルー
3	ヨメヒメジ	カタカシ	ウズラーカタカシ
4	ミナミヒメジ	カタカシ	カタカシ
5	オキナヒメジ	ユーアカーカタカシ	ユーアカーカタカシ
6	ホウライヒメジ	ユーアカーカタカシ	ユーアカーカタカシ
7	ホウライヒメジ	ユーアカーカタカシ	ユーアカーカタカシ
8	オジサン	フールヤーカタカシ	ヒノマルジンバーカタカシ
9	コバンヒメジ	カタカシ	クレーカタカシ
10	リュウキュウヒメジ	ジンバーカタカシ	カタカシ
11	オオスジヒメジ	カタカシ	トゥルバイカタカシ
個別方名回答数		6	9
カタカシ販売経験		なし	あり

注：アミかけした部分は、アンマー間で共通した個別方名。写真6のユー
ため、同じ方名認識とみなす。

ン」であるゆえんである。ちなみにこの名前は、ときこさんが自分でつけたと思われる。

また、ときこさんもかずこさんも「アメリカミーバイ」という名前を口にしているが、その名が示す魚は異なる。ときこさんが「アメリカミーバイ」とした写真8は、赤地に青い水玉模様であるのに対し、かずこさんが「アメリカミーバイ」とした写真27は、明るいオレンジ色である。そもそも、アメリカミーバイという名前は糸満に定着したものではない。このような定着していない魚名は、比較的自由に使われているという印象を受けた。

カタカシについては、長年売ってきたはつねさんの知識のありようが他の人と抜きんでて異なっていた。はつねさんは、写真1、5、8、9、11を、「戦前はカタカシに含まれなかった魚」として他と区分した。さらに、「丸い模様のあるのはジンバーだよ」と語り、いずれも比較的大きな丸

い模様が尾のつけ根にある種（写真5、8、9、11）を「ジンバーカタカシ」と呼んだ。写真6と7は、標準和名は同じホウライヒメジであるが、6のほうが鮮やかな赤色をしている。はつねさんはこれらをともに「ユーアカーカタカシ」と認識したが、写真6は「ユーアカージンバーカタカシ」と、魚名に「ジンバー」を挿入し、「沖のカタカシよ」と生息域にも言及した。これらの回答から、はつねさんは、カタカシの名前をある程度系統立てて認識していることがわかる。

こうした「専門」の魚に関する知識のありようを見ていると、アンマーの魚についての知識は個々人の経験や創意工夫を反映する柔軟なものであることがわかる。

5　スーパーマーケットの魚

これまで、糸満アンマーによる魚販売と彼女たちの「魚を読む」知識について記述してきた。もともと糸満では魚はアンマーによって販売されてきたが、セリ導入以来、海人がとった魚をその家族の女性が売る必要は基本的にはなくなった。調査時においては、スーパーマーケットにおける魚販売も一般的にみられた。

表5は、糸満公設市場の近隣の二軒の小規模なスーパーマーケットの品ぞろえをまとめたものである。これらの店では沖縄県産よりも県外・海外産の魚介類を多く販売しているうえ、加工品が多いことが見てとれる。県産の魚は供給量が安定しないというのが主たる理由である。また、表5の海産物名は基本的にはパックに張られたラベルの表記に従っている。この表記を見るかぎり、方言が採用されることはごくまれで、しかも「ミーバイ」のよう

表5　スーパーマーケットの品ぞろえ（1996年3月11日）

スーパーマーケットA

	沖縄産（推定）
非加工	シロイカ（スミつき）、ムラサキイカ、クルキンマチ、グルクン、ガサミ、マグロ、タコ、モズク
加工	グルクンフライ
	県外・海外産（推定）
非加工	シーバス、カレイ、タラバガニ、キビナゴ、シャケ、ヤリイカ、サンマ、サバ、シシャモ、ホタテガイ、バーナ貝、ワカメ、タイ、ミサキダイ、ブリ、タスマニアンサーモン、カキ、ハマグリ、ワカサギ、ブラックタイガー、エビホワイト
加工	ひらきイワシ、ひらきサンマ、ロールイカ、むきエビ、ちりめん、塩サバフィレ、甘塩シャケ、シメサバ、ウナギ蒲焼、スチームボイルホタテ、ホタテフライ、エビフライ、海鮮ハンバーグ、珍味（イカ）、明太子、たらこ、イカ塩辛、ウニクラゲ、中華クラゲ、中華サラダ、海藻サラダ、イワシ甘露煮
	産地不明
	鍋物セット、白身魚、アカイユ（赤魚）

スーパーマーケットB

	沖縄産（推定）
非加工	シロイカ（スミつき）、ミーバイ、シチューマチ、ワタリガニ、ムラサキイカ、モンゴイカ、タコ、サヨリ、モズク、マグロ、トビウオ、シャコガイ、サザエ、イカ
加工	グルクンフライ、カツオたたき
	県外・海外産（推定）
非加工	キビナゴ、キングフィレ、ホタテガイ、エビ、タラバガニ、生シャケ、エビ、シシャモ、ワカメ、シジミ、キビナゴ、スズキ、冷凍サバ
加工	ロールイカ、むきアサリ、むきエビ、しらす干、サンマみりん干、塩サバ、塩蔵ワカメ、甘塩シャケ、シメサバ、ウナギ蒲焼、シシャモフライ、カニフライ、カキフライ、ホタテフライ、エビフライ、アジフライ、ベニシャケスパイス焼き、スズキたれ漬け、味付けタコ、カニハンバーグ、中華イカ、明太子、ホタテガイ珍味、黄金サザエ（数の子和え）、黄金イカ（数の子和え）、ウニサラダ、佃煮、中華サラダ
	産地不明
	白身魚フライ、鍋物セット、シーフードミックス、すり身（カマボコのもと）、マンダイ、赤魚

注1：魚名は店のラベルの表記に従った。
注2：アミかけした欄は方言名表記をしたもの。

に、ただ包括的方名を表記するにとどまっている場合もあることがわかる。

これらの魚介類はパック詰めされ、何の説明もなく販売される。買い手はラベルに記された名前を見て、その魚が「ミーバイ」であることはわかっても、何というミーバイであるかはわからないし、魚種の特性や個体の属性も教えられない。スーパーマーケットの魚に地元色が見られるとすれば、イカに添えられたイカ墨ぐらいのものである。

スーパーマーケットでは、糸満の魚食文化によって価値付けられた「糸満の魚」を買うことは難しい。そこにあるのは、「タスマニアンサーモン」や「ブラックタイガー」などの輸入品や、「エビホワイト」などと表記された正体不明のエビ、「甘塩シャケ」や「うなぎ蒲焼」など大和風に加工された魚、「海鮮ハンバーグ」のように原料を推測するのも困難な代物などの寄せ集めである。

公設市場から車で約一〇分の距離にあるより規模の大きなスーパーマーケットの鮮魚コーナーでも、同じような傾向が見られた。さまざまな商品が比較的安く手に入り便利なスーパーマーケットは、調査時の一九九〇年代において広い世代に支持されていた(28)。その一方で市場の顧客は高齢化が進み、行事時や朝のひと時を除いては客足がまばらという状況にあった。

6　糸満アンマーの魚

(1) アンマーが価値付ける「糸満の魚」

糸満アンマーは魚について実に多くを知っている。ときこさんは、こう言った。

「母は何も教えなかったよ。『勉強しなさい』って言うだけ。おばあ(祖母)は魚の選び方だけ教えよった。最初は苦労したよ」[29]

ときこおばさんによれば、その気になれば魚は三カ月でさばけるようになる。問題は、魚を吟味する確かな目を育て、魚を売り込む「語り」ができるようになることだ。

アンマーたちはセリで魚を熱心に観察し、鮮度や太り具合、イカ墨の量、毒の有無など、さまざまな魚の属性を読む。たとえば鮮度を読むため、魚肉の固さや目やエラの色を調べ、イカの胴体に手を触れてその発色を確認する。また、太り具合を読むために、目の大きさや尾の付け根の太さを調べる。とくにアカマチ(ハマダイ)の魚肉のしまり具合を知るため、尾の長さを見ることがある。さらに、種によっては魚の総排泄口に指を入れて臭いをかぎ、うろこを通して寄生虫がいるかどうかを確認する。魚の異常な変色などから毒の有無を読む。

このようにして読みとった魚の属性と、薬効や味などに関する知識、またその魚がとられた漁法に関する知識などをもとに、アンマーはそれぞれの魚の価値を評価する。たとえば、墨のたくさんつまったアカイカ(アオリイカ)

は墨汁に適しているし、調理方法によっては便秘や下痢を治す薬にもなる。彼岸タマンと呼ばれる彼岸ごろのタマン〔ハマフエフキ〕は、高級魚のミーバイ【シロブチハタ他】をしのぐほどに美味と語られることがある。「お父さんの魚だよ」と語ることで、魚の匿名性を消し、価値が付加されることもある。

アンマーによって語り出される魚の価値は、代々伝えられてきた伝統的なものばかりではない。たとえばときこさんは、パヤオ漁でとられた沿岸のマグロを「パヤオマグロ」と呼び、マグロ船でとられたより遠方のマグロを「本船マグロ」と呼んで区別する。これは、パヤオ漁が導入された一九八〇年代以降に設けられた区別である。「アカイカはシロイカと変わらないぐらい美味である」という価値観も、おそらく糸満のイノーの埋め立てが始まり、シロイカが姿を消していった一九七〇年代ごろから語られ始めたことだろう。

海に日常的に関わることが少なくなった今日の糸満では、アンマーは魚の「専門家」と考えることができる。そのため、アンマーの知識は「糸満の伝統的知識」という権威を帯びるかのようである。しかし実際には、彼女たちの知識にはそれぞれの経験を反映した個人差があり、自分がよく扱ってきた「専門分野」の魚について知識を深化させていく傾向がある。

たとえば糸満では、斑点のあるミーバイ【シロブチハタ他】を「ハヤーミーバイ」と呼ぶ。長年にわたってミーバイを売ってきたときこさんは、そのなかでもとくに一種を「ソーハヤーミーバイ（本物のハヤーミーバイ）」と呼ぶことがある一方で、同じように斑点はあっても味の落ちる種を「イミテーションハヤーミーバイ」と呼んでいた(30)。味が良くて値の高い「本物の」ハヤーミーバイと、味が悪くて安い「偽物の」ハヤーミーバイを区分することで、より的確に買い手の望む魚を提供できるのである。

アンマーたちは、魚についてさまざまな方向から語ることで魚を差異化し、買い手の気を惹こうと試みる。あるアカイカについて、「クリ（墨）がいっぱい入っているよ」と語るかもしれないし、「クスイムン（薬になるもの）だよ」と語るかもしれない。アカイカよりもシロイカに価値をおく買い手の観念を揺さぶるため、「アカイカとシロイカは雄と雌の違いでしかないんだよ」と語ることもある。このような語りをとおして、イカ（あるいは魚）は糸満の魚食文化によって価値付けられる。

アンマーたちは魚を読み、魚について語ることで、「自然物としての魚」を糸満の魚食文化によって価値付けられた「糸満の魚」に転換するのである。

（2）魚を売る才

アンマーと買い手のやりとりにおいて語り出される魚の価値は、買い手が何を必要としているかに深く依存している。

たとえば「おつゆにふさわしい魚」を求めた買い手に対し、ときこさんは手元にある魚の中から一尾のアマクチシルイユ（サザナミダイ）を選び、その魚について買い手と意見の交換をした。やがて話題はシルイユの薬効に及び、ときこさんは「アマクチシルイユはシルイユのなかでも本物のシルイユである（だから、薬効があることは間違いない）」という語りをし、その魚の価値を高めた。

買い手が何も言わなくても、アンマーが買い手の要求を察知する場合もある。たとえばときこさんは、料理屋を営む買い手に、「このマグロはあんまり上等でないよ」と言った。このとき、ときこさんは買い手の要求する魚の質を推し量り、手元にあるマグロではその水準に満たないと判断したのだ。そして、そのことを自分から口にすることで、買い手との間に信頼関係をつくろうとしたと考えられる。

このようにアンマーたちは、買い手の要望を推測し、手元にある魚の属性から買い手の心を動かす要素を見出し、それについて語ることで買い手の要望に見合った魚の価値をつくり出しているといえる。

魚販売において語られる「魚の価値」は、買い手の満足に結びつかなくてはならない。たとえば、一尾のアマクチシルイユ〔サザナミダイ〕にはさまざまな属性がある。ある人にとっては「おいしいお汁になる」ことが重要であるが、他の人にとっては「熱さましになる」ことが重要であるかもしれない。拝みに使う魚を買いに来た神人にとっては、味や鮮度ではなく、「姿」が問題になる。アンマーたちは、買い手の要求と、手元にある魚の属性を読み、それらを上手くつなぎ合わせて、買い手が望む魚の価値を即興的に語り出しているのである。すなわち、ここでいう「魚の価値」は、固定的なものではなく、ある魚と買い手とアンマーの一回性の出会いのなかで立ち現れるものである[31]。

魚販売がアンマーと買い手のやりとりによって進められるものであるかぎり、アンマーの語りが常に成功するとは限らない。魚の名前すら知らない買い手もいれば、アンマーと同じぐらい、あるいはそれ以上に魚について詳しい買い手もいる。アンマーの語りを買い手がそのまま受け入れることもあれば、買い手が部分的に逆らいながら、あるいは真っ向から異なる意見を述べながら、交渉のなかで魚が価値付けられていくこともある。

ひろみアンマーと元魚売りのおばあのやりとりでは、アンダーグワ（脂がのっているもの）か否かで両者の意見が分かれ、買い手はその値は高いと言い、売り手は「おばあだから、すでに安めてあるんだよ」と譲らなかった。この例からは、魚販売時のやりとりが本質的には売る者と買う者のかけひきであることがよくわかる。

魚売りの場面では、アンマーは買い手の目の前で魚を秤にかけ、値段を口にする。このとき、買い手が返事をするまでに数秒間の緊迫した時間が流れる。それは、アンマーが語った魚の価値が提示された値段にひきあうかどうか、買い手が考える時間である。買い手がうなづけば、その魚の価値は受け入れられたことになる。買い手が首を横に振れば、アンマーは他の魚を秤にのせて代替案として勧める場合もあれば、「いいよ、また今度買って」と手を引く場合もある。買い手に迎合して魚の値を下げることは、損をする以上に、魚を吟味して価値付けた自分の知識や経験を不当におとしめることにつながるからだ。

スーパーマーケットなど魚販売が多様化した今日も、進物や行事時など大切な魚はアンマーの店で求められることが多い。それは、買い手がアンマーの知識に信頼をよせている現れである。買い手は魚だけでなく、アンマーの知識をも買っているのである。

糸満アンマーは、魚のあらゆる属性を読みとる優れた観察者（魚の読み手）であると同時に、そのときどきの買い手の要求を読みとり、納得させる「語り」をする、気転にとんだ話者（魚の語り手）でもある。そして、この「魚を読む才」と「魚を語る才」が、アンマーの「魚を売る才」を形づくっている。

（3）「糸満の魚」のその後

かつて糸満では、海人がとった魚を売るのはアンマーの役割であった。魚は細やかに名づけられ、糸満の魚食文化を形づくってきた。しかし、戦後、セリが導入され、魚流通が外部社会に開かれたものとなると、海人がとる魚は必ずしも糸満の需要に応えるものではなくなっていく。調査時（一九九〇年代後半）の糸満では、多くの海人がセーイカ〔ソディカ〕漁とパヤオ漁に従事していたが、その漁獲はほとんどが仲買業者を経由して県内外のスーパーマーケットなどに流通していた。

セーイカ〔ソディカ〕は、水深五〇〇メートル以深という深い海域に生息しており、近年に至るまで沖縄ではほとんど食べられもしなければ水揚げもされなかった。外套長が約八〇センチとかなり大きく、ある島ではこのイカがたまたま水揚げされると、「縁起が悪い」といって厄払いをしたほどだという。その後、沖縄での漁法が確立した一九九〇年代からさかんにとられるようなり、調査時においてはもっとも「儲かる」漁法であった[32]。このイカは加工用や回転寿司のネタなどとして県外にも流通していたが、アンマーにはさほど売られていなかった。

マグロもまた、戦前の糸満ではめったに食べられなかった。戦前はフカ【サメ】釣りの際にたまたまかかっても、海に捨てるか、舟の端にくくりつけてフカ【サメ】をおびき寄せるのに使ったという[33]。今日では日常的に食べられているが、アンマーたちが売りさばく分量はそう多くない。

調査時の糸満では、セーイカやマグロのように糸満社会外へ流通する割合の高い魚介類がさかんにとられるようになった一方で、アンマーたちが販売し、糸満の魚食文化に深く根付いたサンゴ礁域の魚があまり水揚げされなくなっていた。それらの魚をとる漁法の習得が困難であるばかりでなく、資源量自体が減少していたことがおもな理由である。調査時においてアンマーたちは、糸満のセリで十分な魚を購入できなかった場合、仲買業者をとおして那覇のセリから魚を購入し、なんとか品ぞろえを保っていた。

一方で、県外や海外からも魚介類が流入し、おもにスーパーマーケットで販売されていく。そこでは、大和や海外の魚介類（サケやホタテ貝など）や、輸入物のシロイカ（アオリイカ）などが売られている。スーパーマーケットでは、天候などの関係で値段や入荷量が激しく変動する県産よりも、値段が安く、安定した入荷が見込める県外産や海外産を中心に品ぞろえする傾向にある。

アンマーも冷凍のサンマやサバなど、県外の魚を売ることがあるが、基本的には糸満の食文化に根付いた魚を売っている。そして「シマムン（沖縄のもの）」に価値をおき、同じ魚種でも他府県産や海外産を「味が落ちる」と軽蔑している。

沖縄のマチグワーにみなぎっている「沖縄らしさ」は、「糸満の魚」のような生活のなかで培われた価値観から醸し出されてきた。一九九〇年代の糸満では、魚についてほとんど知らない人が珍しくなかった。しかし、どんなに魚を知らない人でも、アンマーのところへ行けば「糸満の魚」を買うことができた。魚流通が広域化した調査時も、アンマーは魚を「読み」、魚について「語る」ことで、糸満独自の魚の価値観を活性化していたといえるだろう。

本書を書いている二〇一四年現在、糸満の町の構造の変化のなかで、マチグワーのあるかつての中心地は置き忘れられたようになっている（三〇ページ参照）。新しい潮崎埋立地には大型スーパーができ、西崎埋立地の「道の駅」には「ファーマーズマーケット」（農産物の産直市場）や、「お魚センター」という糸満漁業協同組合の市場もある。かつて公設市場に農産物を運んでいた農家の多くは、現在ではファーマーズマーケットに出荷しているようだ。

お魚センターは一九九五年から試験的に操業しており、私が調査を行っていたころもにぎわいはあった。当時、アンマーたちにも、「お魚センターに店を出さないか」という打診はあったが、センターの多くの店は魚仲買業者による経営で、個人経営のアンマーたちには「太刀打ちできない」という思いがあったという。

二〇一四年現在、ファーマーズマーケットやお魚センターは軌道に乗り、遠方から車で来る客を含め、かなりの集客力がある。スーパーマーケットの鮮魚コーナーも、一九九〇年代に比べるとはるかに充実しており、沖縄の魚も多く並べている印象がある。

一方で、公設市場や隣接する「あんまー魚市」の買い物客は少なく、売り手も高齢を理由にやめていき、まばらになった。現在のマチグワーは、漂白された枝サンゴのような、からからと乾燥した印象を受ける。マチグワーだけではない。糸満の街角の小さな魚屋も、そこを守るおばあが亡くなると、そっと姿を消す。行商をするアンマーの姿も、いまはない。アンマーたちが魚を売るという一つの目的のために魚を語り、「糸満の魚」の多彩な価値世界を語り出すにぎやかな声は、消えていこうとしている。そして、魚売りによって自律的に生をきりひらいてきた女性たちの姿もまた、記憶のなかにだけ存在する糸満の一風景になろうとしている。

たしかに河上肇は「糸満の個人主義的家族」などと、先走った議論をしたかもしれない。しかし、女性が魚を売ることによって決して小さくはない財を築き、立派に独り立ちしたことは、糸満の特筆すべき特徴だと思う。あるおばあが言っていたそうだ。

「初めは辻に売られることになっていたけど、顔が悪いと売れなくて、それで糸満に売られた」

辻に売られるとは、遊郭に生きることを意味する。糸満に売られるとは、（女中奉公の場合もあるが）魚売りになることを意味する。真に自律的に生きることが許されたのは、魚売りの道ではなかったか。少女が魚売りで蓄えた金で切符を買って戦前のフィリピンに旅立ったというエピソードにふれるとき［加藤 一九九〇］、「米軍相手のバーで働いたこともあったけど、怖かったから、魚屋《イユヤー》がいいさ」というアンマーの話を聞くとき、また夫がいてもいなくても確固とした経済基盤をもつアンマーたちを見るとき、彼女たちの明るさと強さの背景に、戦前・戦後のさまざまな社会的制約から自由たり得た糸満アンマーの類まれな立場があったことを思う。

糸満の女性のカチャーシー(34)は、雄大だ。カチャーシーには沖縄の各地域の特色があるように思うが、手を大きく広げ、かく、かくと手首をひねる糸満女のカチャーシーには、鍋底を叩いたり、まな板を包丁で叩いたりする拍子がよく似合う。糸満の男たちが海に向かってきたように、女たちもまた潮風に洗われながら、自分の足で歩いてきた。それは糸満の社会のあり方が育てた気質である。

女性の自律的な生き方を許した糸満社会の構造が過去のものとなり、日本の一地域社会として、日本の社会構造に糸満の女性たちも絡めとられていくのだろうか。そして、糸満女の気質もまた変わっていくのだろうか。もしそうならば、故郷から母《アンマー》の姿がなくなるような、そんな寂しさがある。

(1)　この章での個人名は仮名である。

(2)　一九五七年に慶良間諸島近海で起きた爆発事故のことと思われる。スクラップ回収事業として、戦争で遺棄されたアメリカの船を解体して陸揚げしていたとき、船に載っていた爆薬が爆発した。座間味《ざまみ》島の海岸で遊んでいた人(当時小学生)によると、爆発は「原子爆弾か?!」と思ったほどすさまじいものだったという。このとき、糸満や伊江島の人たち数十人が作業にあたっていたようだ。

(3)　サイパンを含む日本統治下の南洋群島では、先住民の法的地位は「島民」で、日本人とは峻別された。「島民」には侮蔑的なニュアンスもある。

(4)　水揚げ時間が潮に左右される網漁の場合、セリを通さないで売る「浜売り」が認められていた。

(5)　アンブシは本来、建干網漁を指す言葉である。しかし、一九九〇年代に建干網漁を本格的に行う家は二～三戸しかなく、ナイロンアンブシ(ナイロンの刺し網)漁に従事する人が多かった。カマドおばあの家族も、もとは建干網漁に従事していたが、私が観察していた範囲ではナイロンアンブシをすることが多かった。

(6)　沖縄では強い感情の揺れを経験したときなどに、マブイ(魂)を落とす、という考えがある。マブイを落としたとされる人は「魂込め」をして、落としたマブイを再び体にこめる。

(7)　セリ権を持たないアンマーたちが馴染みにしていた仲買業者Kは糸満の業者で、高齢のアンマーたちの依頼に細やかに応えるので人気があった。たとえばマグロ一匹を二人のアンマーが分けて購入もできるし、アンマーが欲しいと耳打ちした魚を競り落としてくれる。車で魚とアンマーたちをそれぞれの店まで送り届けるサービスもあった。

(8)　漁獲時の魚の体温が高いほど、また水素濃度指数が低いほど、この現象が見られるといわれている。根本的な解決法は見つかっていない[鹿熊二〇〇二]。

（9）「アカマチは尾の長いもののほうが肉がしまって上等」という見解について、沖縄水産試験場の魚類研究者・海老沢明彦氏から、「同じ体長のアカマチでも、尾の長いものほど若い個体であり、そのため肉がしまっている可能性がある」という見解を得た。
（10）セリを担当していた漁協職員もこのようなアカマチを認識していた。そうしたアカマチは値段が安く、「ミンタマーアカマチ（目玉の大きなアカマチ）」と呼ぶという。
（11）また、「（種に限らず）ミーバイのハラミ（卵）は中毒する」という意見は、アンマーに共有されているようだった。
（12）後生は「あの世」のことである。
（13）行事のための買い物の場としてマチグワーがよく利用されることは、那覇の公設市場についても指摘されている［沖縄大学沖縄学生文化協会 一九八二］。
（14）この調査では、手伝いとして魚売りの現場に参与しながらアンマーと買い手のやりとりを観察した。
（15）このとき私は、魚を包んだり代金の受け取りをしたりと、魚売りに参与するのに忙しかった。また、魚販売の場面でノートをとることは、売り手と買い手双方の心情を考慮して控えた。ここに紹介する魚販売時のやりとりは、できるかぎり記憶し、店の仕事がひと段落したときに書き留めたものである。
（16）このやりとりでは、値段についての記録ができなかった。
（17）『日本産魚類大図鑑』（益田・尼岡ほか 一九八八（一九八四初版））には、キホシスズメダイの産卵期は春から秋とある。
（18）一度はクワーガナー〔コトヒキ〕が二尾、一度はアカムルー〔アカヒメジ〕が二尾であった。
（19）神に仕え、祭祀を司る人。
（20）個別の方名がわからないときに包括的方名を答える傾向は、［松井 一九七五］においても指摘されている。
（21）色と形がカラス（ガラシー）に似ているため、この名前がつけられたという。クスイムン（薬になるもの）として珍重される。
（22）沖縄でもっとも美味とされる魚の一つである。
（23）「黒いヒレのアカジンミーバイ」という意味で、アカジンミーバイの黒っぽい個体を指す。
（24）体長が一五センチ程度と、ミーバイのなかではきわだって小さく、特徴がはっきりしている。アンブシでも水揚げされることがある。
（25）「尾の長いミーバイ」という意味で、尾の形に特徴があるため識別しやすい。

(26)　多くの人がアカムルーをカタカシに含めるなかで、網漁に従事してきたある海人は「海人だったらアカムルーはアカムルーで、カタカシの種類とは考えない」と述べた。
(27)　かまどさんがカタカシを長く売ってきたにもかかわらず、あまり個別方名を認識していなかったという例もあり、方名認識には魚名を差異化する志向性の強い人と弱い人という個人差も反映されていると考えられる。
(28)　調査時、那覇市郊外に進出したある有名なスーパーマーケットは、とくに休日になると家族連れでごった返していた。大和に点在するその他のチェーン店とほとんど同じ品物を置き、同じディスプレイ、同じ音楽をかけているこの店は、中に入ったとたんにそこが沖縄だということを忘れさせるような空間だった。
(29)　ときこさんは「母は何も教えなかった」と述べているが、魚のさばき方は教わったと他の機会に述べていた。
(30)　4節の魚名調査のときは「ソーハヤーミーバイ」は言及されなかったが、ときこさんはシロブチハタをそう認識していた。
(31)　那覇の肉市の研究を行った小松かおりは、「売り手の技法の基本は、ある特定の欲求をもってシシマチにやってくる買い手とのコミュニケーションの中で、その欲求を汲み上げ、もの言わぬ豚肉の部分のひとつひとつからその特徴を読みとり、それぞれを買い手と組み合わせること、買い手によって異なる付加価値を加えて商品を提供することであるといえる」[小松 二〇〇二：八六]と述べている。小松の指摘は、糸満アンマーの魚売りにも共通する。もっとも、買い手とのやりとりのなかでその要望を読みとり、手元にある商品の属性から買い手の心を動かす要素を見出し、両者をつなぎ合わせることで買い手の意に沿う「商品」をつくり出すことは、相対売りの普遍的な特色といえるかもしれない。
(32)　セーイカ〔ソデイカ〕のキロあたりの値段は約八〇〇円とさほど高くはないが、個体あたりの重量が重いうえ、近年開拓された新しい資源であるため、かなりの漁獲量が見込めた。
(33)　このようなマグロの糸満における文化的位置付けの低さを反映して、糸満ではマグロは細かく区分されず、「スビ」という包括的方名で呼ばれていた。戦後、マグロ延縄漁や一九八〇年代に導入されたパヤオ漁によって積極的に捕獲されるようになると、キハダ〔キハダ〕、メバチ〔メバチ〕、トンボ〔ビンナガ〕など個別方名で呼ばれるようになった。ただし、キハダやメバチは標準和名そのままであるし、トンボも大和での呼び名を採用したものと推測される。
(34)　沖縄の即興的な踊り。

第3章 イノーの記憶——埋め立てられゆく海を読む

工事が進められる潮崎埋立地（2001年）〈撮影：三田貴〉

魚売りの女性たちが向き合うのが「食物としての魚」であるならば、漁師である男性が向き合うのは「生物としての魚」である。海を自由に泳ぐ魚を捕獲するには、海を観察し、潮、漁場、魚の行動といったさまざまな要素を総合的に把握し、適切な判断をすることが求められる。このような行為をここでは「海を読む」行為と呼ぶ。

本章でとりあげるのは、アンブシ（建干網漁）漁師、朝汐丸氏[1]の漁場利用の変遷である。アンブシでは、網を入れるポイントをイシヤーと呼ぶ[2]。サンゴ礁に囲まれた、穏やかな海域「イノー（礁池）」には、いくつものイシヤーが点在しているが、これらは先人から代々継承されてきたものばかりではない。とくに一九七〇年代に大規模なイノーの埋立工事が始まってから、糸満のイノーは激しくその地形を変え、生態環境も変化してきた。これまでのイシヤーに依存していては、生活することもままならない。アンブシ漁師たちは海を読み、魚をとるのにふさわしい場所を探さねばならなかった。朝汐丸氏はいかに海洋環境の変化を読み、イシヤーを開拓してきただろうか。本章では、糸満のイノーにおける海人の営みの痕跡を明らかにし、イノーに刻まれた記憶をたどる。

本章の調査方法は、朝汐丸氏からの聞きとりを主とする。漁場利用の変遷を明らかにするため、一九七七年と九七年に撮られた空中写真[3]を提示し、イシヤーを位置付けてもらうと同時に、それぞれのイシヤーの名前や特徴などについて聞きとりを行った。

1　糸満のイノーとアンブシ

（1）糸満と埋め立て

糸満市糸満の海には広いイノー（礁池）がある。海を基盤とする生活を模索し、戦前にイノーを一部埋め立て、海人の生活空間がつくられた。この埋め立ては、面積も狭く、糸満の漁撈集落としての発展を促すものであった。それに対して一九六〇年代より行われた度重なる埋め立ては、あまりにも広大であり、居住地の拡大と漁場としてのイノーが両立していた戦前のそれとは質を異にしている。とはいえ、本土復帰以前に埋め立てられた第一次埋め立て（一九六七年着工、約八・一ヘクタール）と第二次埋め立て（七〇年着工、約一二・三ヘクタール）に関しては、住宅難の解消を目的とし、比較的小規模だった［糸満市土地開発公社 出版年不明］(4)。糸満の埋め立てが大規模化するのは、一九七二年の日本復帰がきっかけである。

埋め立ての大規模化には復帰にともなう沖縄振興開発が関係している。当時の状況について以下の説明がある。「沖縄振興開発特別措置法が施行されるに伴い高率補助のもとで学校、公営住宅、公園、道路等の公共設備の整備拡大が進み、その用地等の確保が課題となってきた。同時に、県都那覇市のベッドタウン化が進み人口も大幅に増加し核家族化の進展ともあいまって宅地の需要は益々旺盛になってきた」［糸満市土地開発公社 二〇〇四：六］

沖縄振興開発とは、沖縄と「本土」との格差を是正し、自立的発展ができるような基礎条件の整備をめざすもの

[沖縄開発庁 一九七六]とされる。本土復帰から五年目の一九七六年出版の『沖縄の振興開発』[沖縄開発庁 一九七六]では、当時の沖縄においては道路、港湾、空港、用水供給、学校など各般の社会資本の整備が求められているとし、沖縄開発庁全体の予算一〇一四億八〇〇〇万円のうち七九九億五六〇〇万円が、公共事業にあてられている。なかでも、道路や港湾・漁港・空港、生活環境施設(たとえば上下水道)などに多くの予算が割り振られた。

とくに糸満市は、全国的な漁業中継基地の役割を果たす漁港(第三種漁港)の整備にのりだし、その漁獲物の流通拠点として必要な設備や水産物加工場の誘致に広大な敷地が必要として、第四次埋立計画を策定した(5)[糸満市役所総合調整室 一九七五]。第三種漁港は日本全国の漁船が利用できる。幅広い漁船を受け入れ、中継地としての発展をねらった計画だった。一九七五年の糸満市市勢要覧の水産業の項には次のように書かれている。

「現在、延縄、一本釣、底延縄、その他網漁法によって漁業が行われている。県外への水揚量を含めると、年々増加しており、糸満漁港の規模が小さいために大型船の県外へ水揚する漁船が多く、糸満漁港への水揚量は地元糸満市の需要を満たしている。漁家戸数、人口とも増えてきており、漁業は盛んであるが、漁業内容が零細であるため、今後は漁港の整備促進と併行して漁船の大型化と科学船の普及、さらに国の第五次、六次漁港整備計画による漁港整備が急がれている」[糸満市役所総合調整室 一九七五:二六]

すなわち、現況の小規模漁業による発展ではなく、糸満漁業を大規模漁業に移行させることと、県外の船も利用できる第三種漁港を整備し漁業中継地点とすることが、糸満の漁業振興としてとらえられているのである。そして、漁港整備と(流通拠点としての設備を備えた)漁港背後地の整備のために、第四次として、約二八七・一ヘクタールのイノーが埋め立てられることになった。工事は二期に分けて行われ、一部分は一九七五年に着工。残りは一九八〇年に着工された[糸満市土地開発公社 二〇〇四]。この広大な埋立地には大型の漁港がつくられ、工場が誘致さ

図10　1997年現在の糸満の埋立地

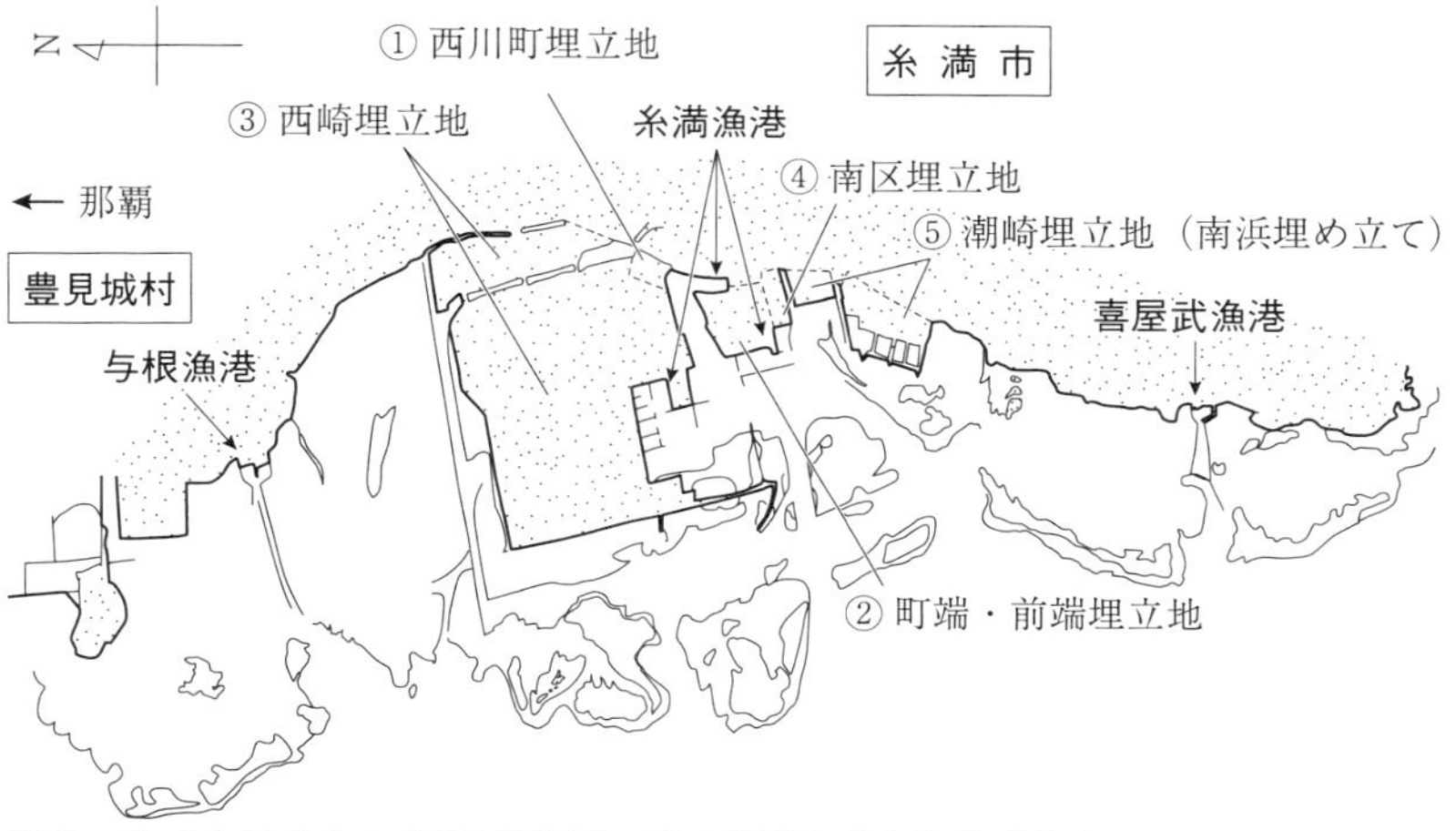

出典：株式会社きもと1997年撮影の空中写真をもとに作成した。

れ、宅地が造成された。新しい土地は西崎と名付けられた。

その後も南地区埋め立て（一九八七年着工、約四・八ヘクタール）、南浜埋め立て（一九九五年着工、約四九・七ヘクタール）[6]、マリノベーション地区埋め立て（一九九九年着工、約一八・六ヘクタール）と続く［糸満市土地開発公社 二〇〇四］。また、隣接する豊見城村では干潟が約一六〇・五ヘクタールにわたって埋め立てられた[7]［沖縄県土地開発公社豊見城村地先開発室 出版年不明］。これらの埋め立てにより、糸満のイノーは、かなりの面積が陸と化したことになる。

筆者がイノーを漁場とする漁師・朝汐丸さんに聞き取りを行った時期には、西崎埋立工事による海の荒廃がいったん落ち着きを取り戻し、当時進行していた南浜埋立工事によってどのような影響が海に出るかが懸念されていた。図10は、一九九七年現在の糸満のイノーと埋立地の様子を示している。調査開始時点において①〜④がすでに埋め立てられており、調査中には⑤の埋め立てが進行していた。豊見城での大規模な干潟の埋立工事はまだ始まっていなかったが、漁師への補償が折衝中であった。

このような状況において、イノーを漁場とする漁師は減少していく。調査当時、糸満漁業協同組合では、漁法別経営体の総数三八二[8]に対し、イノーの網漁(アンブシ、刺し網、小型定置網)に従事したのは四三経営体[糸満漁業協同組合 一九九八]であり[9]、糸満でアンブシに従事していたのは三経営体にすぎなかった。

(2) アンブシ漁師・朝汐丸氏

第1章で記したとおり、一九六〇年代ごろまでの糸満では、学校を卒業した子どもたちはアンブシやパンタタカー(小規模な追い込み網漁)から漁法を習得することが多かった。アンブシを家業とする家はアンブシ家《ヤー》と呼ばれ、子どもたちが初めて漁を経験する「海学校」となった。

朝汐丸氏は一九二九年(昭和四年)に、糸満のアンブシ家に生まれた。学校を卒業した一九四四年春から漁を始める。同年一〇月には「一〇・一〇空襲」があり、沖縄戦に巻き込まれたという。戦後、父とともにアメリカ軍の偽装網を裂いてアンブシ網を作り、漁を再開。以後アンブシを中心に、パンタタカー、クブシミイザイ網漁(コブシメ網漁)、ユーアミタカアミ(刺し網漁)など、数種類の網漁に従事してきた。

糸満漁師は生涯に数多くの漁法を経験し、その漁場も戦後はフカ(外海)に展開することが多かったが、朝汐丸氏はアンブシを家業としていたこともあり、イノーから離れることはなかった。戦後、父や兄弟とともにアンブシに従事。兄弟が陸の仕事に転職し、父が引退した一九六四年ごろからは、一人で操業するようになった。

アンブシの仕組みを図示すると図11のようになる。網は袋網と、翼のように張り出した二本の袖網により構成される。満ち潮で浅瀬に餌を食べに行った魚が、引き潮とともに深みに戻ってくるところを袖網で遮り、袋網へと追い込むのである。袖網は長方形の「けた網」を連結させていく構造になっているため、けた網の数を変更すること

図11　戦前のアンブシ網と1990年代のアンブシ網の構造

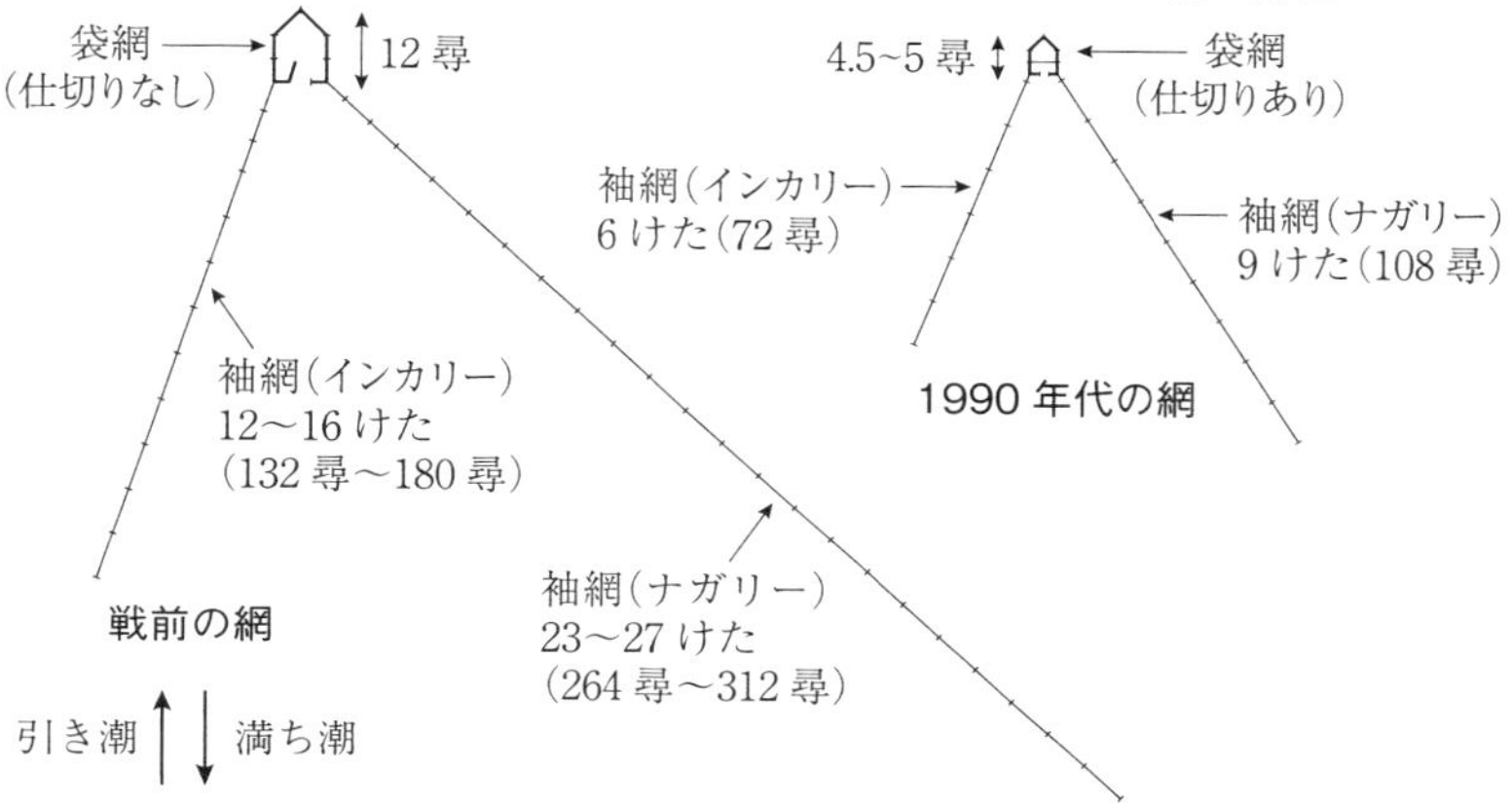

注：1尋は約1.8m。
出典：朝汐丸氏への聞きとりをもとに作成。

で、地形に合わせて袖網の長さを調節できる。基本的には一操業ごとに網を上げ、次の操業では異なる場所に網を張る。戦前は通常四~五人、多いときには一〇人で操業することもあったという。

戦後、人口の減少や雇い小《ヤトゥィングワ》慣行(一定期間子どもを預かり、漁などを教えて働かせる、年季奉公のような慣行)の崩壊などを背景に、集団漁は衰退していく。それと同時に、アンブシも少人数で操業できるよう、徐々に網の改造がなされた。図11の左は戦前のアンブシ網の模式図、右は調査時の網の模式図である。おもな改造点は、網の小型化と袋網に仕切りをつけたことである。仕切りによって効率よく魚を袋網に追い込めるようになった。網の素材も木綿からナイロンに変わり、長時間網を設置したままにしておいても網が腐らなくなった。

アンブシは、その操業時間に応じ、「夜アッキ」「昼アッキ」「ブンナギヤー」に分けられる。

夜アッキは、袋網を夕方から設置し、満潮を待って袖網を張る。そして、浅瀬で餌を食べた魚が引き潮とともに深みに帰っていくところを袖網で遮り、袋網に誘導する。つまり、夜の間の干満が利用される。昼アッキでは、午前中の満潮時に網を入れて午後の干潮時に網を上げる、つまり昼の間の干満が利用される。一方ブンナギヤーでは、昼の満潮時に網を入れて半日以上放置し、翌朝の干潮時に網を上げるというように、二組の干満が利用される。

以前は、昼アッキと夜アッキがおもに行われていたが、腐らないナイロン網が使われていた調査時は、昼アッキ、夜アッキはほとんど行われず、基本的にブンナギヤーが行われていた。ブンナギヤーでは網を数日間張りっぱなしにし、袋網に入った魚だけを毎日回収する。

漁撈活動には月と潮の周期が大きな意味を持っている［たとえば原子 一九七二、秋道 一九七七、市川 一九七八、須藤 一九七八、Johannes 1981、篠原 一九八六、田和 一九九七、熊倉 一九九八、高山 一九九九］。では、アンブシは月と潮にどのように左右されるだろう。表6にしたがって見ていこう。

潮は、新月から満月までを一日潮（ツイタチズー）、満月から新月までを一五日潮（ジュウゴニチズー）と呼ぶ。旧暦

夜の操業	昼の操業	潮
夜アッキ	昼アッキ	一日潮
夜アッキ	昼アッキ	一五日潮
	昼アッキ	一日潮

表6　アンブシのスケジュール

旧暦日付	8・6計算による干潮時	8・6計算による満潮時	8・6計算による月の出	月の明るさ	網を張る時間帯
1	0:48	6:48	6:48	クレーンユー(暗い夜)	クマイジクー(月が沈んだ後に網を張る)
2	1:36	7:36	7:36	明るく↓	
3	2:24	8:24	8:24		
4	3:12	9:12	9:12		
5	4:00	10:00	10:00		
6	4:48	10:48	10:48		
7	5:36	11:36	11:36		
8	6:24	0:24	12:24		
9	7:12	1:12	13:12		
10	8:00	2:00	14:00		
11	8:48	2:48	14:48		
12	9:36	3:36	15:36		
13	10:24	4:24	16:24		
14	11:12	5:12	17:12	ウーシクー(大月)	
15	0:00	6:00	18:00		
16	0:48	6:48	18:48		
17	1:36	7:36	19:36	暗く↓	アガイジクー(月が昇る前に網を張る)
18	2:24	8:24	20:24		
19	3:12	9:12	21:12		
20	4:00	10:00	22:00		
21	4:48	10:48	22:48		
22	5:36	11:36	23:36		
23	6:24	0:24	0:24		
24	7:12	1:12	1:12		
25	8:00	2:00	2:00		
26	8:48	2:48	2:48		
27	9:36	3:36	3:36		
28	10:24	4:24	4:24		
29	11:12	5:12	5:12	クレーンユー(暗い夜)	
30	0:00	6:00	6:00		

の一日と旧暦の一六日では、干潮時と満潮時が同じになる。つまり、一五日潮は、一日潮のタイム・スケジュールを繰り返すことになる。潮の干満時は、現在では新聞にも掲載されているが、アンブシ漁師は旧暦の日付をもとに干潮時を計算する「八・六計算」という方法を使ってきた。[10] 計算方法は、以下のとおりである。

まず、旧暦の日付が四日であった場合、四に八をかける。そして、その解三二の十の位の数「三」が、その日の干潮の時間を表す。さらに三二の一の位の数「二」に六をかける。そして出た解一二が分を表す。つまり、三時一二分が、この日の干潮時である。[11] このようにして計算された干潮時は、実際の干潮時にほぼ重なることもあれば、少々ずれることもあり、あくまでもおおよその時間を知るためのものである。

朝汐丸氏によると、ナイロン製の網が導入されるまでは、昼アッキを旧暦三〇日から翌月五日までと、旧暦一五日から二〇日までの間に操業したという。八・六計算に基づけば、旧暦三〇日は干潮時が一二時であるから、満潮時は六時である。朝の六時ごろ網を張り、昼の一二時ごろに網を上げることになる。また、旧暦五日の場合、干潮時は四時であるから、満潮時は一〇時である。この場合は午前一〇時ごろ網を入れて、夕方の四時ごろ魚をあげる。漁師の妻にとっては、この時刻が魚をその日のうちに売ることのできる限界である。そのため、昼アッキは旧暦六日以降、また旧暦二一日以降はあまり行われなかった。

昼アッキでとれる魚は、エーグヮー【アイゴ】など草食性の魚が主であるという。朝汐丸氏によると、これらの魚は網の中で過ごした時間が短いため、腹の中には魚が食べた海藻がたくさん入っていて、活きもよい。

夜アッキは、昼アッキのように魚の販売時刻を気にする必要がないため、基本的にいつでも操業できる。しかし、月が明るい旧暦一四〜一六日は適さない。これらの日を「ウーシクー」と呼ぶ。朝汐丸氏によると、月が出ると夜の魚（夜行性の魚）は深みに帰ってしまうため、夕方から月が昇って夜通し明るいこの時期は、魚が浅瀬に上がってこないのである。このように、夜アッキでは月の満ち欠けや、月が昇っている時間帯が重要である。旧暦の一～一三日、つまり月が満ちていく時期を「クマイジクー」と呼ぶ。このころは月の出が日中であるため、夜網を張る場合は月が沈んだ後になる。旧暦の一四～一六日は「ウーシクー」と呼ぶ。先述したように、このころは夜通し月があるので、夜アッキには適さない。また、旧暦の一七～二九日ごろを「アガイジクー」と呼ぶ。この時期は月の出が夜なので、月が昇る前に網を張る。

朝汐丸氏によると、夜アッキでとれる魚はタマン〔ハマフエフキ〕やチン〔ミナミクロダイ？〕など肉食性の魚が多く、一般に値段も高い。昼アッキと同様、網の中で過ごした時間が短いため活きがよく、美味であるという。また、夜アッキでとれる魚のほうが大きいという。

このように、月と潮の周期に寄り添うようにアンブシ漁師は漁を行ってきた。そのため、魚の行動についても月や潮に関連付けて把握している。朝汐丸氏は次のように語った[12]。

「魚というものは、（浅瀬に）行くときは網の上を通りますが、（深みに）帰るときは下を通ります。『満ち潮《ミッスー》ヌ魚《イユ》ヤ、上《ウイ》カランイクシガ、引き潮《ヒースー》ヌ魚《イユ》ヤ、下《シチャ》カライクン（満ち潮の魚は上から行くが、引き潮の魚は下から行く）』と言います。なんでこんなことがわかるのかと言いますと、昔ブンナギヤーで網を入れたとき、（とる予定のなかった）夜の魚まで入っていたのです。来るときは（上を泳ぐので）網を乗り越えてきて、帰るときは下を通るので、網にかかったのでしょう」

ほぼ一日網を張りっぱなしにしておくブンナギヤーでは、昼に網を張った後、夜行性の魚が網の上を通って浅瀬へ行き、引き潮とともに深みに帰るときに網に引っかかることがある。漁師たちはこの観察から、「満ち潮の魚は上から行くが、引き潮の魚は下から行く」という知見を得たのである。

の地名

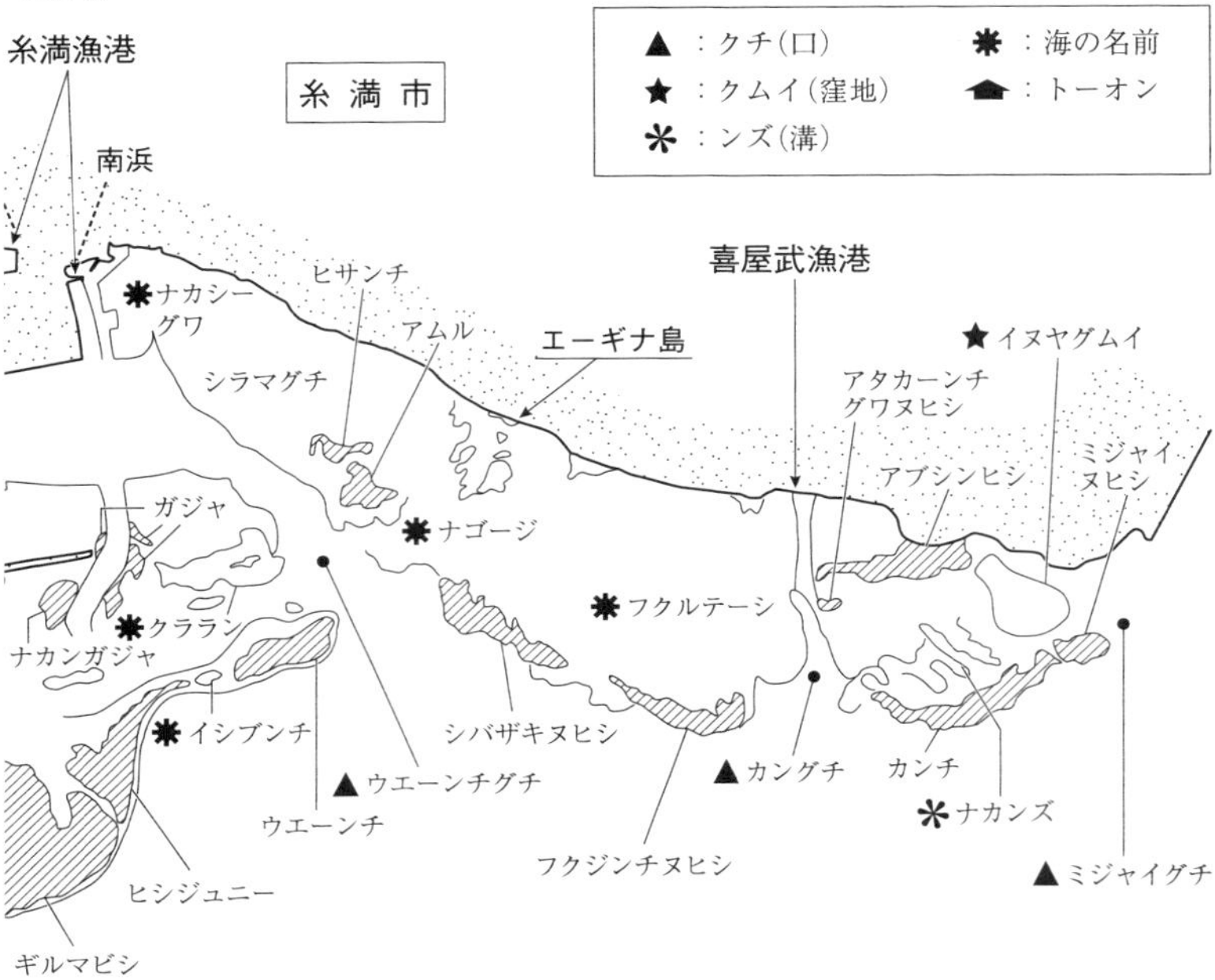

中写真を使用した(承認番号　平26情使、第849号)。
とりより作成した。斜線部は干瀬、点模様は陸を表す。

2　イノーの地名

海底にも池や溝、丘がある。人びとはそれらの地形を分類し、名づけている［須藤一九七八、堀一九八〇、島袋一九八三、一九九二、野本一九九五、熊倉一九九八、高山一九九九、高橋二〇〇四］。とくに、イノーのように水深が浅く陸の延長といった観のある海域には、細やかな地名が確認される［野池一九九〇、島袋・渡久地一九九〇、熊倉一九九八、高橋二〇〇四］。

　図12は、糸満周辺のイノーの地名を一九七七年の国土地理院

図12　イノー

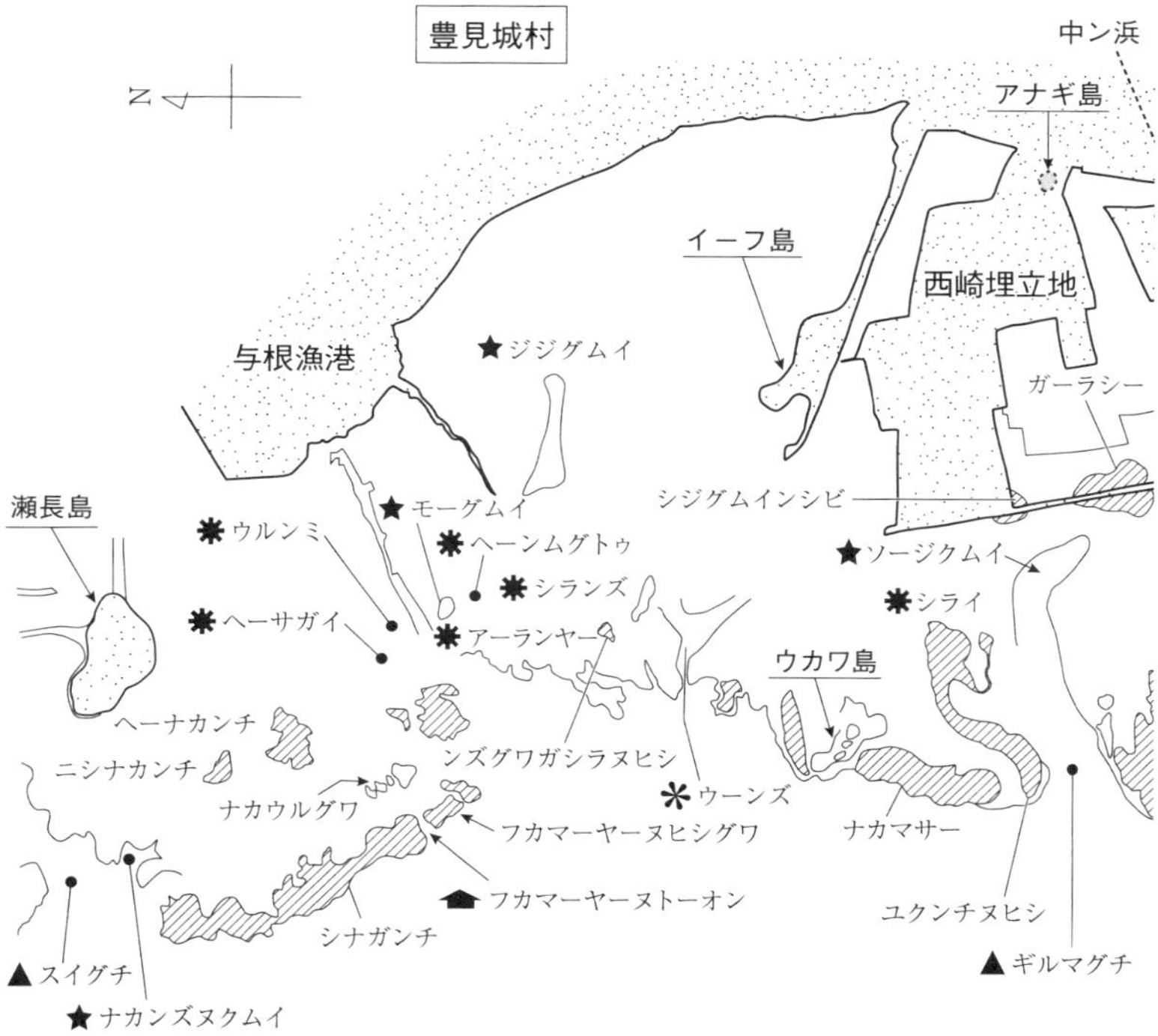

注1：この地図の作成にあたっては、国土地理院長の承認を得て、同院撮影の空
注2：1977年に国土地理院によって撮影された空中写真をもとに朝汐丸氏の聞き

による撮影の空中写真をもとにまとめたものである。(13)この地図に表したのは那覇地先の瀬長島から沖縄本島最南端にあたる喜《き》屋《や》武《ん》までの海域で、朝汐丸氏はふだんこの範囲の海域で操業する。(14)この地図の元となる写真が撮られた一九七七年当時は、西崎地区の埋立工事が進行中であった。また、このエリアには当時、四つの漁港があった。北から順に、与根漁港、糸満漁港(中ン浜)、糸満漁港(南浜)、喜屋武漁港である。この海域には、どのような地名がつけられてきただろうか。

この海域に存在する(した)島は、北から瀬長島、埋め立てられて陸地と化したイーフ島(イーユ島)[15]、その西方のウカワ島、やはり埋め立てられて陸の一部と化したアナギ島、そして、糸満漁港と喜屋武漁港の中間に位置するエーギナ島が挙げられる。図中、斜線で示しているのは干瀬《ヒシ》である。干瀬はサンゴで形成された岩のようなもので、「干潮時に干上がる」ことから干瀬と表記される。干瀬から内側の海は浅く穏やかなイノーであり、干瀬から外は外海である。

干瀬にはところどころ切れ目があり、その小さいものをトーオン、大きなものを口《クチ》と呼ぶ。人工的に航路を掘るまでは、口は重要な船の通り道であった[16]。図12に示した海域では北から順に、「スイグチ」「ギルマグチ」「ウエーンチグチ」「カングチ」「ミジャイグチ」[17]がある。

また、イノーの中でサバニ(くり舟)が通るに十分な深さを持った場所を「フナクワシー(あるいはフナミチ)」と呼ぶ。糸満の浜に通じるいくつかのフナクワシーは、引き潮になると、水深が浅くなりすぎて使えなくなる。干潮時でも使えるフナクワシーは少なく、またそこを通るにはずいぶん大回りをしなければならない。そのため、人工的に水路を掘る前は、フナクワシーが使えなくなる時間を気にかけつつ操業したという。

イノーの中にはチブと呼ばれるちょっとした深みや、窪池《クムイ》と呼ばれるやや大きな深みがある。たとえば、与根漁港の南には、「ジジグムイ」と呼ばれる窪池がある。長い深みは溝《ンズ》と呼ばれ、ウカワ島の北に位置する「ウーンズ」もそのひとつである。また、「海の名前」もある。たとえば、瀬長島の南の「ヘーサガイ」は周辺の海の名前である。

図12からは、埋め立てによる地形の変化も見てとれる。たとえば西崎埋立地のそばにある干瀬「ガーラシー」は、その上を埋立地が横切っている。その南方の「ガジャ」の干瀬は、航路を掘ったことで分断されている。

このような物理的な改変を受けなくとも、工事中には海が広い範囲で白濁し、サンゴが死ぬなど、海洋環境が著しく変化した。海の白濁は、一九七七年撮影のカラー空中写真によって容易に確認できる。埋立工事は調査時点においても継続されており、糸満漁港南側の「ナカシーグワ」「シラマグチ」などのエリアが埋め立てられつつあった。さらに、糸満の北に位置する豊見城村の地先においても約一六一ヘクタールの埋め立てが着工され、ジジグムイのある海域一帯が陸地と化しつつあった。

3　埋め立てとイシヤー開拓

このように名前をつけられたイノーをアンブシの漁場空間として見た場合、そこには袋網を入れるポイントのイシヤーが数多く存在している。何組ものアンブシ組が操業した時代には、イシヤー利用に関する細かな決まりが定められ、集まりの場で利用の調整がなされた[Akimichi 1984]。このころは、イシヤーの位置や名前はアンブシに従事する海人の間で共有されていたと考えられる。しかし、いくつものイシヤーが埋め立てられると同時に、工事によって海が濁り、サンゴが死に、魚が減るなど、海洋環境は著しく変化した。

これまでのイシヤーに頼っていては、十分な漁獲が得られない。アンブシにこだわり続けた数人の海人は、変化していく海を観察し、新しいイシヤーを開拓していった。本節では朝汐丸氏によるイシヤー利用の変遷を記す。

(1)　一九七七年のイシヤー

一九七七年は、大型漁港建設に向けた大規模な埋立工事(埋立地につけられた地名にちなんで西崎埋め立てと呼ぶことにする）が部分的に開始しており、海の白濁が起きていた。

図13-A、13-B、13-C、13-Dは、一九七七年に国土地理院が撮影した空中写真上に、当時朝汐丸氏が把握していたイシヤーを位置づけたものである。図中○印で示されるのが戦前から存在したイシヤー、●印で示されるのは戦後開拓されたイシヤーである。×印は一九七七年時点で放棄されていたイシヤーを表す。—印は、「使えたかもしれないが、使わなかった」イシヤーである。なお、これらの図に位置づけたイシヤーの名前とその利用の変遷を表7（一四二〜一五九ページ）にまとめた。

図13-A　1977年のイシヤー（喜屋武周辺）

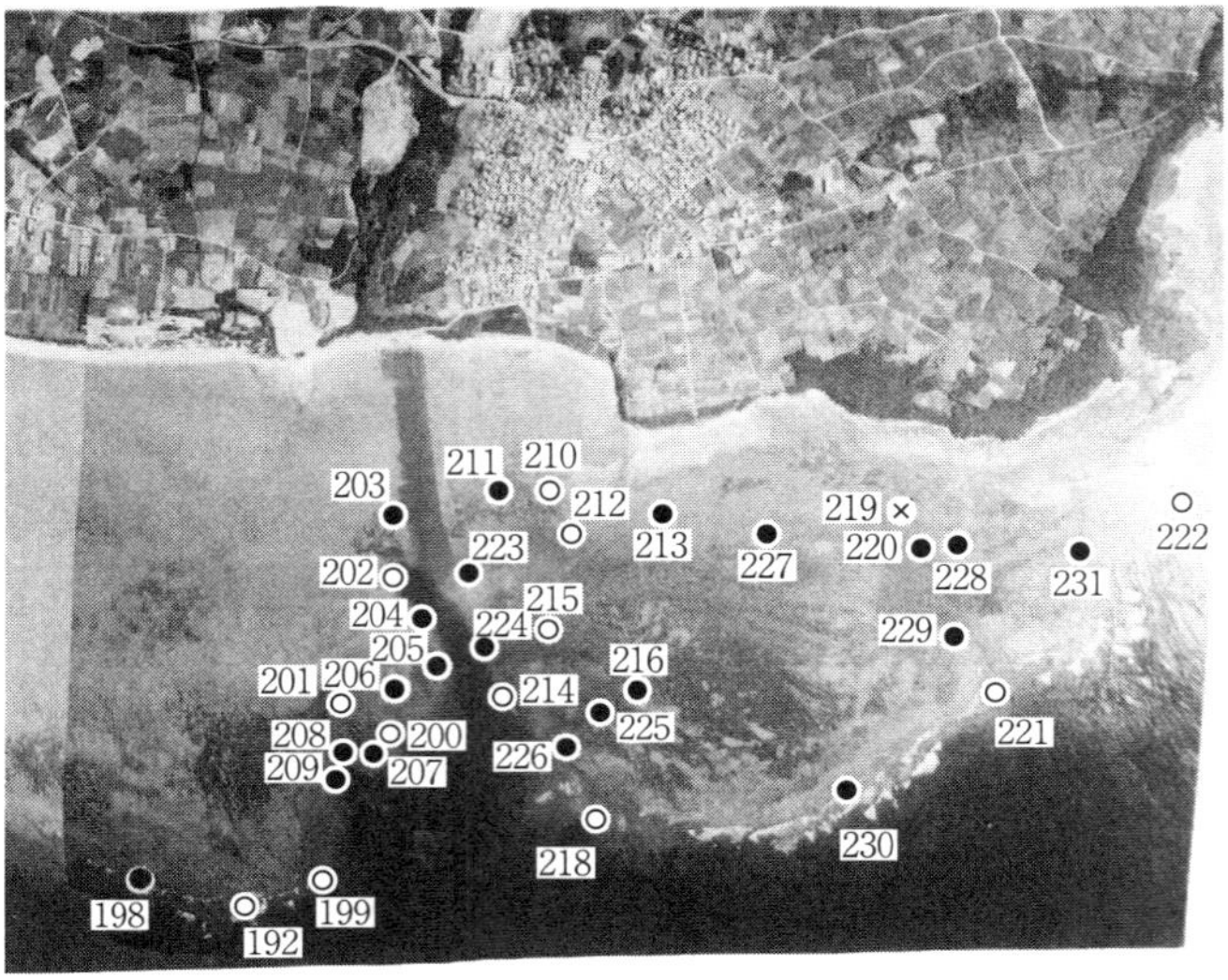

○：戦前からのイシヤー　×：放棄されたイシヤー
●：戦後開拓されたイシヤー　—：使わなかったイシヤー

注1：この空中写真は、国土地理院長の承認を得て、同院撮影の空中写真を複製したものである（承認番号平26情複、第840号）。
注2：1977年に国土地理院により撮影された空中写真をもとに、朝汐丸氏の聞きとりから作成した。

図13-A〜Dからは、新しいイシヤーが数多く開拓されていることがわかる。一九七七年に朝汐丸氏によって使われていたイシヤーのうち、戦前からあるイシヤー（○印）が八四カ所、戦後開拓されたイシヤー（●印）が九一カ所にのぼる。放棄されたイシヤー（×印）は二五カ所で、西崎の埋立地に集中し

図13-B　1977年のイシヤー(エーギナ周辺)

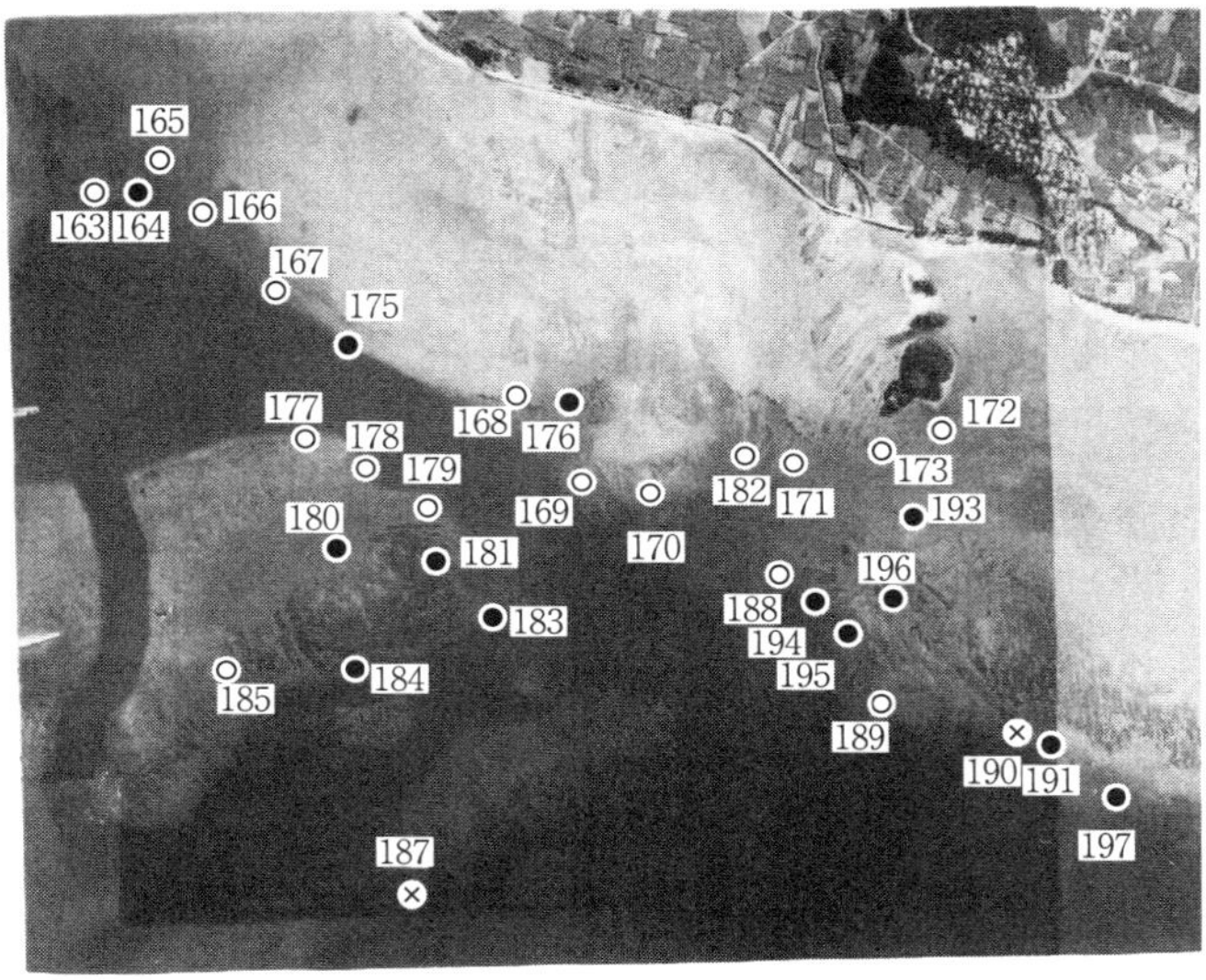

注1：この空中写真は、国土地理院長の承認を得て、同院撮影の空中写真を複製したものである(承認番号平26情複、第840号)。
注2：1977年に国土地理院により撮影された空中写真をもとに、朝汐丸氏の聞きとりから作成した。

ている。その他、「使えたかもしれないが、使わなかった」イシヤー(―印)が一カ所ある。以下、一九七七年に朝汐丸氏によって認識されていたイシヤーについて記述する。

戦前からあるイシヤー

イシヤーの名前は、島や干瀬、口の名前などに由来するものが多い。イシヤー名の構造・意味については表7にまとめた。まず、戦前からあるイシヤーの名前についてみてみよう。

たとえば3「シナガダカー」は、「瀬長《シナガ》島を抱く」という意味である。図13-Dでは袋網の位置しか記していないが、この場所を起点に二枚の袖網が瀬長島を抱くように張られるのである。76「イーフンニシ」は、イーフ島の北《ニシ》に位置することを意味する。[18] 6「スイグチシチャ」と11「スイグチウイ」は、それぞれ「スイグチ+シチャ(下)」「スイグチ+ウイ(上)」と分解でき、スイグチという口との位置関係から名前がつけられていることがわかる。

地形に由来する名前もある。17「ウーマガイ(大曲がり)」は、大きくなだらかに干瀬が曲がっているところに位

図 13-C　1977 年のイシャー（糸満漁港周辺）

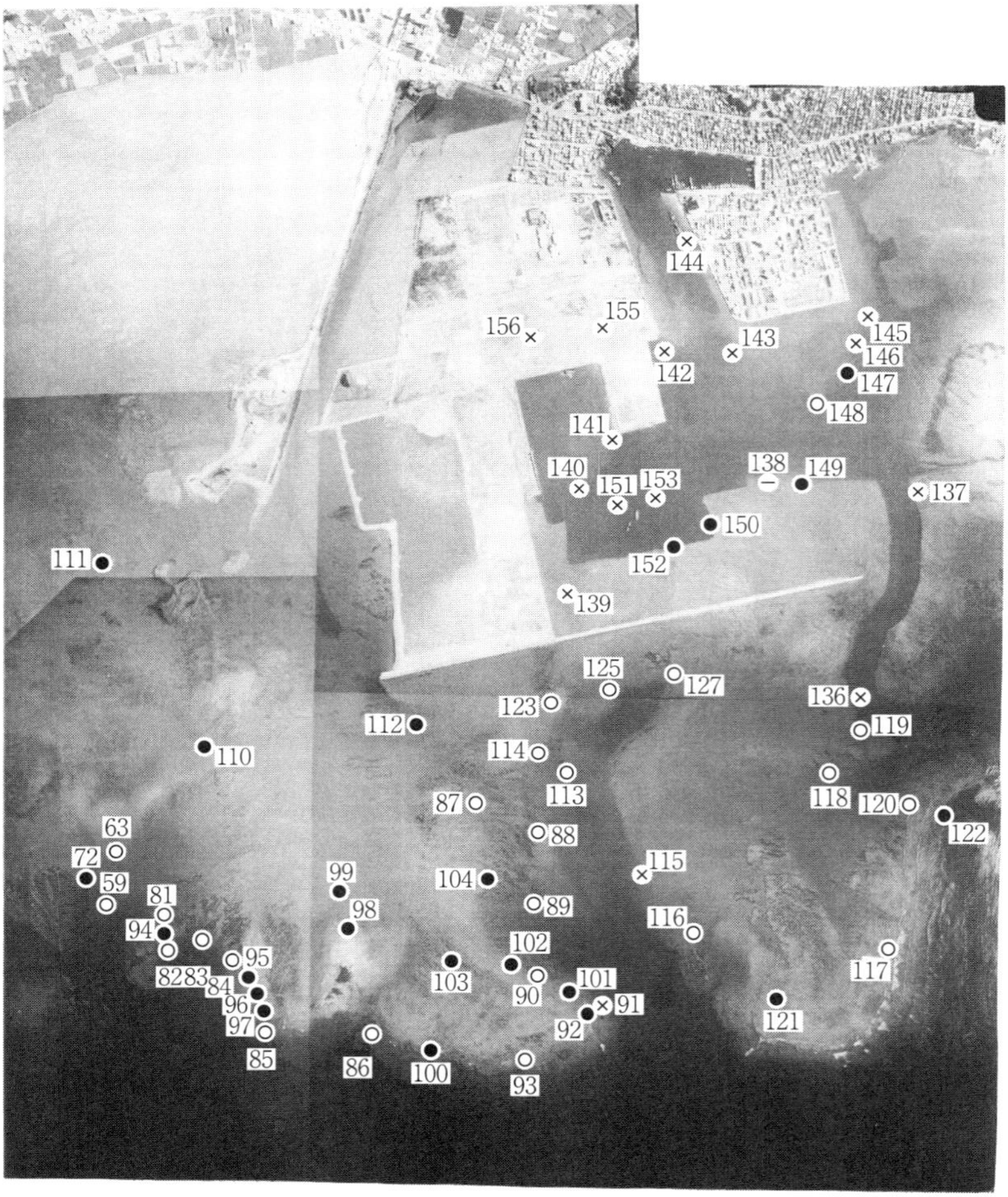

注 1：この空中写真は、国土地理院長の承認を得て、同院撮影の空中写真を複製したものである（承認番号平 26 情複、第 840 号）。

注 2：1977 年に国土地理院により撮影された空中写真をもとに、朝汐丸氏の聞きとりから作成した。

図 13-D　1977 年のイシヤー（与根漁港周辺）

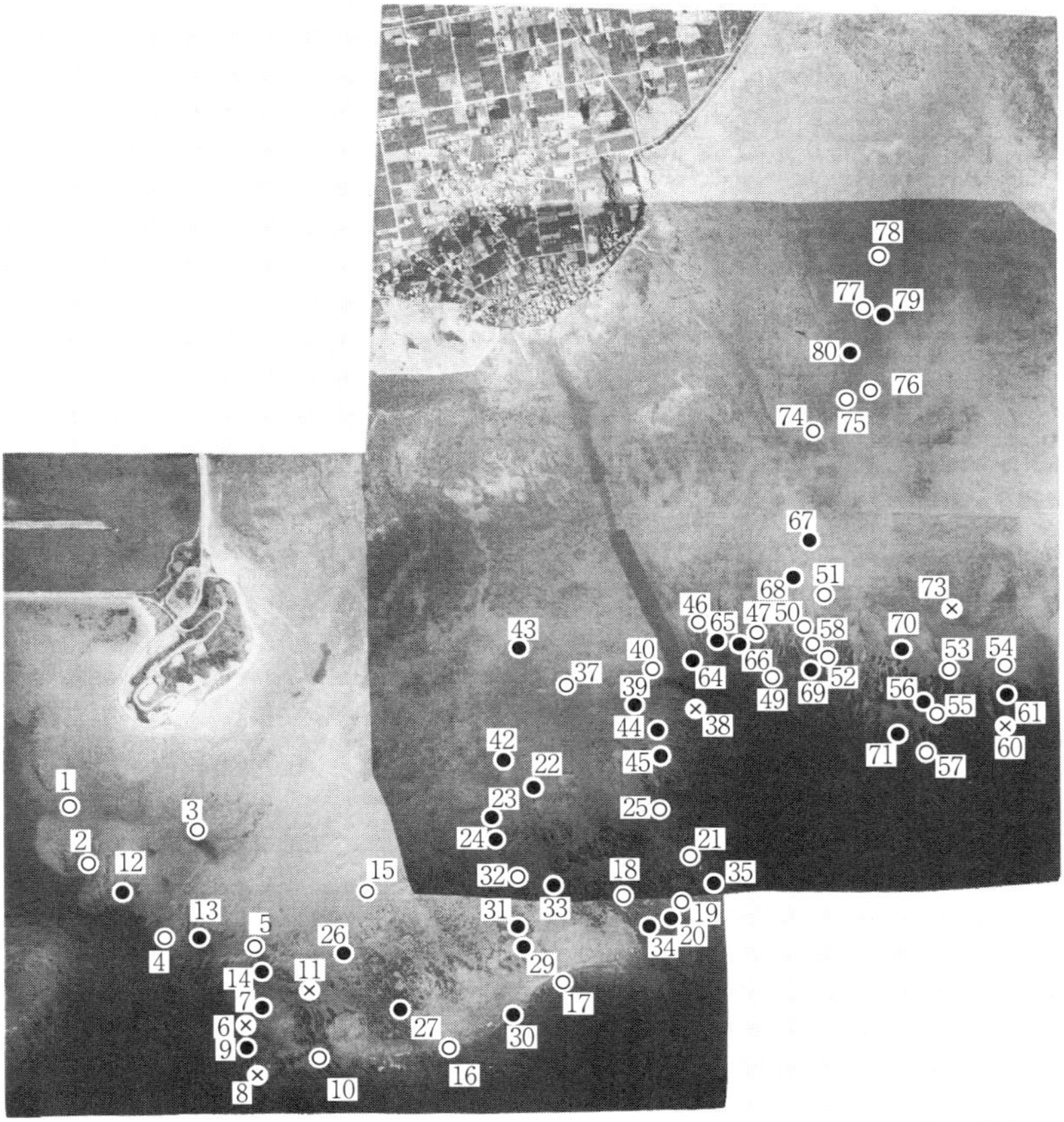

注 1：この空中写真は、国土地理院長の承認を得て、同院撮影の空中写真を複製したものである（承認番号平 26 情複、第 840 号）。
注 2：1977 年に国土地理院により撮影された空中写真をもとに、朝汐丸氏の聞きとりから作成した。

置する。１４３「アカエナー」は、昔そこに赤いサンゴでできた岩《ヤナ》があったという。

また、１４８「カマサヤーンサキ」は、昔そこでカマサー【カマス】を大漁したというエピソードから、「カマサー＋ヤー（家）＋サキ（先）」という名前になったという。

放棄されたイシヤー

戦前から存在するイシヤーには、魚がとりにくくなった、網を入れにくくなったなどの理由で、少し場所を移されたり、完全に放棄されたものがある。[19]

１３９〜１４６、１５１、１５３、１５５、１５６は、西崎の埋め立てによって陸地化されたり、あるいは新しくできた港（糸満漁港北ン浜）の内部に入ってしまい、使えなくなったイシヤーである（図13-C参照）。また１３６と１３７は、糸満漁港から航路を新しく掘ったために網を張れなくなった（図13-C参照）。

埋立工事だけがイシヤーの放棄・移動の理由ではない。朝汐丸氏によると、60「シビダカ」は、「サンゴがたくさん生えてきて、網を入れる隙間がなくなったため」利用できなくなった。二人以上で操業していたころは使ったが、一人で操業するには「深すぎる」ため、放棄したイシヤーもある。

開拓されたイシヤーとその名前

一方で、戦後から一九七七年までに数多くのイシヤーが開拓された。その理由のひとつは網の小型化である（一二七ページ図11）。四〜五人で操業していたころのアンブシ網はかなり大きかったが、戦後、網を徐々に改良して一人でも操業できるよう小さくした。そのため、これまで網を入れられなかった場所にも袋網が試しに入れられ、新しいイシャーが開拓されていったのである。

「戦後、網が小さくなって、そのかわりイシャーが増えました。昔のイシャーに入れてみて、たくさんとれたらそのそばにも(網を)入れてみて、よかったらそこもイシャーにするんです」と朝汐丸氏は説明した。

また、埋立工事による生態環境の変化もイシャーの開拓に深く関わっている。たとえば、埋立工事でイーフ島の砂利採取をしたころ、チン〔ミナミクロダイ?〕が大量に発生し、それをとるために開拓されたイシャーもある。新しいイシャーは、当時工事中で白濁が激しかった糸満漁港周辺(図13-C)には少なく、与根漁港(図13-D)や喜屋武漁港の周辺(図13-A)に多く見られる。

新しく開拓されたイシャーの名前も、基本的にはイノーの地名や地形をもとにつけられている。たとえば13「ナカンズヌクムイ」や14「ナカンズヌフカ」は、ナカンズヌクムイという窪池《クムイ》周辺に開拓されたイシャーである。ただし、ほとんどは既存のイシャーとの位置関係に基づいて命名されている。たとえば、79「イーフニシヌアガリ」は、戦前からある76「イーフンニシ(イーフ北《ニシ》)」の東《アガリ》に位置する。このように、その名称の中に他のイシャーの名称が含まれている例を表7では、「 」をつけて表している。79「イーフニシヌアガリ」の場合は、76「イーフンニシ」から派生しているため「[76]+東」と記す。表7からは、多くの新しいイシャーが既存のイシャーの名前をもとに名づけられていることがわかる。

(2) 一九九七年のイシャー

二〇年後の一九九七年時点では、南浜で新しい埋立工事が始まっていたものの、もっとも大規模な西崎地区の埋立工事が終わって数年が経ち、海は一応の落ち着きを取り戻しつつあった。海の白濁がおさまり、一度は死んだサ

イシヤー名の構造、意味

イシヤー名の構造、意味	なぜ使わなくなったか
不明	
バサン(海域の名称)	
シナガ島を抱く	ミーエー、アマイユがとれない
ナカンズヌクムイ(窪池の名称)＋北(ニシ)	
スイグチ(口の名称)＋ナカンズヌクムイ(窪池の名称)	ミーエー、アマイユがとれない
スイグチ(口の名称)＋下	
スイグチ(口の名称)＋下	
スイグチ(口の名称)＋カタ	深い
スイグチ(口の名称)＋カタ	
スイグチ(口の名称)＋ドーン(＝トーオン：干瀬の切れ目)	
スイグチ(口の名称)＋上	
[2]＋深	
ナカンズヌクムイ(窪池の名称)	
ナカンズヌクムイ(窪池の名称)＋深	
ニシナカンチ(干瀬の名称)	
シナガンチ(干瀬の名称)	
大きく曲がる	
ウービシ(大きな石のある干瀬)＋カタ	
フカマーヤーバラ(海域の名称)＋トーオン(干瀬の切れ目)	
フカマーヤーバラ(海域の名称)＋トーオン(干瀬の切れ目)	戦後10年使った
小さい干瀬＋カタ	定置網あり
ヘーナカンチ(干瀬の名称)	

名が入る。

いため、区分しなかった。

表7　イシヤー利用の変遷と

No.	イシヤー名	戦前	1977	1997
1	アーマンクー	○	○	△
2	バサン	○	○	○
3	シナガダカー	○	△	△
4	ナカンズニシ	○	△	○
5	スイグチナカンズ	○	○	×
6	スイグチシチャ→	○	×	×
7	→スイグチシチャ		○	○
8	スイグチカタ→	○	×	×
9	→スイグチカタ		○	○
10	スイグチドーン	○	○	○
11	スイグチウイ	○	×	×
12	バサンフカ		○	△
13	ナカンズヌクムイ		○	○
14	ナカンズヌフカ		○	○
15	ニシナカンチ	○	○	○
16	シナガンチ	○	○	○
17	ウーマガイ	○	○	○
18	ウービシンカタ	○	○	○
19	フカマーヤートーオン→	△	○	○
20	→フカマーヤートーオン		○	△
21	ヒシグワンカタ	○	○	△
22	ヘーナカンチ　＊父が使った		○	×

注1：○：使う、△：あまり使わない、×：使えない、—：行っていない。
注2：「イシヤー名の構造・意味」の欄の[　]には、本表左端の番号のイシヤー
注3：→は場所を移動したことを表す。
注4：イシヤー番号199〜231に関しては、1977年と97年の間にあまり変化がな

イシヤー名の構造、意味	なぜ使わなくなったか
ヘーナカンチ(干瀬の名称)	
ヘーナカンチ(干瀬の名称)	
アガリ(東)のンズ(溝)	
[11]+チブ(深み)	
[16]+内	定置網あり
[16]+内	
[17]+内+ヒシワタ(干瀬周辺の浅瀬)	定置網あり
[17]+北	
[17]+ヒシワタ(干瀬周辺の浅瀬)+内	
[18]+上	
[18]+内	
[19]+北	
トーオン(干瀬の切れ目)+南(ヘー)	イラブチャーがとれない
ウルンミー(海域の名称)+内	
ヘーサガイ(海域の名称)+頭	
ヘーサガイ(海域の名称)+ンズ(溝)	魚がヤナに入り、ひとりで操業できない/魚礁あり
ヘーサガイ(海域の名称)+ンズ(溝)	
ウルンミー(海域の名称)	
ウルンミー(海域の名称)	定置網あり
[37]+西(イリー)	
[38]+東+小さいフカヤ(深み)+チブ(深み)	砂を掘りすぎた
[38]+フカ(深)	
[44]+西	
モーグムイ(窪池の名称)+小	
ヘーンムグトゥ(海域の名称)	
ヘーンムグトゥ(海域の名称)	
アーランヤー(海域の名称)	
ヘーンムグトゥ(海域の名称)+南	

No.	イシヤー名	戦前	1977	1997
23	ヘーナカンチ→		○	△
24	→ヘーナカンチ		○	○
25	アガリンジュ	○	○	○
26	スイグチウイーンチブ		○	○
27	シナガンチウチ→		○	×
28	→シナガンチウチ			○
29	ウーマガイウチンヒシワタ		○	×
30	ウーマガイニシ		○	○
31	ウーマガイヒシワタウチ		○	○
32	ウービシンカタウイ	○	○	○
33	ウービシンカタウチ		○	△
34	フカマーヤートーオンヌニシ		○	○
35	トーオンヌヘー		○	×
36	ウルンミーウチ			○
37	ヘーサガイガシラ	○	○	○
38	ヘーサガインジュ→	○	×	×
39	→ヘーサガインジュ		○	○
40	ウルンミー→	○	○	×
41	→ウルンミー			△
42	ヘーサガイガシライリー		○	○
43	ヘーサガインジュアガリヌフカヤグワンチブ		○	×
44	ヘーサガインジュフカ		○	○
45	ヘーサガインジュフカヌイリー		○	△
46	モーグムイグワ	○	○	○
47	ヘーンムグトゥ→	○	○	○
48	→ヘーンムグトゥ			○
49	アーランヤー	○	○	○
50	ヘーンムグトゥヘー	○	○	○

イシヤー名の構造、意味	なぜ使わなくなったか
シランズ(海域の名称)+内	
シランズ(海域の名称)+チビ(深み)	
ンズグワガシラヒシグワ(干瀬の名称)+下	
ンズグワガシラ(干瀬の名称)	
内+グー(浅瀬)	定置網あり
内+グー(浅瀬)	
深+グー(浅瀬)	
シランズ(海域の名称)	
ウーンズ(溝の名称)+ナガヤマ(長い瀬)	魚礁あり
シビダカ(海域の名称?)	サンゴで網を入れにくい
[60]+内	サンゴで網を入れにくい
[60]+内	
上+ナガヤマ(長い瀬)	砂利採取で深くなった
[46]+北+深	
[46]+南	
[47]+北	
[47]+内	ミーエー、チンがあまりとれない
[47]+内	ミーエー、チンがあまりとれない
[50]+深	
ンズグワガシラヒシグワ(干瀬の名称)+北	
深+グー(浅瀬)+北	
ウーンズ(溝の名称)+南+端	
シランズ(海域の名称)+南+クムイ(窪池)	砂利採取でくずれた
シランズヌクムイ(窪池の名称)+小	定置網あり(→埋め立て)
不明	定置網あり(→埋め立て)
イーフ島+北	定置網あり(→埋め立て)
ジジ(海域の名称)+曲がり+小	定置網あり(→埋め立て)
トゥイシ(不明)+曲がり+小	定置網あり(→埋め立て)
[76]+東(アガリ)	定置網あり(→埋め立て)

No.	イシヤー名	戦前	1977	1997
51	シランズウチ	○	○	○
52	シランズヌチビ	○	?	○
53	ンズグワガシラヒシグワヌシチャ	○	○	○
54	ンズグワガシラ	○	○	○
55	ウチングー→	○	○	×
56	→ウチングー		○	○
57	フカングー	○	○	○
58	シランズ	○	○	○
59	ウーンズナガヤマ	○	○	×
60	シビダカ	○	×	×
61	シビダカヌウチ→		○	△
62	→シビダカヌウチ			○
63	ウイーンナガヤマグワ	○	△	△
64	モーグムイグワヌニシンフカ		○	○
65	モーグムイグワヘー		○	○
66	ヘーンムグトゥニシ		○	○
67	ヘーンムグトゥウチ→		○	×
68	→ヘーンムグトゥウチ		○	×
69	ヘーンムグトゥヘーヌフカ		○	○
70	ンズグワガシラヌニシ		○	○
71	フカングーニシ		○	△
72	ウーンズヘーンハンタ		○	○
73	シランズヌヘーンクムイ	○	×	×
74	シランズヌクムイグワ	○	○	△
75	ヒシザキグワ	○	○	△
76	イーフンニシ	○	○	△
77	ジジマガイグワ	○	○	△
78	トゥイシンマガイグワ	○	○	△
79	イーフニシヌアガリ		○	△

イシヤー名の構造、意味	なぜ使わなくなったか
[75]＋内	定置網あり(→埋め立て)
(ウーンズの)南＋曲がり	溝を掘った
クンチ(不明)＋内	
ウーンズ(溝の名称)＋グー(浅瀬)＋小	
北＋イノー(深み)	
ウカワ島＋北	
ウカワ島＋南	
ナガヤマ(長い瀬)＋小	サンゴが生えてきた
シライ(海域の名称)＋ナガヤマ(長い瀬)	深すぎる
東＋ユクンチ(干瀬の名称)	掘ったら海が変わった
ユクンチ(干瀬の名称)	フールヤー、ミーエーがあまりとれない
ユクンチ(干瀬の名称)＋モーラー(不明)	深すぎる
[101]＋深	
ヒシハラ(不明)＋南	
ウーンズ(海域の名称)	
[84]＋内	
小さいトーオン＋深＋北	
小さいトーオン＋深＋北	
ウカワ島＋東	
ウカワ島＋シジダカー(不明)	
ナカマサー(干瀬の名称)＋西	
ユクンチ(干瀬の名称)＋西	
ユクンチ(干瀬の名称)＋内	
ユクンチ(干瀬の名称)＋上	
[103]＋東	
シライ(海域の名称)＋ンズ(溝の名称)＋西＋北＋ケア	
カズオ	
ジロウ	

No.	イシヤー名	戦前	1977	1997
80	ヒシザキグワンウチ		○	△
81	ヘーマガイ	○	△	×
82	クンチンウチ	○	○	△
83	ウーンズヌグーグワ	○	○	○
84	ニシイノー	○	○	○
85	ウカンニシ	○	○	○
86	ウカンヘー	○	○	○
87	ナガヤマグワ	○	○	△
88	シライナガヤマ	○	○	×
89	アガリユクンチ	○	△	△
90	ユクンチ	○	△	△
91	ユクンチモーラー	○	×	×
92	ユクンチフカンフカ		△	△
93	ヒシハラベー	○	△	△
94	ウーンズ		○	○
95	ニシイノーウチ		○	×
96	トーオングワンフカニシ(1)		○	○
97	トーオングワンフカニシ(2)		○	×
98	ウカンアガリ		○	△
99	ウカンシジダカー		○	△
100	ナカマサーイリー		○	—
101	ユクンチイリー(ユクンチフカ)		△	△
102	ユクンチウチ		○	○
103	ユクンチウイ		△	△
104	ユクンチウインアガリ		△	○
105	シラインンズイリンニシンケア			○
106	カズオ			○
107	ジロウ			○

イシヤー名の構造、意味	なぜ使わなくなったか
サンダ	
西崎(埋立地の名称)	
イーフ島＋西	溝になった
イーフ島＋北	
シライ(海域の名称)＋内	チンがとれない
ウイシ(大石)	溝になった
シライ(海域の名称)の干瀬の下に草が生えている	溝になった
不明	
ヒシガン(不明)＋ナカウル小(ウル(サンゴ)の小さな浅瀬)	定置網あり
ギルマ(干瀬の名称)＋大きなチブ(深み)＋南	
不明(クレーの家？)	溝になった
不明	溝になった
ヒシジュニー(干瀬の名称)＋内	溝になった
ギルマ(干瀬の名称)＋ワタ(不明)＋小	
イシブンチ(海域の名称)＋北	サンゴが増えた
シジグムインシビ(干瀬の名称)＋北	深くなった
シジグムインシビ(干瀬の名称)＋北	
シジグムインシビ(干瀬の名称)	深くなった
シジグムインシビ(干瀬の名称)	(→ヨットハーバー)
ガーラシ(干瀬の名称)＋南＋ケーヤー(不明)＋小	
ガーラシ(干瀬の名称)＋南＋ケーヤー(不明)＋小	(→ヨットハーバー)
シライ(海域の名称)	
シライ(海域の名称)＋南	
ガーラシー(干瀬の名称)	(→ヨットハーバー)
ガーラシー(干瀬の名称)	(→ヨットハーバー)
ナカンガジャ(干瀬の名称)	(→ヨットハーバー)
ナカンガジャ(干瀬の名称)＋東	防波堤ができ、深くなった
ナカンガジャ(干瀬の名称)＋東＋東	防波堤ができ、深くなった

No.	イシヤー名	戦前	1977	1997
108	サンダー			○
109	ニシザキ			○
110	イーフイリー		○	×
111	イーフンニシ(注76と同じ名前である)		○	×?
112	シライウチ		○	×
113	ウイシ	○	○	×
114	シライヒサクサ	○	○	×
115	ミーシイシ	○	×	×
116	ヒシガンナカウルグワ	○	△	×
117	ギルマンウーチブーヘー	○	△	△
118	クレーンヤー	○	△	×
119	ムルバブイ	○	△	×
120	ヒシジュニンウチ	○	△	×
121	ギルマンワタグワ		○	○
122	イシブンチニシ		○	×
123	シジグムインシビニシ→	○	○	×
124	→シジグムインシビニシ			○
125	シジグムインシビ→	○	○	△
126	→シジグムインシビ			○
127	ガーラシヘーンケーヤーグワ→	○	○	×
128	→ガーラシヘーンケーヤーグワ			△
129	シライ			○
130	シライヘー			○
131	ガーラシー(1)			△
132	ガーラシー(2)			○
133	ナカンガジャ			○
134	ナカンガジャアガリ			×
135	ナカンガジャアガリンアガリ			×

イシヤー名の構造、意味	なぜ使わなくなったか
不明	
南＋曲がり(実際は曲がっていない)	溝を掘ってダメになった
ジーガジャ(不明)＋内	
不明(アカンナという貝がある)	埋め立てられた
ミーンチ(干瀬の名称。埋め立てられた)	港になった
ミーンチ(干瀬の名称。埋め立てられた)＋東	港になった
港の先(山原船の入った港？)	航路になった
アカエナー(海域の名称。赤いヤナがあった)	航路になった
ケージングチ(不明)＋小	航路になった
タカシ(干瀬の名称)＋南＋東	港内に入った
タカシ(干瀬の名称)＋南＋西	港内に入った
タカシ(干瀬の名称)＋南＋西	防波堤ができた
カマサー(カマス)＋家＋先	防波堤ができた
[138]＋ナカシー(中の瀬？)＋南	防波堤ができた
[151]＋南	
[138]＋北	航路になった
[138]＋北	防波堤ができた
[138]＋中	航路になった
防波堤の外	
アナギ島(埋め立てられた)＋カタラー(不明)	埋め立てられた
不明	埋め立てられた
序数	
序数	
序数	
序数	
序数	
序数	
ナカシーグワ(海域名)	護岸工事
ナカシーグワ(海域名)	(→埋め立て)

No.	イシヤー名	戦前	1977	1997
136	クワンチグワ	○	×	×
137	ヘーンマガイ	○	×	×
138	ジーガジャンウチ	○	—	○
139	アカンナ	○	×	×
140	ミーンチ	○	×	×
141	ミーンチアガリ	○	×	×
142	ンナトゥンサキ	○	×	×
143	アカエナー	○	×	×
144	ケージングチグワ	○	×	×
145	タカシンヘーアガリ	○	×	×
146	タカシンヘーイリー→	△	×	×
147	→タカシンヘーイリー		○	×
148	カマサヤーンサキ	△	○	×
149	ジーガジャンウチナカシーヘー		○	×
150	ジーガジャンウチニシヌヘー		○	—
151	ジーガジャンウチニシ→	?	×	×
152	→ジーガジャンウチニシ		○	—
153	ジーガジャンウチナカ	?	×	×
154	ボウハテイソト			○
155	アナギンカタラー	○	×	×
156	ンニザキ	○	×	×
157	1番			○
158	2番			○
159	3番			○
160	4番			○
161	5番			○
162	6番			○
163	ナカシーグワ→	○	○	×
164	→ナカシーグワ		○	○

イシヤー名の構造、意味	なぜ使わなくなったか
不明	昼の操業に適さない
シラマグチ＋東　＊昔クチがあったのか？	(→埋め立て)
シラマグチ＋西　＊昔クチがあったのか？	
ヒサンチ(干瀬の名称)	
アムル(干瀬の名称)の北脇(アムルは省略)	
アムル(干瀬の名称)＋ヒシンクシ(礁斜面)＋小	
アムル(干瀬の名称)＋南脇	
不明	魚が盗まれる
エーギナ(島)を抱く	
ガーラシンヒシ(干瀬の名称)＋南	
ヒサンチ(干瀬の名称)＋シラマダカー(？)	
[169]＋内	
ンズ(溝)を切る	航路になった
クララン(干瀬の名称)＋曲がり＋小	魚が減った
不明	
クララン(干瀬の名称)＋チブ(深み)	
ジャーナーヌフクル(不明)＋トゥガイングワ(尖り小)	
アムル(干瀬の名称)	
クララン(干瀬の名称)＋西＋尖り	
クララン(干瀬の名称)＋西＋ハンタ(端)	
ガジャ(干瀬の名称)	航路になった
ガジャ(干瀬の名称)＋曲がり＋小	
イシブンチ(海域の名称)	深すぎる
ナゴージ(海域の名称)	
シバサキ(干瀬の名称)	
小さいイノー(礁池) ＊普通はトーオンと呼ぶ地形	サンゴの死骸がたくさんある
小さいイノー(礁池) ＊普通はトーオンと呼ぶ地形	

No.	イシヤー名	戦前	1977	1997
165	メーガキ	○	△	×
166	シラマグチアガリ	○	○	○
167	シラマグチイリー	○	○	○
168	ヒサンチ	○	○	○
169	ニシンワキ	○	○	○
170	アムルヒシンクシグワ	○	○	○
171	アムルヘーンワキ	○	○	○
172	ギジバン	△	△	△
173	エーギナダカー	○	○	○
174	ガーラシンヒシヘー			○
175	ヒサンチヌシラマダカー		○	○
176	ニシンワキウチ		○	○
177	ンズケアー	○	○	×
178	クラランヌマガイグワ	○	○	△
179	ジャーナーヌフクル	○	○	○
180	クラランチブ		○	○
181	ジャーナーヌフクルヌトゥガイングワ		○	○
182	アムル	○	○	○
183	クララシヌイリートゥガイ		○	△
184	クラランイリーハンタ		○	○
185	ガジャマガイグワ→	○	○	×
186	→ガジャマガイグワ			○
187	イシブンチ	○	×	×
188	ナゴージ	○	○	○
189	シバサキ	○	○	○
190	イノーグワ→	○	×	×
191	→イノーグワ		○	○

イシヤー名の構造、意味	なぜ使わなくなったか
曲がり	海が荒い
[188] + 南 + シジ(不明) + 抱く	
[188] + 小さな干瀬 + 下	
シバザキ(干瀬の名称) + カタ	
[188] + 内 + ヒシワタ(干瀬周辺の浅瀬) + 抱く	モズク養殖がされている
[192] + 北	
[192] + 中	
フクジンチヌヒシ(干瀬の名称) + とんがり	海が荒い
フクルテーシ(海域の名称) + ヤーラー(不明)	
フクルテーシ(海域の名称) + 上	ハナブックワがとれない
ンズ(溝) + 頭	
[202] + 東	
[202] + 西	
フクルテーシ(海域の名称) + 東 + 小さい干瀬 + 下	
フクルテーシ(海域の名称) + 東	
フクルテーシ(海域の名称) + チブ(深み)	
フクルテーシ(海域の名称) + チブ(深み)	
フクルテーシ(海域の名称) + カタ	
カン(喜屋武) + カー(泉)　＊陸上に泉がある	
カン(喜屋武) + カー(泉)　＊陸上に泉がある	
アブシンヒシ(干瀬の名称)	
アブシンヒシ(干瀬の名称)	
不明	
アタカーンチ(干瀬の名称)	
ナカンズ(溝の名称)	
ナカンズ(溝の名称)	
ヤナ(サンゴ) + トーオン(干瀬の切れ目)	
イヌヤグムイ(窪池の名称)	
イヌヤグムイ(窪池の名称)	

No.	イシヤー名	戦前	1977	1997
192	マガヤー	○	○	△
193	ナゴージヘーンシジダカー		○	○
194	ナゴージヒシグワンシチャ		○	○
195	シバザキンカタ		○	○
196	ナゴージヌウチヒシワタダカー		○	△
197	マガヤーニシ		○	○
198	マガヤーナカ		○	○
199	フクジンチヌトゥガイ	○	△	
200	フクルテーシヤーラー	○	△	
201	フクルテーシウイ	○	△	
202	ンズガシラ	○	○	
203	ンズガシラアガリ		○	
204	ンズガシライリー		○	
205	フクルテーシアガリンヒシグワンシチャ		○	
206	フクルテーシアガリ		○	
207	フクルテーシンチブ→		△	
208	→フクルテーシンチブ		○	
209	フクルテーシンカタ		○	
210	カンガー→	○	○	
211	→カンガー		○	
212	アブシ→	○	△	
213	→アブシ		○	
214	アタカー	○	△	
215	アタカーンチグワ	○	○	
216	ナカンズ　(1)		○	
217	ナカンズ　(2)　＊場所不明		△	
218	ヤナーヌトーオングワ	○	○	
219	イヌヤ→	○	×	
220	→イヌヤ		○	

イシヤー名の構造、意味	なぜ使わなくなったか
クーミザイ(不明)＋小＋小さいトーオン(干瀬の切れ目)	
不明	海が荒い
[214]＋小＋小さい干瀬＋内	
[215]＋下	
ヤナ(石)＋マガイ(曲がり)＋南＋ケア(不明)	
ヤナ(石)＋マガイ(曲がり)＋東＋ケア(不明)	
[212]＋南	
[219]＋南	魚が減った
クーミザイ(不明)＋小＋ヒシワタ(干瀬周辺の浅瀬)	魚が減った
ウー(大きい)＋チブ(深み)＋深	魚が減った
[228]＋南	魚が減った

ンゴも少しずつ再生し始め、人工的に掘られた溝に藻類が生えるなど、新しい漁場環境が形成されつつあったのだ。

図14‐A（一六〇ページ）、14‐B（一六一ページ）、14‐C（一六二ページ）、14‐D（一六三ページ）は、一九九七年に株式会社きもとが撮影した空中写真上に、当時朝汐丸氏が把握していたイシヤーを位置づけたものである。一九七八年から九七年までに新しく開拓されたイシヤーを■印で記した。この時点では、戦前からのイシヤー（○印）が六七カ所、戦後から一九七七年までに開拓されたイシヤー（●印）が七三カ所、一九七八年以降に開拓されたイシヤー（■印）が二七カ所ある。放棄されていたイシヤー（×印）は六一カ所にのぼる。放棄されたイシヤーは、西崎埋立地やその周辺の航路となった場所に多い。また、「使えたかもしれないが、使わなかった」イシヤー（―印）が三カ所あった。

移動されたイシヤー、放棄されたイシヤー

戦前、あるいは一九七七年の時点から存在するイシヤーを、近辺の網を入れるのにより適した場所へ移動させたもの

No.	イシヤー名	戦前	1977	1997
221	クーミザイグワントーオングワ	○	○	
222	ウナーラ	○	△	
223	アタカーングワヒシグワンウチ		△	
224	アタカーンチヒシグワンシチャ		○	
225	ヤナマガイヘーンケア		○	
226	ヤナマガイアガリンケア		○	
227	アブシンヘー		○	
228	イヌヤンヘー		△	
229	クーミザイグワンヒシワタ		△	
230	ウーチブンフカ		△	
231	イヌヤヌヘーヌヘー		△	

としては、「シナガンチウチ」(27→28)など八カ所が挙げられる(表7参照)。たとえば27「シナガンチウチ」は、そばに小型定置網が設置されたため移動した。また、61「シビダカヌウチ」は、イシヤーの周辺にサンゴが生えすぎたため網を入れにくくなり、移動したという。

一九七七年には使っていたが九七年には放棄されていたイシヤーは、二九カ所ある(表7参照)。それらが放棄された背景にはいくつかの要因がある。

まず、工事によって使えなくなったイシヤーがある。たとえば、図14-Cの西崎埋立地周辺の88、110、113、114、118~120は、いずれも西崎埋立地周辺の溝を掘ったせいで深くなり、使えなくなったという。また、134と135は、防波堤を造る目的で周辺を掘ったために使えなくなった。航路を掘ったことや海底の砂を掘りすぎたことなどを理由に、使えなくなったイシヤーもある。

工事だけがイシヤーが放棄される理由ではない。たとえば、魚礁が設置されたことで網を入れられなくなったものもあるし、29と55(図14-D)のように、小型定置網が設置されたため使っていないイシヤーもある。小型定置網漁師とアンブシ漁師は同じ海域を漁場として利用するため、しばしば競合が起こる。このような場合、先に定置網が張ってあれば遠慮するが、朝汐丸氏が定置網よりも早く網を張る場合もあるという。

図14-A　1997年のイシヤー（喜屋武周辺）

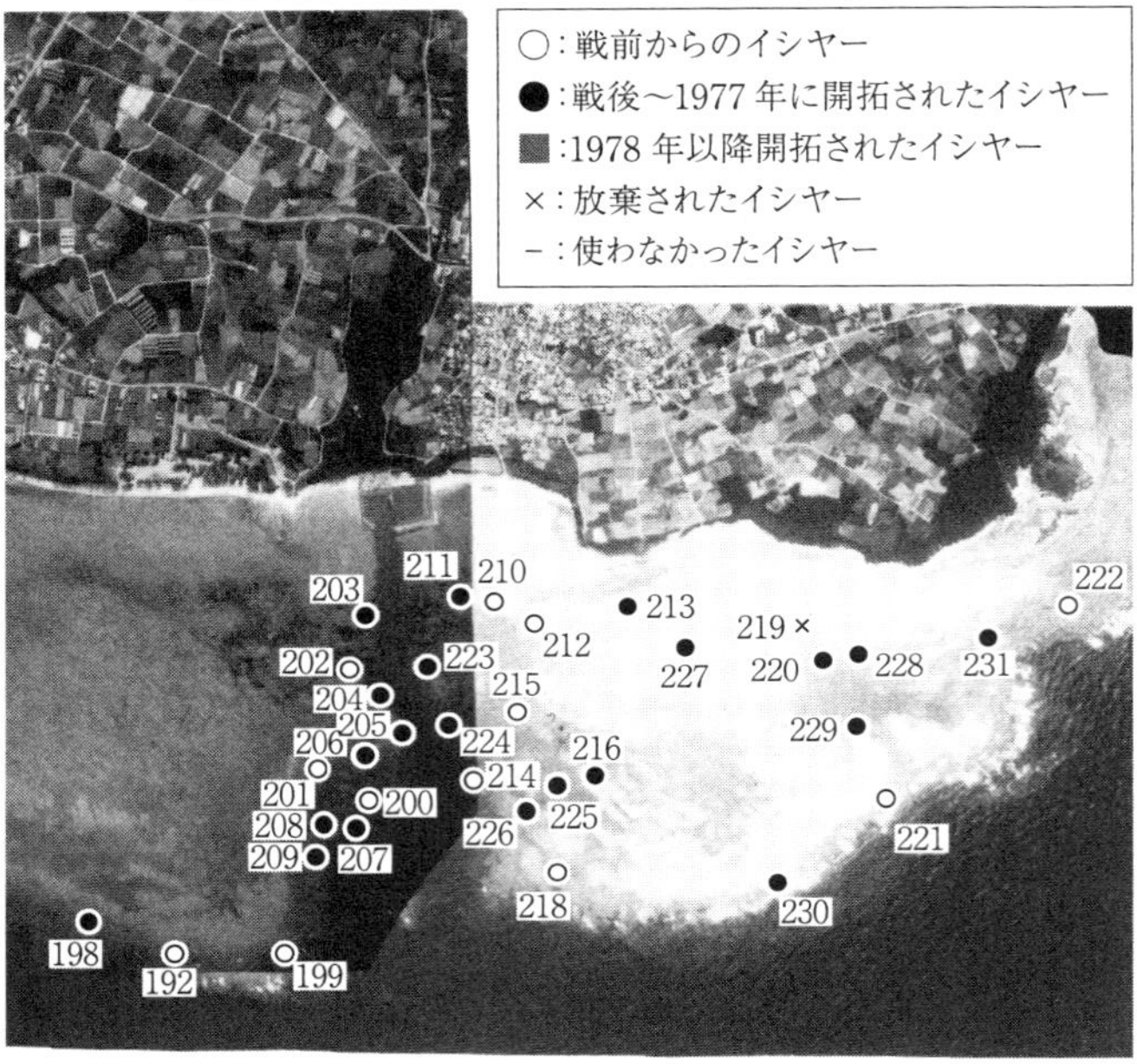

出典：1997年に株式会社きもとにより撮影された空中写真をもとに、朝汐丸氏の聞きとりから作成した。

また、196（図14-B）では、すぐそばでモズクの養殖がなされており、袖網がモズク養殖の棒にかかってしまう。そのため朝汐丸氏は、近年このイシヤーをあまり使っていない。[20] 魚がとれなくなったということも、当然ながらイシヤーを放棄する原因となる。たとえば5（図14-D）は、ミーエー〔アイゴ（シモフリアイゴ型）〕やアマイユ〔クロサギ〕がとれなくなったため使われなくなったという。

一九九七年時点では使われていたが、その後の埋立工事によって使えなくなることが確実視されていたイシヤーもあった。たとえば、74～80（図14-D）などは豊見城地先の埋め立てによって陸地化することが、164と166（図14-B）も埋立工事によって使えなく

図14-B　1997年のイシャー（エーギナ周辺）

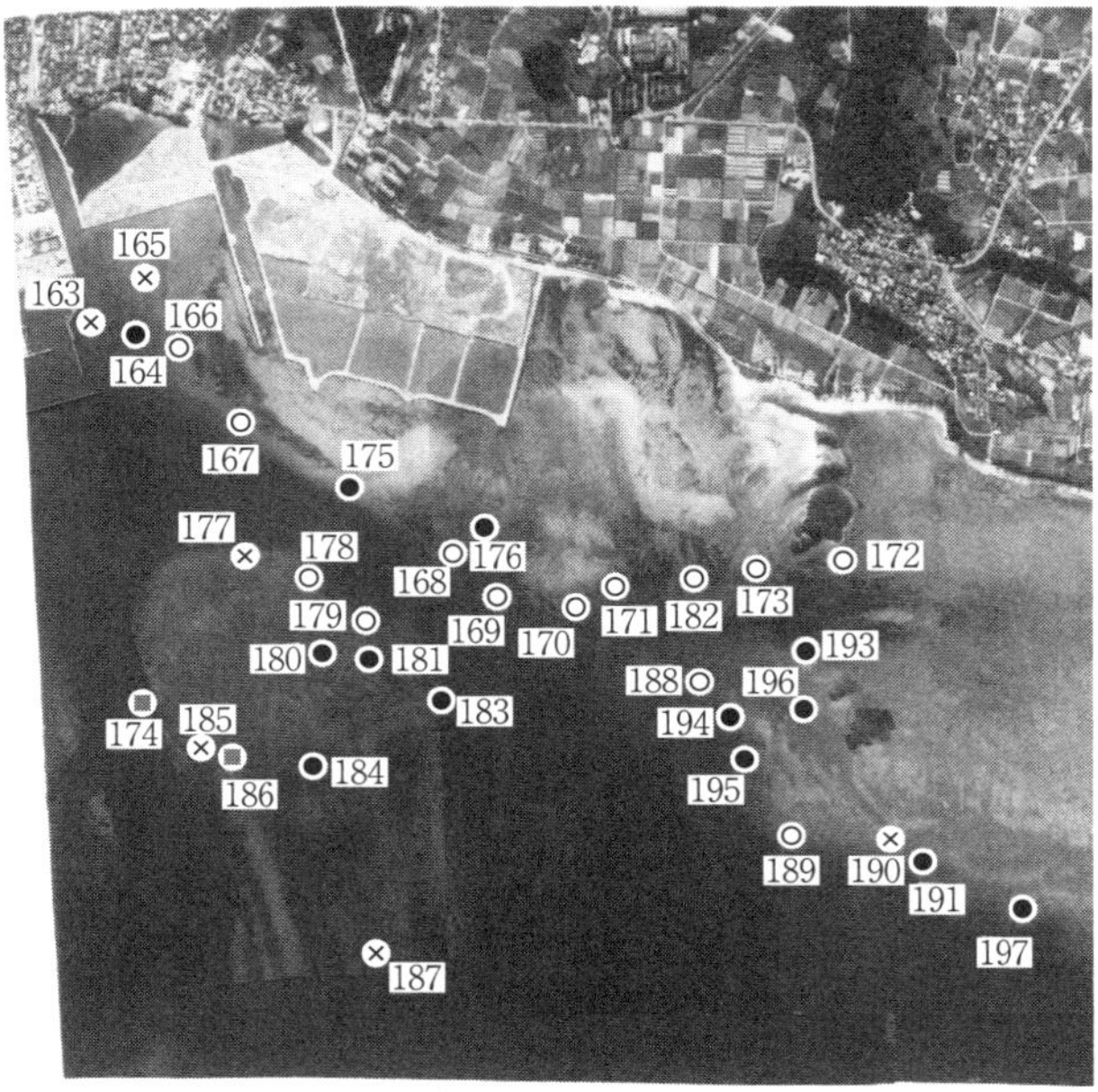

出典：1997年に株式会社きもとにより撮影された空中写真をもとに、朝汐丸氏の聞きとりから作成した。

なることが、それぞれ確実であった。

開拓されたイシャーとその名前

網の小型化にともなって急激にイシャーの数が増えた一九七七年ほどではないが、七七年から九七年の間に、とくに西崎の埋立地を取り囲むように新しいイシャーが数多く開拓されたことは、注目に値する（図14-C参照）。

一九七七年から九七年の間に新しくできたイシャー（■印）は、ほとんどが西崎の埋立地周辺に位置している。これらの名前には、埋め立て前からの地名を利用したものもある。たとえば、１２９「シライ」、１３０「シライヘー（シライ南）」、はシライという海の名前を利用している。また、新しい地名や地形にちなんだ名前も見られる。たとえば、１０９「ニシザキ（西崎）」はこの埋立地の地名にちなんでいるし、１５４「ボウハテイソト（防波堤外）」は新しくできた防波堤の外側に位置する。

さらに、西崎埋立地の周辺の溝にできた新しいイシャーには、１０６「カズオ」、１０７「ジロウ」、１０８「サンダー」と、まるで人間のように名づけられたものがある。その一方で、１５７「1番」、１５８「2番」、１５９

図 14-C　1997 年のイシヤー(糸満漁港周辺)

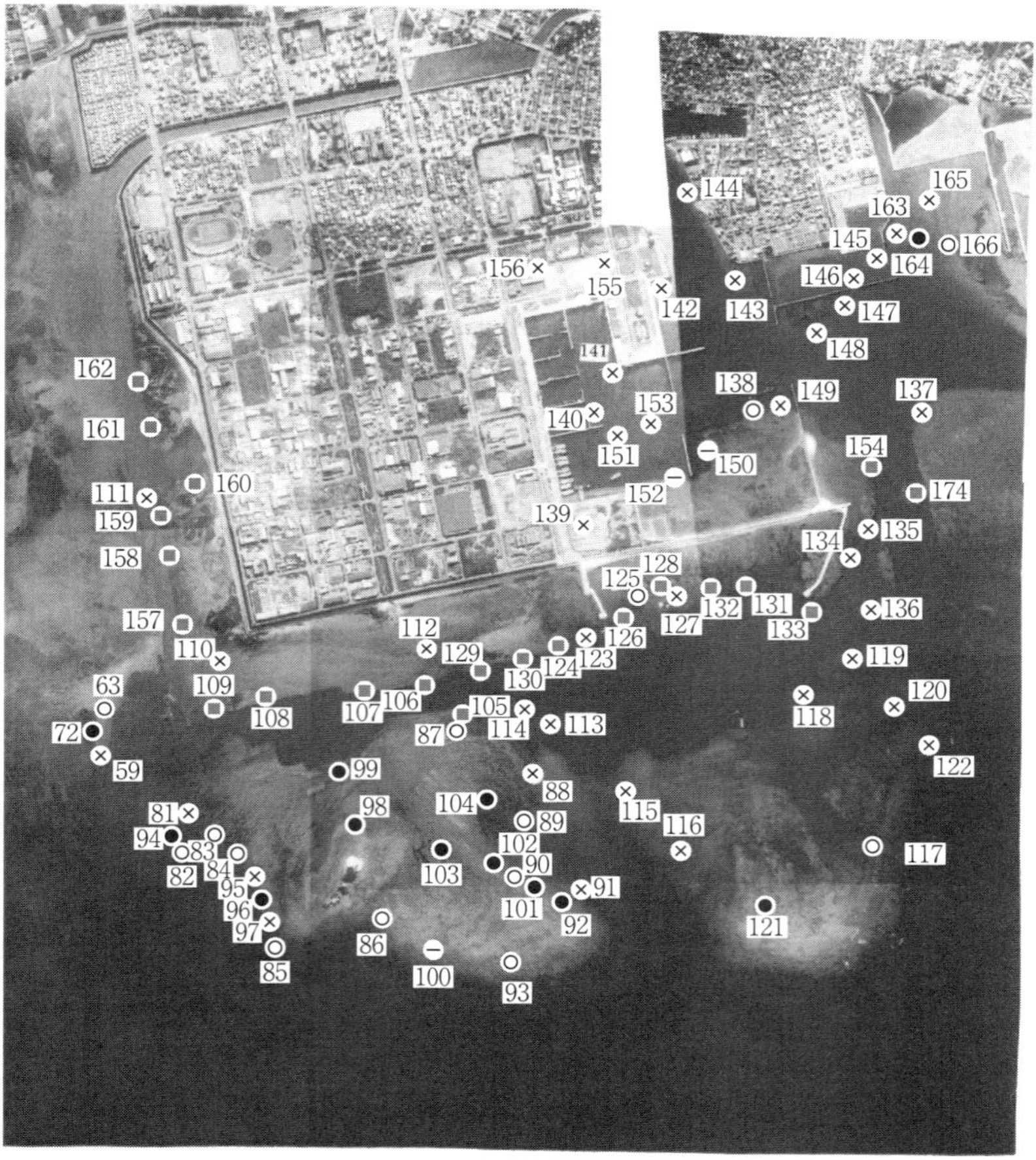

出典：1997 年に株式会社きもとにより撮影された空中写真をもとに、朝汐丸氏の聞きとりから作成した。

図14-D　1997年のイシヤー（与根漁港周辺）

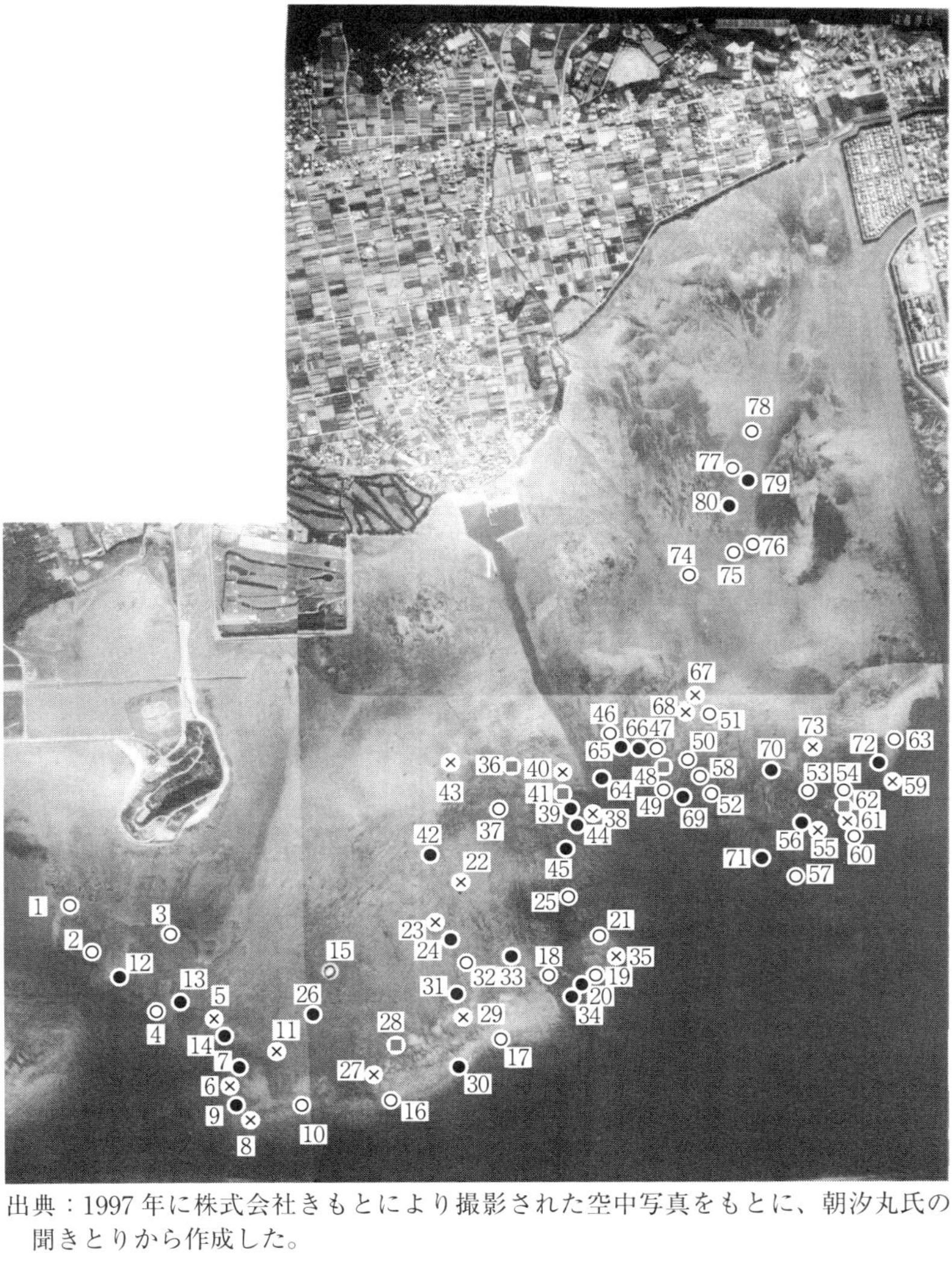

出典：1997年に株式会社きもとにより撮影された空中写真をもとに、朝汐丸氏の聞きとりから作成した。

れていた(図14－C)。

「3番」、160「4番」、161「5番」、162「6番」と、並んでいる順に番号がつけられたものもある。[21]

このように開拓されたイシヤーには、新たな工事によってはやくも操業できなくなることが確実視されるものもあった。[22] たとえば、126、128、131～133の位置には、調査時においてヨットハーバーの設置が計画されていた(図14－C)。

以上が、一九七七年と九七年に朝汐丸氏が利用していたイシヤーの変遷である。埋め立ての進行にしたがって多くのイシヤーが放棄される一方で、多くのイシヤーが開拓されてきたことが明らかになった。このような新しいイシヤーは、同じアンブシ漁師の間で共有されている場合もあれば、そうでない場合もある。アンブシ漁師の数が三人にまで減った調査時においては、イシヤーの場所や名前を共有する必要はあまりなかったのかもしれない。

4　イシヤーを構成する要素

イシヤーの変遷から、朝汐丸氏が数多くのイシヤーを開拓してきたことが明らかになった。イシヤーの開拓とは、これまでイシヤーでなかった場所にイシヤーとしての「利用可能性」を見出すことである。約三〇年間に激しくその姿を変えてきた糸満のイノー(礁池)では、漁師はつねに海を観察し、魚をとるのにふさわしい場所を探索してきた。それは、具体的にはどのようなことなのだろう。朝汐丸氏による説明をもとに見ていきたい。

（1）イシヤーと魚

朝汐丸氏によると、埋め立てによって糸満のイノーではほとんどの魚が減少した。なかでも、フーワー【ミナミハタンポ他】やハイユー【ホシザヨリ他】、アカイユー【アヤメエビス他】などはほとんどとれなくなり、カタカシ【ホウライヒメジ他】[23]やミーエー〔アイゴ（シモフリアイゴ型）〕もめだって少なくなったという。とくに、藻場の減少は生息する魚種を変えた、と朝汐丸氏は指摘した。

大規模な埋立工事は、魚の生息環境を破壊し、多くの魚種が減少した。しかし、その一方で、埋立工事の最中に一時的に増加した魚種があるという。朝汐丸氏によると、イーフ島の砂利を採取していた一九七〇年代ごろ、その周辺でチン〔ミナミクロダイ？〕が大量にとれ、一五年間ほどとれ続けた。初めはイーフ島周辺だけだったが、そのうち喜屋武、瀬長島、与根周辺でもとれるようになったという。

「ヒータミ網[24]で、チンが一〇〇斤から二〇〇斤（六〇～一二〇キロ）もとれたことがあります。これは戦前なら一〇年に一度起こるようなことです。たぶん（砂利採取によって）砂の中の餌が出たからでしょう」（朝汐丸氏）

これは、イーフ島の砂利の採取によって、チンの生息にふさわしい環境がつくられたことを示唆している。だが、西崎埋立地を取り囲む溝を掘ったころからチンは再び減少したという[25]。そのあとを引き継ぐように、西崎埋立地の周辺に溝を掘ったころから急によくとれるようになった魚がある。それがカーエー〔ゴマアイゴ〕だ。

カーエーは、埋め立て前はあまりとれない魚だったが、埋め立て後にとれるイシヤーがめざましく増えた。たとえば、西崎埋立地周辺の溝に沿った87、106～109、124、126、129、130、132、133、154、157～162（図14-C）では、いずれもカーエーがとれる。これは、西崎埋立地周辺の溝を掘ったことによってチンの生息環境が破壊され、かわってカーエーの生息に適した環境が形成されたことを示唆する。朝汐丸氏は、西崎埋立地周辺に掘られた大きな溝のあたりに草が生えたことを、増えた理由の一つと推測している。

カーエーは糸満の人たちが好んで食し、値段も高い。[26] カーエーがとれるようになったことは、漁獲量の全体的な低下に苦しんでいたアンブシ漁師にとって救いであった。一九九七年現在利用されていた一六七カ所のイシヤーのうち、実に六七カ所でカーエーがとれると朝汐丸氏は認識していた。[27]

もうひとつ魚との関係で指摘しておきたいのは、イシヤーが開拓されるとき、魚の分布に従っていくつかのイシヤーが一つのイシヤーから派生的に開拓される現象である。たとえば、図14-Dの39「ヘーサガインジュ」でカーエー〔ゴマアイゴ〕やミーエー〔アイゴ（シモフリアイゴ型）〕がとれたら、その西に位置する44でもとれ、39でユーアカー〔ホウライヒメジ他〕がとれたら、44や、さらに西の45でもとれる、と朝汐丸氏は指摘する。

44は「ヘーサガインジュフカ」、45は「ヘーサガインジュフカヌイリー」と言い、39「ヘーサガインジュ」から派生的に開拓されたイシヤーである。この場合、39を「本イシヤー」と呼ぶ。

「ひとつのイシヤーでとれたら、そのまわりでもとれる。初心者は本イシヤーしか知らないが、経験のある海人はこのことを知っているんです」

ある魚種の生息に適した環境条件は、ある程度の広がりをもって分布していると考えられる。その広がりのなかで、網を入れるのにふさわしい場所を見つけられれば、そこは新しいイシヤーになるのだ。とくに、ある魚がたくさん生まれる「ウヤー年」には、このような派生的なイシヤーが使われるようである。

(2) イシャーについての朝汐丸氏の語り

では、イシャーとは具体的にどのような場所なのか。「○○は、どんなイシャーですか」という筆者の問いに対する朝汐丸氏の説明を分析する。(28)

ここでは、二つの海域に存在するいくつかのイシャーを対象とする。それらを、それぞれ「ウカワ島周辺」「西崎埋立地周辺」と呼ぶことにする。これらの海域と網の張り方を空中写真上に表したのが図15（一六八ページ）である。さらに、これらのイシャーについて朝汐丸氏自身の手による見取り図に氏の解説を書き加えたものが図16（一六九ページ）と図17（一七一ページ）である。

ウカワ島周辺のイシャーについての朝汐丸氏の説明

以下は、図16を描きながら朝汐丸氏が語った説明である。(29) 図中□で囲んだ文字はイシャーの名前である。

■魚の通り道

ウーンズヌグーグワ（図16左端参照）

「ウーンズヌグーグワのそばには二つの干瀬（干瀬ａと干瀬ｂ）があって、その北側は溝になっている。この溝に袋網を入れ、溝に沿って長い袖網を張る。（干潮時）浅瀬から深みに帰る魚はこの溝を通り、袋網に入る。また、干瀬ｂの南側には二つの大きなヤナ（岩）があり、そのうちの一つに向けて短い袖網を張る。この二つの干瀬（ａとｂ）にはこのごろテーブルサンゴが生えている。西崎の埋立工事のあとサンゴは全部なくなっていたが、海が落ち着いてからは再生し、今はたくさん生えている。そのため、現在ではサンゴの上から網を張らなければならないので、網

図 15　ウカワ島周辺と西崎埋立地周辺の網の張り方

出典：株式会社きもと 1997 年撮影の空中写真より作成。

図16　朝汐丸氏が描画したウカワ島周辺のイシヤー

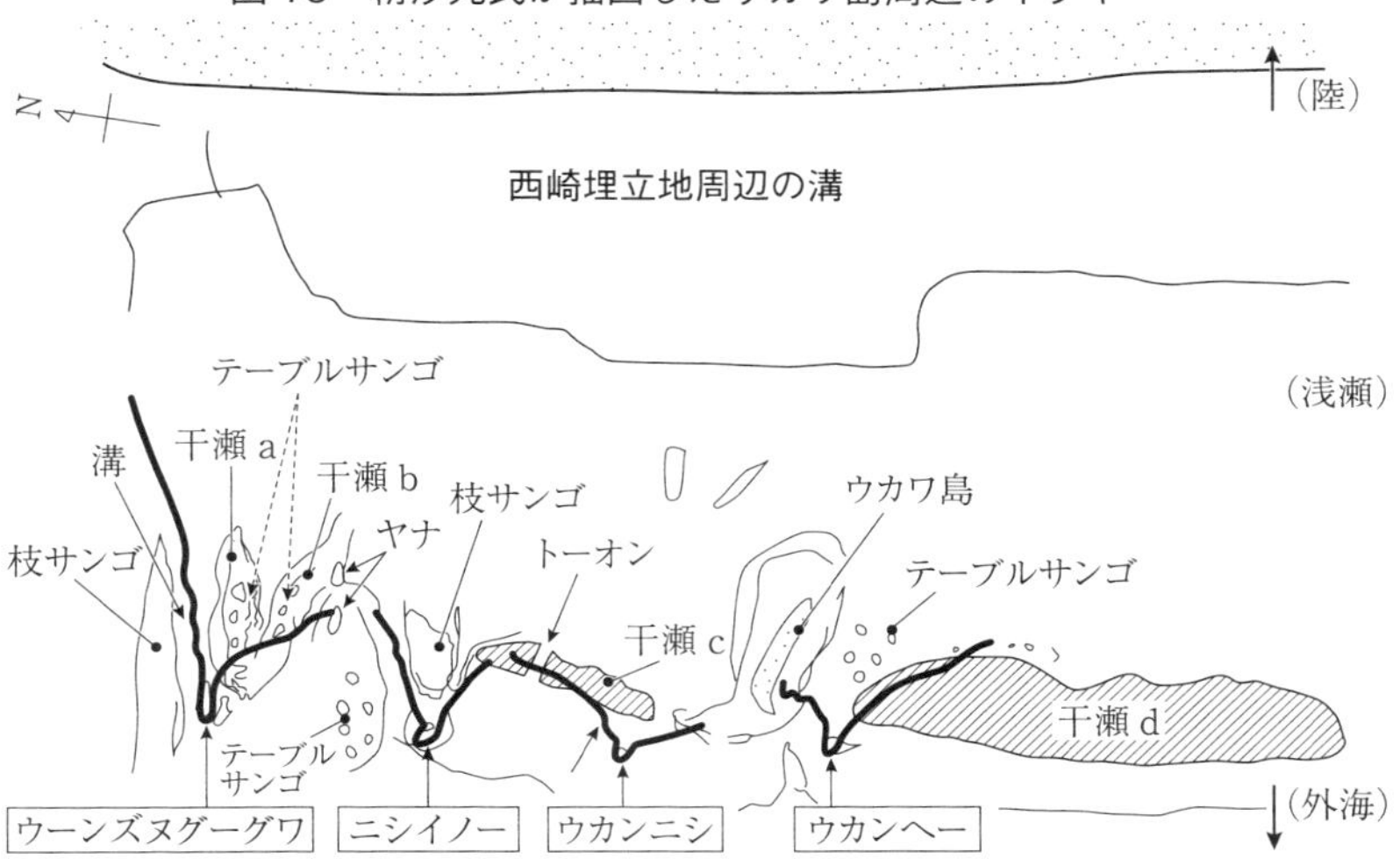

とサンゴの隙間から魚が逃げてしまう」

この説明からは、まず溝が魚の通り道と認識されていることがわかる。そのため朝汐丸氏は、袖網を溝に沿うように張り、浅瀬から深みに戻ってくる魚をせき止め、袋網に誘導しようとしているのである。また、干瀬の上に再生してきたテーブルサンゴについて、あまりに繁殖して網を入れる隙間がなくなったため、魚が逃げるような網の張り方をせざるを得なくなったと述べている。

ウカンニシ（図16中央参照）

「ウカンニシでは、短い袖網はウカワ島へ、長い袖網は干瀬（干瀬c）に向けて張る。袋網は、この干瀬の外側にあるちょっとした深みに入れる。海底が平坦であれば干瀬の外側に袖網を張るが、この海底には凸凹があるので、干瀬の上から網を張っている。また、この干瀬には小さな切れ目トーオンがある。潮が引いてくると、魚はこのトーオンを通って深みに帰ろうとする。だから、長い袖網はトーオンを遮るように張る」

このイシヤーにおいて魚の通り道と認識されているのは、

「ウカワ島と干瀬cの間」と、「干瀬cの切れ目〔トーオン〕」である。朝汐丸氏はそれらを袖網で遮り、干潮時、深みに帰っていく魚をとらえようとする。この説明では、海底の凸凹が網を張るのを阻害する要素として語られる一方で、海底の「ちょっとした深み」が袋網を入れるのに適した要素として語られている。

■サンゴ

西崎埋立地の工事後、一度死んだサンゴが再生していることが、先の例でも指摘された。ニシイノー〔図16中央参照〕に関しても、朝汐丸氏はサンゴについて語った。

「ニシイノーの周辺は、埋立工事のころサンゴが全部なくなっていたが、今はまたたくさん生えている。サンゴが生えていても、網を入れる隙間があればよいのだが……。タマン〔ハマフエフキ〕やエーグヮー【アイゴ】、イラブチャー〔ブダイ〕などはサンゴが生えているからといってとりにくくなることはないが、ヤマトゥビー〔ニセクロホシフエダイ〕などはサンゴに住み着いて〔入り込んで〕出てこなくなる」

この説明からはまず、埋立工事直後、この海域はサンゴの生息に適さなかったが、現在では再び適した条件が備わりつつあることがわかる。ここでもやはり、サンゴが生えすぎて網を入れる隙間がなくなると困ると指摘された。また、魚種によってはサンゴの中に逃げ込んでしまうことがあるという。

西崎埋立地周辺のイシヤーについての朝汐丸氏の説明

以下は、図17を描きながら朝汐丸氏が語った説明である。

図17　朝汐丸氏が描画した西崎埋立地周辺のイシヤー

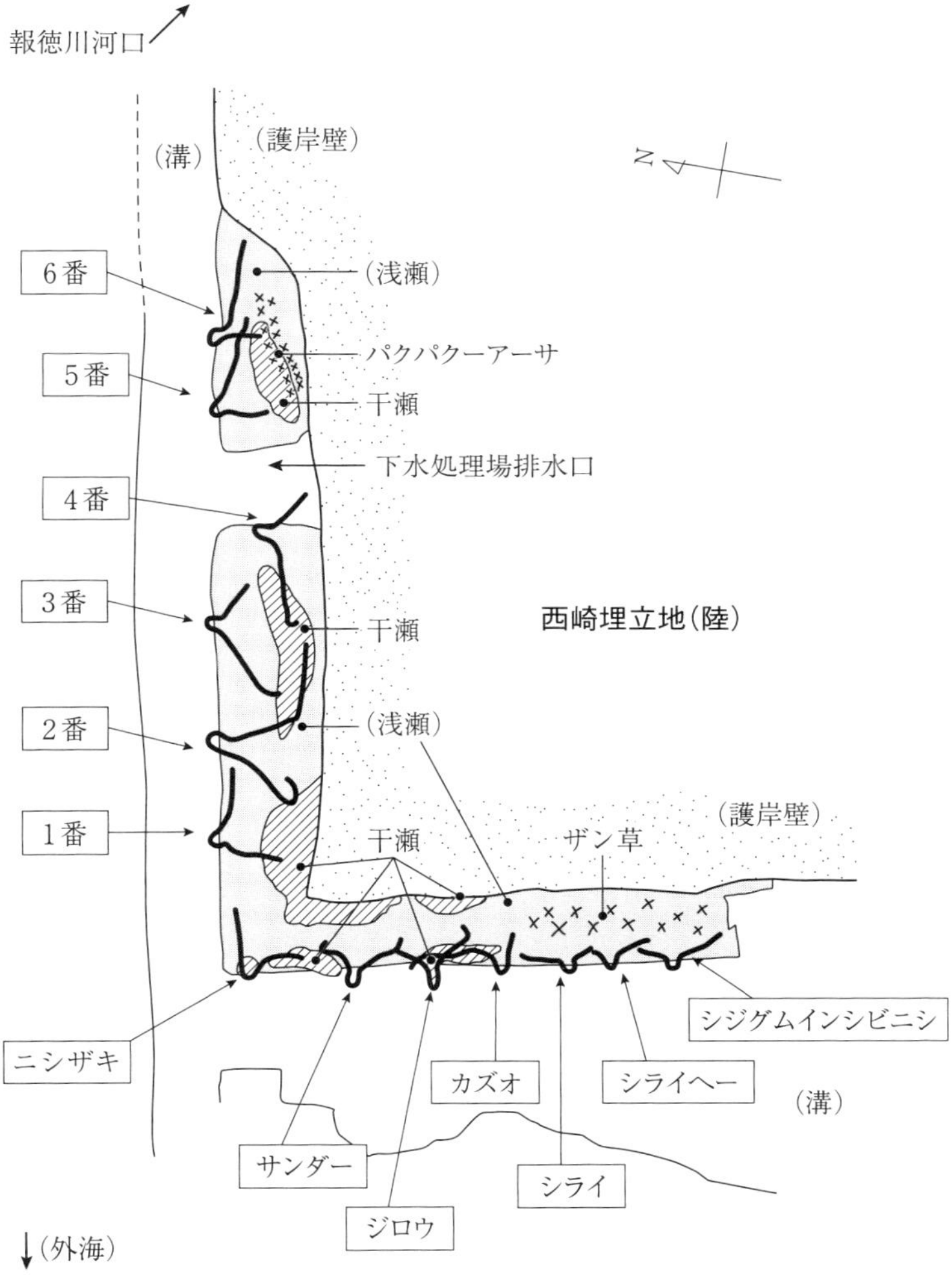

■魚の通り道（図17参照）

西崎埋立地の周辺には、朝汐丸氏ともうひとりのアンブシ漁師によって新しいイシヤーが数多く開拓された。それらのイシヤーについて、朝汐丸氏は次のように語った。

「西崎埋立地の周囲には溝が掘られており、この溝と西崎埋立地の間の浅瀬は、大潮のときは全部干上る。西崎埋立地周辺では、ほとんどの場合、溝を背にして袋網を入れる。そして、浅瀬から溝に下りてくる魚を遮るように長い袖網を張り、短い袖網は溝と陸の間にある干瀬まで張るのが普通である」

この説明からは、西崎埋立地の周辺に溝が掘られた結果、浅瀬（溝と埋立地の間）と深み（溝）の組み合わさった理想的な地形ができたことがわかる。魚は干潮時、埋立地周辺の浅瀬から溝に移動する。このことを利用して朝汐丸氏は溝を背にして網を入れ、浅瀬から移動してきた魚をとらえようとしているのである。

■藻類（図17参照）

方言で、藻類のことをアーサと呼ぶ(30)。朝汐丸氏は西崎埋立地周辺について説明するとき、アーサに言及した。

①パクパクーアーサ（図17左上）

「旧正月から旧暦の二〜三月ごろ、パクパクーアーサ〔未同定：藻類〕が下水処理場の排水口のそばにたくさん生える。このアーサが、天気のよい日、中に空気をつめて、いっせいに海面を流れることがある。そんなときは、このあたりに網を入れられない。パクパクーアーサを食べる魚がいるかどうかはわからない。ヌーリ〔未同定：藻類〕は餌になると思うが」

この説明からはまず、旧暦の正月から二〜三月にかけて、下水処理場の排水口に近い海域に、パクパクーアーサが生えることがわかる。このパクパクーアーサが魚の餌になるかどうかは不明だが、いっせいに流れる時期には、その海域に網を入れられない。つまり、パクパクーアーサは網を張るのを阻害する要素として語られているのである。また、魚の餌になる海藻としてヌーリが挙げられている。

②ザン草（図17右下）

「昔はザン草（未同定：藻類）の生えているところは、ミーエー（アイゴ（シモフリアイゴ型））がどこでもとれた。現在はとくにシライ、シライヘー、シジグムインシビニシの内側でよく生えている。これは、この近くにもともと生えていたザン草が埋め立てのとき一時なくなり、また生えてきているのである。今、シライにはウズラーカタカシ（ヨメヒメジ）の小さいのがいる。これはザン草の関係だろうか。本当のことはわからないが」

この説明からは、まず、ザン草がミーエーの餌になると考えられていることがわかる。これらの漁場におけるザン草の再生は、ミーエーなどの魚が集まってくる可能性を示唆しているととらえられているようである。また、ウズラーカタカシの生息とこの海藻の繁殖は関係があるかもしれないと考えられている。

■干瀬（図17左下参照）

西崎埋立地周辺には、干瀬が部分的に残っている。干瀬に関連し、ニシザキ、ジロウ、サンダーの三つのイシヤーについて、朝汐丸氏は次のように語った。

「魚は餌をとりに、とにかく干瀬を頼ってくるのではないだろうか。干瀬にはいろいろな餌になるものがつくから。また、護岸壁の下は石があったりして、小さいカニなどいろいろな生き物がいる。タマン（ハマフエフキ）やチン〔ミナミクロダイ?〕は肉食だから、夜、護岸壁のそばまで餌をとりに来ると思う。ニシザキとサンダーにはタマンとチンがいる。ジロウにはチンがいるが、ジロウより南ではめったにタマンはいない。だから、これらの魚が集まるのは（これらイシヤーの周辺にある）干瀬の関係じゃないかと思う」

この説明からは、干瀬や護岸壁に集まるカニなどの小さな生物が肉食の魚（タマンやチンなど）の餌になると考えられていることがわかる。つまり、干瀬は肉食の魚を集め、よい漁場を形成するものととらえられているのである。

■下水処理場排水口（図17左中参照）

「ここは泥。あまりいい感じがしない」

この説明からは、下水処理場の排水口周辺は泥になっており、朝汐丸氏はその場所にあまりよい印象を抱いていないことがわかる。

■戦争と埋め立て

「サンゴがなくなったのは、西崎の埋め立てと、ここの港（中ン浜）を造ったとき、そして戦争中。戦争中は爆弾が爆発すると黒い泡のような煤が出た。これが毒になったのではないかと思う。本当のことはわからないが。近年、サンゴが再生している海域もあるが、魚は戦前に比べてずっととれなくなっている」

この説明からは、朝汐丸氏が埋立工事と戦争中の爆弾による海洋汚染がサンゴの死に関連していると考えていることと、現在は戦前に比べてかなり魚が減ったと認識していることがわかる。埋立工事によって海が白濁したり、あるいはサンゴそのものが土砂を被ったりして、サンゴに共生する褐虫藻の光合成が妨げられ、サンゴの死につながったと考えられる。また、戦争中なぜサンゴが死んだかに関しては、鉄の暴風[31]と呼ばれるほどの艦砲射撃を受けた沖縄本島南部の糸満では海にも破壊や汚染があり、サンゴもその影響を受けたと推測される。

5　イノーに刻まれた海人たちの足跡

(1) イシヤーの開拓と朝汐丸氏による漁場認識

糸満のイノーは細やかに名前をつけられている。とくにアンブシに従事する海人にとって、イノーは数多くのイシヤーが存在する漁場空間である。だが、糸満のイノーでは数十年にわたって埋め立てが進められ、環境は大きく改変された。多くの漁師がイノーを離れ、より沖の漁法に切り替えていくなかで、朝汐丸氏はイノーにこだわり続けた数少ない漁師の一人である。

朝汐丸氏は変わりゆく海を観察し、新しいイシヤーを次々に開拓していった。本章3節からは、戦後、多くのイシヤーが移動、放棄された一方で、朝汐丸氏によって数多くのイシヤーが開拓されてきたことが明らかになった[32]。イシヤーの名前の分析からは、多くのイシヤーが戦前からあったイシヤーの名前をもとに名づけられていることが明らかになった。このように既存のイシヤーをもとに派生的に開拓される場合、もとのイシヤーを「本イシヤー」と呼ぶ。本イシヤーはアンブシに従事した経験のある海人にたいてい共有されているが、派生的に開拓されたイシヤーは開拓した本人しか知らない場合も多い。派生的なイシヤーは、ある魚が大量に発生する「ウヤー年」に本イシヤーの周辺に試みに網を入れるなどの活動をとおして開拓される。
新しいイシヤーが、古いイシヤーとは関係なく開拓されることもある。たとえば、西崎埋立地周辺の溝に沿った一連のイシヤーは、埋立工事によって生じた新しい環境条件を利用して、朝汐丸氏がもうひとりのアンブシ漁師とともに開拓した(図14-C)。このようなイシヤーは、「イチロウ」「ジロウ」「サンダー」「ニシザキ」などと新しく名づけられる。

朝汐丸氏はこれらのイシヤーについて、「ニシザキとサンダーではチン(ミナミクロダイ?)やタマン(ハマフエフキ)がとれる。ジロウではチンがとれるが、ジロウより南ではめったにタマンはいない」と指摘した。この指摘は、ひとつのイシヤーを起点に、魚がとれることを確認しながら、先へ、先へとイシヤーが開拓されたことを示唆している。西崎埋立地を取り囲むように掘られた溝の周辺に試みに網が入れられ、そこを起点として派生的にイシヤーが開拓されていったと推測される。

大規模な埋立工事を経験した糸満のイノーにおいて、先人から教わったイシヤーを継承するだけでは生活を支えるだけの漁獲を得られなかった。漁師たちは、それぞれの試行錯誤のなかで新しいイシヤーを開拓していく。その方法はさまざまであろうが、ひとつのイシヤーから派生的に新しいイシヤーが開拓されることが少なからずあったことは、イシヤー開拓の特徴として挙げられるだろう。

いくつかのイシヤーを連続したものとしてみなす認識は、朝汐丸氏が空中写真にイシヤーを位置付ける方法にも反映されていた。ふだん慣れ親しんだ空間を見慣れない鳥瞰図に置き換える作業は、簡単ではない。とくに、一つ目のイシヤーを位置付けるのに朝汐丸氏は時間をかけた。まず、陸の目印を探し当て、そのそばの海から特徴のある干瀬を探し当て、その形や細かい水路の場所を確認する。そして、ようやくペン先を空中写真上に置き、袋網の場所を示した。このイシヤーを起点にして、周辺の目印を探し当て、次のイシヤーを位置付けるという方法が繰り返された。これは、イシヤーの位置関係がはっきりと認識され、連続的にとらえられていることを示唆する。

朝汐丸氏にとってイノーは、干瀬や口、溝、深みなどがひとつひとつ認識され、名づけられた漁場空間である。一つのイシヤーからある干瀬を左手に見ながら小さな溝を渡り、その先のシラマー(砂地)を横切って、次のイシヤーへ行く。朝汐丸氏にとってのイノーは、それぞれの干瀬や窪池、イシヤーなど馴染み深い場の連なりとして経験されている。

小松和彦は、ポンナップ島の女性たちが、自分たちのタロイモ畑について鳥瞰図を用いた説明はできなかったが、日ごろ経験するとおりのタロイモ畑を紙の上に記して説明した、というエピソードを紹介し、そのように説明される空間を「人間という「主体」を通じて把握されている空間」と呼んだ[小松 一九九三：四一六]。朝汐丸氏が説明したイノーも、朝汐丸氏という主体をとおして把握される空間である。そして、この「主体を通じて把握される空間」には、主体の関心が強く反映される(33)。

朝汐丸氏の関心は、「網を張るのにふさわしい場はどこか」という点にある。朝汐丸氏にとって漁場を構成するうえで「意味」のある要素とは、どのようなものだろうか。

(2) アンブシ漁師にとって「意味」ある環境の要素

イシヤーの開拓・移動・放棄は、海のある地点を、朝汐丸氏が魚をとる場所としてどのように評価するかに関わっている。4節では朝潮丸氏が環境のどのような要素を「意味」あるものと認識し、イシヤーを見出しているかを素描した。

まず、イシャーを構成するうえで重要な要素として、「魚がとれること」が挙げられる。この数十年にわたって断続的に実施された埋立工事は、魚を激減させた。朝汐丸氏はこう述べる。

「西崎の埋め立てのころは、一〇年以上も海が死んだようでした。ヘドロがたまって、サンゴが死にました。アムル[34]なんかもサンゴは全滅だったが、イヌヤ[35]の大きなテーブルサンゴだけは生きていた。(略)名城《なしろ》[36]から瀬長島まで、ほとんど全滅していたんです」

埋立工事で引き起こされたさまざまな変化(たとえば、海の白濁によってサンゴが死んだ、藻類が姿を消した、海が陸と化したなど)によって、多くの魚の生息環境が破壊された。しかし、その一方で、工事後に例外的に増加した魚種もあったと朝汐丸氏は指摘する。

たとえば、イーフ島の砂利を掘ったところ、チン〔ミナミクロダイ?〕が大量に発生した。因果関係は不明であるが、ともかく砂利採取によってできた新しい生態環境が、チンの生息を可能にしたと推察される。チンは一五年間ほど連続してとれた後、西崎の埋立地周辺に溝を掘ったころから再びとれなくなり、かわってカーエー〔ゴマアイゴ〕がとれるようになった。それは溝を掘ったことによってできた生態環境がチンの生息には適していなかったけれど、カーエーの生息には適していたことを意味している。そして、他の魚に比べて値段の高いカーエーの増加は、漁獲の減少によって経済的なダメージを被ってきた朝汐丸氏にとって救いとなった。

朝汐丸氏のイシャーに関する説明からは、イシャーを形作るうえで有用な、環境の「意味」ある要素が浮かび上がる。

まず、魚の通り道となるトーオン(干瀬の小さな切れ目)や溝の存在が挙げられる。魚が干潮時に深みに帰るときの通り道を袖網で遮ることで、より深みに張った袋網に魚を誘導できる。次に、干潮時、魚の移動場所となる「深み」も重要である。ちょっとした深みに袋網を設置すると、魚を自然に袋網に誘導できる。また、西崎埋立地周辺に人工的に掘られた溝を背に網を張ると、溝と埋立地の間にできた浅瀬から溝に移動していく魚をとらえられる。

魚の餌となる要素としては、草食の魚にとってはヌーリやザン草といった藻類、肉食の魚にとってはカニなどの小さな生物が挙げられている。これらの草が生えている場所や、小さな生物が集まる干瀬や護岸壁の周辺は、新しいイシヤーの有力な候補地である。一方で網を入れることを阻害する要素としては、隙間なくぎっしり生えたサンゴや、海底の凹凸、海面を大量に流れてくるパクパクーアーサという平たい藻類などが挙げられた。サンゴが繁殖しすぎた場合、サンゴの上から網を張ることになり、網とサンゴの隙間から魚が逃げてしまうのである。また、サンゴの中に逃げ込んでなかなか出てこない魚もある。

このように、環境の要素にはさまざまな属性が備わっている。海人は海を「読み」、その場の環境要素の利用可能性を吟味し、それらを有機的に組み合わせて、網を入れる場所イシヤーを開拓する。朝汐丸氏は言う。

「海をよく研究していると、イシヤーも多くなる。言い伝えだけでは漁はできないんです。環境も変化します。漁場は自分で探すんです。これができる人が、海人の一人前です」

漁師に必要なのは、先人から伝えられた知識の継承だけではない。たとえ埋め立てのような大規模な環境の改変を経験しなくとも、海は刻々と変化していく。漁師は海を読み、ある場所がイシヤーになることに気づくことができて初めて、一人前といえるのである(37)。

一九七〇年代以降の糸満のイノーでは、「埋め立て」と「海の回復」という二つの力がせめぎあうなかで漁撈が展開されてきた。このことを反映し、朝汐丸氏にとって「意味」のある環境の諸要素には、人為的な構築物や人為によって変形された自然が少なからず含まれている。たとえば、西崎埋立地の護岸壁は魚の餌となる小動物が集まる場と考えられているし、埋立地の周囲に掘られた溝はカーエーのよい漁場と評価されている。また、埋め立て直後はサンゴが死んで魚が激減したと話す一方で、現在はサンゴが再生してきており、サンゴが繁殖しすぎて網を入れられなくなったイシヤーもあると指摘する。

つまり漁撈においては、その場その場の環境の個別な特性の把握が重要なのであり、「サンゴが生えているからよい漁場」とか、「埋立地のすぐそばだから悪い漁場」といった一般化はできない。漁師は、さまざまな環境の変化がその場のイシヤーとしての価値をどのように左右するかを読み続けなければならないのである。

朝汐丸氏は、「海歩く人《ウミアックルチュエ》は、手上《ティーウィー》」という言葉を教えてくれた。「一日でも多く海に出ている人が、それだけ多く海を観察しており、勝っている」という意味である。海に関わった分だけ、イシヤーという意味に満ちた空間が立ち現れる。漁撈は、海を読み、そこから「意味」を見出す行為によって支えられているのである。そして、海を読むことのできる朝汐丸氏であったからこそ、埋め立て後の劇的な海洋環境の変化を読み、イノーでの漁を継続できた。朝汐丸氏にとっては、「海を読む」知識が海の埋め立てを乗り越える武器となったのである。

広大なイノーを埋め立てて建設された大規模漁港は、糸満漁業を活性化させたとはいえない。筆者が調査を行っていた一九九七年、セリ市場が従来の漁港(中ン浜)から新漁港(北ン浜)に移転した。(38) 新漁港は糸満以外の県内漁船や県外漁船の利用できる第三種漁港であったが、糸満の海人以外の利用は伸びなかった。糸満の海人が水揚げする魚も年々減少しており、広いセリ会場にごくわずかな魚が並ぶ光景が、そこにはあった。

糸満で水揚げが減った理由の一つは、イノーを失った糸満近海はもはや「魚湧く海」ではなく、海人たちも魚で生活を築くことが困難になってきたことにある。そのような状況下、若い海人たちは、サンゴ礁の多種多様な魚ではなく、マグロとセーイカ〔ソディカ〕に特化した漁法に従事することが多く、海人の人数も減少傾向にあった。イノーを拠点とし、サンゴ礁域の魚に親しんできた糸満漁民にとって、イノーが埋め立てられることは、藻場など「稚魚の育つ場」を失うことであり、海の豊かさを失うことを意味した。母なるイノーを埋め立てて、漁業振興が成立すると、糸満漁民は本当に考えたのだろうか。

埋め立てについては、多くの海人が語りたがらない。漁業補償という金が絡んだ話だからかもしれない。そのなかで、朝汐丸氏と親戚関係にあり、やはりアンブシ家出身の漁師・上原佑強さんから、次のような話を聞いたことがある。おそらく西崎埋め立ての話がもちあがった日本復帰のころ、イノーを漁場とする糸満漁師たちの間では、諦めと一つの合意があったという。

「自分たちが埋め立てに反対したところで、埋め立てはされるだろう。もはや後継者をつくることを考えず、補償はきちんととれるよう、漁獲と漁業日数を記録するようにしよう」

当時、糸満のイノーを漁場とした漁師のなかで、とくに埋め立ての影響を被るアンブシに従事していた海人は少数だった(39)。年長者は漁師を引退していった。体質的にどうしても沖の漁に適応できなかった海人や、朝汐丸氏のように激変するイノーでも生活の糧を得る力量のある海人だけが、イノーにとどまったのだ。

朝汐丸氏は埋め立て以降、イノーがどのように変遷していったかをとつとつと語った。サンゴが死に、また再生し、護岸壁にカニが集まり、どんな魚がどんなときに増え、どんな魚が姿を見せなくなったか……。そのひとつひとつの小さな事象のつながりが、イノーの生態史としてうかびあがる。

日本復帰にともなう埋め立てをめぐる糸満の社会史と海の生態史、それらをつなぐところに、朝汐丸氏のような海人の漁場開拓の足跡がある。

(1) ご本人の希望に従い、船名を名前の代わりに用いる。
(2) 正確には袋網を入れる場所。アンブシ網の構造については後述する。
(3) イノーは水深が浅いため、海底地形が空中写真に映し出される。この調査には国土地理院撮影の空中写真(一九七七年撮影)と、株式会社きもと撮影の空中写真(九七年撮影)を使用した。
(4) この他にも終戦直後の埋め立てや一九五〇年代の中ン浜西側の埋め立てなどがあるが、いずれも比較的小規模である。中ン浜西側の埋立地は約九・九ヘクタールである[糸満町 一九五八(?)]。
(5) 第三次埋め立ては南浜埋立事業である。南浜埋立事業は一九七二年に埋立願書が提出されたが、工事に着手したのは九五年であり、第四次埋め立て(西崎埋立)に大きく遅れた。
(6) 南浜を埋め立ててつくられた新しい土地が潮崎である。
(7) 二〇〇二年に豊見城市となった。
(8) 一つの漁家が複数の漁法を兼業している場合があるので、この総数は実際の漁家数よりも多い。
(9) ここには豊見城村与根地区の漁師も含まれている。
(10) 八・六計算は、久高島においても報告されている[寺嶋 一九七七、熊倉 一九九八]。
(11) ツイタチズーの四日は、ジュウゴニチズーの一九日と同じものと考える。すなわち、一九日から一五をひいて四日と考え、「八・六計算」を適用する。
(12) 筆者の聞きとり調査において、朝汐丸氏は標準語で話してくださっていたが、方言でしか表現できないことがらについては方言を用い、標準語で解説してくださった。
(13) この図は基本的に朝汐丸氏からの聞きとりによって作成し、糸満漁師・上原皓吉氏によって作成された糸満のイノーの地図も参考にした。上原皓吉氏は私の調査時にはすでに故人であったが、氏が作成した地図を糸満市教育委員会文化課より提供していただいた。
(14) 漁業権海域はもう少し広く、沖縄本島東海岸にも広がる。
(15) イーフ島は、島をつけないときはイーフーと呼び、昔はイーユ島とも呼んだと聞いた。しかし、イーユ島と実際に呼ばれているのを聞いたことはない。
(16) 久高島では、クチは舟だけでなく神が出入りする門と考えられているという[野本 一九九五]。
(17) 図12右端の「ミジャイグチ」は、途中に浅瀬があって実際には口として利用できないが、「昔はサバニで通れたのかもしれない」と朝汐丸氏は言う。また、糸満漁港のすぐ南側の海域に「シラマグチ」という名前がある。これも遠い昔に口であったところかもしれないが、現在は口ではない。
(18)　糸満方言で、北のことをニシという。ちなみに、西はイリー、東はアガリ、南はへーである。
(19)　表7でイシヤー名に↓をつけたものは移動を表す。たとえば6「スイグチシチャ」は、7へ移動している。
(20)　図14-Bでは、イシヤー196のそばにモズク養殖場が確認できる。
(21)　カズオ、ジロウ、サンダーも、並んでいる順番を示す序数の一種と考えることができる。
(22)　朝汐丸氏がこれらのイシヤーを開拓した当時、数年後に使えなくなることまでは予測していなかったかもしれない。しかし、イシヤーが何らかの理由で使えなくなることはよくあり、不測の事態に対して柔軟に対処するためにも、なるべく多くのイシヤーを把握しておくことが重要になると考えられる。
(23)　糸満では、ジンバー【コバンヒメジ他】をカタカシ【ヒメジ】の下位分類名とする人が多い。しかし、朝汐丸氏はジンバーをカタカシから区分している。ゆえに以後、朝汐丸氏が言うカタカシは、カタカシ【ヒメジ】ではなく、カタカシ【ホウライヒメジ他】と表記する。
(24)　網漁のひとつ。ヒータミ網漁では袋網を使わず、干潮時は干上がるほどの浅瀬で操業する。朝汐丸氏は一時期ヒータミ網漁をアンブシと平行して行っていた。
(25)　埋立工事後にチンが一時期とれたが、その後とれなくなったイシヤーとして、朝汐丸氏は図13-Dの37、43、67、68、図13-Cの84～87、112を挙げた。
(26)　仲買による卸値が一斤(六〇〇グラム)あたり一〇〇〇円程度であった。
(27)　他にタマン〔ハマフエフキ〕についても、「埋め立て前はとれる場所が決まっていたが、今はあちこちの深みでとれる」と朝汐丸氏は指摘した。
(28)　この聞きとりは二〇〇二年に行った。
(29)　発話そのままではなく、簡潔に書き直してある。
(30)　アーサは藻類一般を指すこともあるが、とくにヒトエグサを指す場合もある。
(31)　大量の砲弾が鉄の雨のようにふりそそいだことから、このように呼ばれる。
(32)　関礼子は、開発によって海洋環境が変化した沖縄諸島平安座島《へんざ》における漁撈活動に着目し、関わりのあり方によって海は「汚染の海」にも「豊かな海」にもなりうることを指摘した[関　二〇〇四]。

（33）宮古諸島佐良浜の素潜り漁師の漁場認識について研究を行った高橋そよは、漁師が漁場を描画する際の特徴として以下の点を挙げた。すなわち、①地形構造に注目すること、②全体の輪郭を初めに描くのではなく、漁場に関する情報ごとに区分線を引き、その集合として漁場の全体像を描くこと、③特定の漁場と漁場との相対的な位置関係に着目し、それらをつなぎあわせることによって活動域の全体を描くこと、である［高橋 二〇〇四］。この特徴は、素潜り漁師の関心にそって描画がなされた結果、浮かび上がったものだろう。

（34）干瀬の名前。

（35）海域名。

（36）糸満と喜屋武の間、エーギナ島のそばに位置する集落である。

（37）「気づき」は、漁撈や狩猟においてとりわけ重要であることが指摘されている。菅原和孝は、カラハリ砂漠に暮らすグイ（またの名をガナ）の人びと（一般的にはブッシュマンとして知られる）の「ナレ（感づく）」という動詞に着目し、「人間のみならず動物や無生物の世界にまではりめぐらされた相互影響の回路」［菅原 二〇〇〇：一七二］の存在を指摘する。そして、原野を歩き回るという日々の活動のなかで、森羅万象にしなやかな注意力を向けることこそが、狩猟採集民の生存の根本を支える認知活動であると述べた［菅原 二〇〇〇］。また、ティム・インゴルドは、「腕のよい猟師になるほど、多くの知識を持っている。なぜならば、その研ぎ澄まされた知覚システムによって、彼にとって世界はより豊かで深遠なものとなるからである」［Ingold 1996: 142］と述べている。

（38）これに先立ち、一九九四年に糸満魚市場株式会社が設立され、糸満新漁港の活用に乗り出した。しかし、泊漁港（沖縄県漁連）との対立があり、県外漁船が糸満新漁港を利用しにくい状況に陥る。一九九六年、同社は休眠状態となったという。

（39）刺し網漁などは水路を漁場とするため、アンブシほどの影響は被らないという。朝汐丸氏の記憶によると、日本復帰前に糸満でアンブシに従事していたのは九組程度、復帰後は三〜四組であったという。

第４章　「海を読む」知識と技術の進歩

糸満に帰港する上原佑強氏（1998年ごろ）

本章では糸満の底延縄《そこはえなわ》漁師・上原佑強《うえはらゆうきょう》氏の(1)「海を読む」知識を、漁撈技術の進歩や天気予報の精度の向上との関わりから考える。

「海を読む」知識のような自然と深く関わる生活を送る人びとの知識(仮に「人びとの知識」と呼ぶ)は、これまで科学的知識やその産物であるテクノロジーとの比較においてとりあげられることが多かった。「科学的知識―伝統的知識」という対立枠において語られることによって、あたかも科学的知識やテクノロジーから隔絶された知識であるかのような印象を付与されるとともに、科学的知識には欠けている「自然との共生的な関係性」を体現するものとしてしばしば理想化されてきた。しかし、科学的知識やテクノロジーから切り離された社会など想定し難い今日、「人びとの知識」もそれらと無関係ではない。また、知識の保有者にとっての「自然」とはどのようなものかを明らかにする作業を抜きに、「自然との共生的関係性」という外部社会の理念をおしつけることは不適切だろう。

本章では、佑強さんの「海を読む」知識の構築過程に着目し、科学的知識やテクノロジーが「海を読む」知識にいかに取り込まれているかを明らかにすることで、「科学的知識―伝統的知識」という二項対立的枠組みを批判的に乗り越えることをめざす。さらに、佑強さんにとっての「自然(海)」を「海を読む」知識の具体的な記述と漁実践の分析から描き出し、糸満の海と「海を読む」漁師の関係性を浮き彫りにするとともに、漁撈技術の進歩によって「海を読まない」漁が可能になるなかで、海と海人の関係にどのような変容がもたらされてきたかを考察する。

本章の調査方法は、聞きとりを主とする。調査者(筆者)が女性であるため日々の漁に同行して参与観察をすることは困難であったが(2)、しけの日など機会があるごとに聞きとり調査を実施した。そのようにして「海を読む」ことに関する基本的知識を得た後、一九九八年一一月三〇日に船に乗って、漁の実演を観察できた。さらに、一九九六年二月二六日から六月一三日(旧正月から旧暦五月四日のハーレー祭までの出漁期間)の漁撈日誌および糸満漁業協同組合の水揚げ記録を資料として使わせていただいた。

1 「人びとの知識」研究における科学的知識の扱い

「人びとの知識」は、これまでエスノ・サイエンスや伝統的な生態学的知識（traditional ecological knowledge: TEK）などと呼ばれ、科学的知識と対比させて論じられるのが常であった。エスノ・サイエンスは民族の科学、すなわち西欧科学とは異なる知識の総体を指す。

エスノ・サイエンスを研究対象（あるいは研究方法）とする認識人類学的研究では、それぞれの文化を秩序立てる「文化の文法」を客観的な方法論に基づいて抽出することがめざされてきた。エスノ・サイエンスという呼称は、それらの知識が科学的知識に優るとも劣らないという敬意を表すものであるが、民族動物学、民族植物学など好んで研究対象とされたのは、科学との具体的な比較が容易な知識領域であった。また、その記述においては「（人びとの知識は、）科学的な基準によって措定された表記からの一定のずれとして記載されることによって、その姿を明らかにする」［松井一九八九：三六］とされ、科学的知識に参照対象としての特別な地位が与えられていたといえよう。

一方、伝統的な生態学的知識（TEK）は、科学的な生態学的知識（scientific ecological knowledge: SEK）と対になる概念であるが、伝統的な生態学的知識研究の関心は、開発や資源管理などに「人びとの知識」を応用しようとする、より実践的な方向に向けられていった［e.g. Warren,Slikkerveer, and Brokensha 1995］。伝統的な生態学的知識と科学的な生態学的知識をともに活かした共同体基盤型の資源管理（Community-Based Resource Management: CBRM）や、共同管理(Co-Management)への期待が高まるなかで[秋道二〇〇二、Ruddle, Hviding, and Johannes 1992]、そもそも科学の観念である「資源管理」と伝統的な生態学的知識との折り合いをいかにつけるかは大きな課題である[Berkes 1993、Hamilton and Walter 1999、大村二〇〇二]。

このようにエスノ・サイエンスの研究も伝統的な生態学的知識研究も、それらの知識を科学的知識の対概念として設定しており、西欧文化を基礎とした土着の知識の一つである科学的知識を特別扱いしているという批判をまぬがれない[Ellen and Harris 2000]。しかし、その一方で、科学が席巻する現代において、ある社会に生きる「人びとの知識」を科学の影響を抜きに議論することは難しい。

むしろ問題は、エスノ・サイエンスや伝統的な生態学的知識の記述・研究において、それらの知識が科学的知識とは異なる独自の知識体系であることを強調するあまり、科学的知識や科学の産物であるテクノロジーの影響などそれらの知識が被ってきた数々の近代的変化が、ノイズとして取り除かれてきたことにあるのではないか。近代科学に匹敵する民族の知識、あるいは伝統的な知識としてではなく、外部社会の知識をも取り込み再編成された、人びとが日常的に利用している知識に注目する必要があるだろう。

そのうえで問題にしなければならないのが、知識の保有者にとって「自然」とはどのようなものかということである。そもそも「人びとの知識」が関心を集めてきたのは、産業社会における自然と人間の関係性の破綻の原因をユダヤ・キリスト教的コスモロジーである「人間による自然の支配」に求める風潮のなか[White 1967]、「自然と深く関わりながら生きている人びとは、環境と調和して暮らしている」という理想化がなされてきたことに由来している[Ellen 1986]。

松井健は、「自然」という概念は普遍的なものではないとし、「自然の概念そのものが、それぞれの民族集団によって独自の文化装置として用いられ、個別に文化的に画定され、独自に彩色されているとみたほうがよい」［松井一九九七：viii］と指摘する。また篠原徹は、民俗誌的意味での自然と人間の関係は、人びとの自然に対する民俗的知識の束を取り出すことによって分析する以外に論じられないとし、人びとが環境に与えた意味の総体としての「環境イメージ」を抽出し、「民俗自然誌」として記述することを提唱している［篠原一九九〇］。

本章では、沖縄県糸満の一漁師が培ってきた「海を読む」知識をとりあげる。海を読まない者にとっては、ただ青く輝くような海も、「海を読む」漁師の目で見れば、潮や魚や風や海底地質などに関するさまざまな情報の錯綜する、意味にあふれた空間である。本章ではこのような民俗的な意味での自然と人間の関わりを具体的に描き出し、そのうえで海と「海を読む」漁師の関係性を論じたい。

2　上原佑強さんの漁経験

本章は、糸満漁師・上原佑強さんの「海を読む」知識と漁実践の記述である。とくに佑強さんの知識をとりあげたのは、彼が「海を読む」漁に長けた海人であるだけでなく、海を読む知識を巧みに言語化し、筆者に伝えてくれた人だったからである。ちなみに、「海を読む」とは佑強さんの言葉である。

佑強さんは、一九三三年（昭和八年）、糸満のアンブシ（建干網漁）を家業とする家に生まれた。当時の糸満では、子どもたちはイノーの漁から順に漁法を習得した。佑強さんも一六歳で漁を始め、アンブシとパンタタカー（小規模な追い込み網漁）を習得。一八～一九歳にかけては五島列島でアギャーに従事した。二〇歳からは一人前の海人としてパンタカーの漁撈長となり、同じ組でトビウオ追い込み網漁《トゥブートゥエー》も行った。このころ、チンブクジケー（ダツ釣り漁）、ウーガー（アオリイカ竿釣り漁）、サーラ曳き（サワラ曳き縄漁）なども経験したという。一九七二年ごろからは底延縄漁に従事し、調査時に至る。

パヤオ漁とセーイカ漁も一九九〇年代に一シーズン経験したが、また底延縄漁に戻った。いまから船を大きくするのも難儀であるし、「みながパヤオ漁やセーイカ漁に移ってしまうと、セリにアンマーたちが売る魚がなくなる」と、漁協から底延縄漁に戻るよう頼まれたという。また、佑強さんは底延縄漁が好きで、パヤオ漁とセーイカ漁を行ったのも「一度は経験しておきたいと思ったまで」と言う。

調査時の沖縄では、パヤオ漁やセーイカ漁、また糸満ではさほどなされていないが、モズクの養殖がさかんであった。こうした漁においては、漁獲物は必ずしも地元で消費されず、県外にも流通していく。それに対し、底延縄漁はあくまでも地元の市場を対象とし、アンマーたちが販売の担い手の一角となる。佑強さんの漁獲は糸満の市場に直結していたといえる。

佑強さんが漁を始めた一九四九年ごろは、櫂《ウエーク》を漕ぎ、帆《フー》を立てて、サバニ（くり舟）を走らせた。当時のサバニには羅針盤《カラハーイ》が装備されていたものの、近代的な装備はないに等しい。海人として独り立ちした一九五二年にアメリカ製のガソリンエンジンを導入し、七年後の五九年にはヤンマーのディーゼルエンジンを導入した。無線と魚群探知機を導入したのが一九七三年である。

一九七七年にホーラ（自動巻き上げ機）、八〇年に自動操舵機を導入し、漁の省力化を図った。自動操舵機によって、「話にならんほど楽になった」と佑強さんは言う。方向さえ合わせれば自動的に舵がとられるため、漁場に着くまで針に餌を取り付ける作業などができるようになったからだ。ＧＰＳを導入したのは一九九六年である。

図18　底延縄漁の仕組み

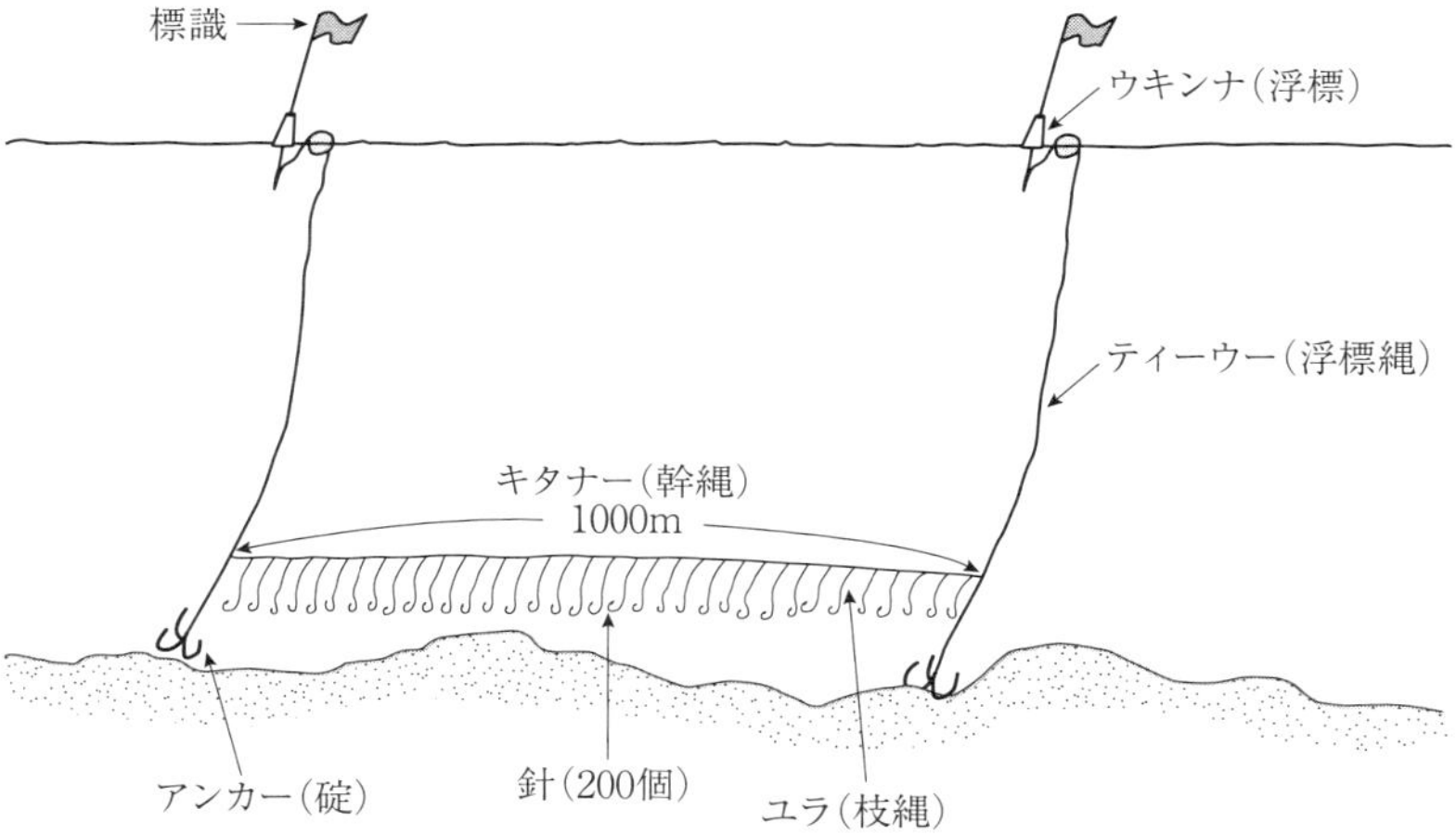

佑強さんが一九九八年当時に乗っていた船は、七八年購入のサバニ型[3]の「艶丸《つやまる》」[4]（二・二五トン）。この年の出漁日数は一〇八日で、水揚げ総額は（漁協の手数料を引いて）約五六〇万円であった。氷や餌、燃料など諸経費約五三万円を引いて年間約五〇七万円の収入は、子どもが独立して妻と二人暮らしの家庭には十分である。出漁するのは一年の約三分の一だから、決して無理をせずに、これだけの収入を得ていることになる。若いころは少々無理をしてでも出漁したが、現在は要領よく漁をしているのだと言う[5]。

底延縄漁は、約一〇〇〇メートルの縄に針を約二〇〇個取り付け、海底を泳ぐ魚がくいつく位置まで縄を沈める仕組みになっている（図18参照）。水深四〇～一六〇メートルの海域、なかでも曽根《スニ》をよい漁場とし、何種類もの底魚を漁獲対象とする。

3　「海を読む」知識と、その構築過程

「海人は、まず朝起きたら浜で天気を見て、風を読み、風と潮

の関係から漁場を選ぶ。それから、ねらいの魚を決めるんだ」と、佑強さんは海を読む手順を話す。

では、具体的にどのように海を読んでいるのだろう。また、漁撈技術の進歩や天気予報の精度の向上は、「海を読む」知識の構築にどのように関わってきたのだろう。ここでは、「漁場を読む」「風を読む」「潮を読む」という三つの側面から、佑強さんの知識とその構築過程を記述する。

(1) 漁場を読む

糸満漁業協同組合のセリでは、漁船ごとに水揚げされた魚が並べられる。魚の上に水揚げした漁船名が書いてあるので、誰が何を釣ってきたかは一目でわかる。佑強さんはセリに来ると、それらの魚をじっと眺める。魚の種類の組み合わせで、どの漁場でとられたのか、今どんな魚がとれるのかを「読んでいる」のだという。セリは海人の情報交換の場でもあり、どの漁場がどんな状態であったかや、どんな魚がとれたかなどについて話される。一方で、そうした情報は人に知られたくない事柄でもある。(6) そこで、魚の組み合わせから漁場を大まかに推測できることとは、海人にとって強みとなる。

底延縄漁は、海底に生息する底魚《スクイユ》をとる漁法である。底魚は生息場所が海底の地質に依存する。佑強さんがふだん利用する海域(水深二〇〇mより浅く、沖縄本島西岸から前島や渡嘉敷島を含む慶良間諸島周辺)について、その海底地質をいかに把握しているかを海図に色分けして表してもらい、それを編集したのが図19である。佑強さんは海底地質を大きく、岩《ヤナ》、グバーリ(サンゴのかけらなどの砂利)、砂《シナ》に分けている。このうち、魚の餌の乏しい砂は底延縄漁の漁場には適さない。

では、佑強さんはどのような過程を経て、こうした知識を構築してきたのだろう。

図19　佑強さんが把握する海底地質

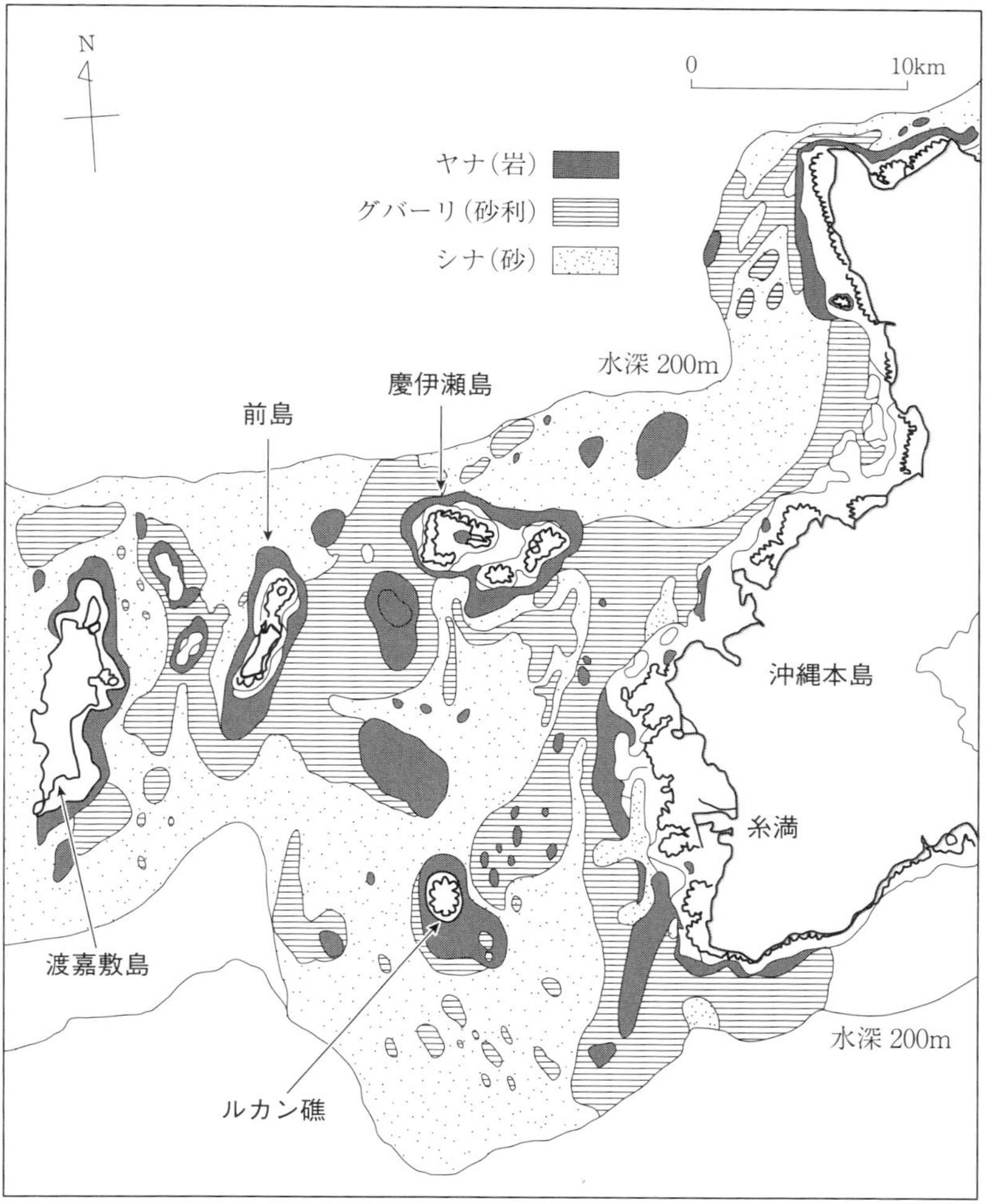

出典：海図[海上保安庁 1982(1997)]をもとに、佑強さんが海底地質を描き込んだ図を編集した。

底延縄漁を始めた一九七〇年代初め、延縄にかかったサンゴや石、魚種を手がかりに海底地質を探ったという。たとえば、フグやカマンタ【エイ】がかかれば地底は砂と推測し、ミーバイ【シロブチハタ他】が多くかかれば地底は岩と推測した。

水深は、縄やいかりを上げるとき、尋数(7)を数えることで把握した。水深は、釣れる魚種によっても推測できる。たとえばアカバニーシルイユ〔タマメイチ他〕を一〇尾もとったとき、その場所の水深は一〇〇メートル以内と推測したが、もう少し先へ船を進めるとアマクチシルイユ〔サザナミダイ〕やマーマチ〔オオヒメ〕がとれるようになった。佑強さんはそのあたりから水深が深くなったと考え、ヤマアテ(8)をして場所を記憶したという。

当時利用していた海図には、ところどころに海底地質や水深が記されていたが、漁にはより細かな情報が必要だった。また、「海図では水深九〇メートルとなっていたが、岩にかかるし、浅いところの魚がとれる。おかしいと思って測ったら五〇メートルぐらいだった」ということもあったという。このような海図の誤差や、海図に書かれていない海底地質や地形に関する情報を、佑強さんは仲間とともに探った。

一九八〇年ごろまでは、エンジンの性能が悪かったため、危険を回避するために数隻で出漁していた。なかでも、慶良間諸島のあたりまで漁に出るときは、六人ぐらいで出漁したという。慶良間諸島近海の「マーク曽根」はよい漁場であるが、曽根からはずれると急に水深が落ち込む。とくに水深一〇〇～二〇〇メートルの段差がある場所は、さまざまな種類の魚がとれる。誰もがそこで釣りたがったが、少し行き過ぎると二〇〇メートルより深みに入り、魚はまったくかかってこない。六人で操業すれば、そんなところに「はまる」人も一人はあり、そのことでどこに段差があるかもわかったという。

佑強さんと友人はある日、マーク曽根でマーマチ〔オオヒメ〕を大量にとった。ところが、そこから少しはずれた場所に縄を入れたところ、魚はくいもしなかった。二人は縄を入れた二地点の間に段差があることを確信し、すぐにヤマアテをして、場所を確認したという。そこは海底が急激に落ち込んでいく場所で、マーマチのよい漁場となっている。(9)

佑強さんが魚群探知機を導入した一九七三年当時、魚群探知機は探知した海底地形や魚群を紙に記録する仕組みになっていた。底延縄漁でとる魚は魚群探知機に映るには小さく、群れになることも少ない。そこで、魚群探知機はもっぱら海底地形を把握するのに役立てられた。一方で、新しい発見もあったという。たとえば、とれる魚の種類から海底に凹凸があると考えていた場所を魚群探知機で見ると平らで、魚とともにエダサンゴのかけらが多くかかる。これらのことから佑強さんは、そこは「サンゴの住みか」で、海底の凹凸がなくともサンゴが豊富に生えている場所はよい漁場になることを知ったそうだ。

このような過程を経て佑強さんは、海底地質、地形、水深、生息魚種を自分なりに把握していく。表８（一九六・一九七ページ）は、佑強さんが認識する漁場の特徴を示している。漁場に関する知識は秘密であるため、ここでは、図20（一九八ページ）に示すとおりA～Mの一三の海域を区分し、漁場（1～37）については地図上に記録せず、どの海域にあるかを表８に記録するにとどめる（たとえば、海域Aには漁場8、9、15、16が含まれる）。表８からは、利用する漁場は海底地質がグバーリ（砂利）か岩で、水深は80メートルまでがほとんどで（「浅」および「中」と記載）、多くの魚種がこの水域でとれることがわかる。

一九九六年に導入したＧＰＳによって、漁場や海上での自分の位置を正確に把握できるようになった。佑強さんは、以前はなんでも目測で測っていたが、ＧＰＳによってポイントの上まで正確に行けるようになり、魚を根こそぎとるようになってしまったと言う。また、雨や霧で視界が悪いときも漁ができるようになるとともに、陸からの

魚種に関する佑強氏の知識

	E		F			G			H	I		J	K					L		M		
37	32	33	29	30	31	24	27	28		25	26		10	11	12	13	14	17	18	19	20	21
ヤ	グ	ヤ	グ	グ	グ	ヤ	ヤ	グ	?	グ	グ	?	ヤ	グ	グ	ヤ	グ	グ	?	グ	ヤ	グ
中	浅	中	浅	中	浅	深	中	中	深	深	深	深	浅	中	中	浅	中	中	深	中	浅	中
				○		○			○	○												
	○		○				○				○				○		○	○				
					○																	
					○		○															
○		○					○							○			○	○		○	○	○
							○										○	○				
													○									
	○		○	○			○				○				○		○	○		○		
												○										○
					○																○	
																					○	○
								○		○	○	○							○			
○	○		○	○	○	○	○				○		○		○	○	○	○				○
			○	○									○	○	○			○				
			○	○	○		○	○		○	○				○		○	○		○	○	○
													○									
○	○		○	○			○								○		○	○				○
	○		○	○			○			○					○		○	○				
			○	○		○	○			○	○	○										

す。
深 80 m より深い。

距離が遠く、ヤマアテが効きにくい漁場での操業も容易になった。

さらに、GPSと自動操舵機を接続すれば自動的に舵がとられる。ただし、糸満に近い海域については、漁場付近までヤマアテで行き、予定地に着くとGPSや魚群探知機を使って位置を特定することも多いという。

(2) 風を読む

佑強さんは、天気によって、漁に出ることが可能かどうか、どの漁場でなら漁ができるかを判断する。とくに風の強さや向きを読み、大潮、小潮といった潮との関係からどの漁場に行くかを決める。風を読むことは海上での安全性も高める。現在は天気予報も欠かさず確認し、テレビで天気図を見る。

表８　それぞれの漁場でとれる

海域	A				B						C		D			
漁場	8	9	15	16	2	3	4	5	6	7	22	23	1	34	35	36
地質	グ	ヤ	ヤ	ヤ	ヤ	ヤ	グ	グ	グ	ヤ・グ	ヤ	ヤ	グ	ヤ	グ	グ
魚種(方名)　水深	中	浅	浅	浅	中	浅・中	中	中	深	浅・中	中	中	中	中	中	浅
マーマチ									○							
タイクチャー									○							
オーマチ													○			
ミーバイ全般																
アカジンミーバイ					○						○	○		○		
ナガジューミーバイ		○		○	○						○	○		○		
クレーミーバイ	○							○								
ユダヤーミーバイ																
シルイユ全般	○			○				○						○		○
アマクチシルイユ													○			
ダルマーシルイユ		○	○			○										
アカバニーシルイユ		○				○										
ナガーグヮーシルイユ								○					○		○	
ヤンバルシルイユ																
タマン	○		○	○				○			○		○		○	○
ヤキー	○	○	○	○		○	○									
ムルー	○		○					○			○		○	○	○	○
クチナギ		○		○						○						
ヤマトゥビー	○			○				○			○					
ガーラ											○	○	○	○		
その他				○	○				○		○	○				

注１:「○」は、その漁場においてその魚種がとれることを表す。
注２:「地質」欄:「ヤ」はヤナ(岩場)、「グ」はグバーリ(砂利)、「？」は不明を表
注３:「水深」欄:「浅」は水深40 m以浅、「中」は水深40～80 m以浅、「深」は水

冬の風

佑強さんの見解によると、冬は北東の風から東、南東の風までが安心して操業できる風向きである。南風から徐々に南西、西へと風向きが変わり始めると、注意しなければならない。じきに北西の風となり、カジマーイ(風廻り)と呼ばれる嵐になる。北西から北北西、北風がカジマーイを起こす風で、これが何日続くかが冬の出漁日数を決める。

しかし、たとえ東風であっても、風が強ければ海は荒れる。糸満は沖縄本島西海岸に面しているため、早朝などは静まり返っており、穏やかな天気と誤解することが多い。海の上で海人がしけと闘っていても、糸満にいる妻たちは「今日はいい天気」と安心して漁獲を待っている。そのような状況を指して、「東風《クシカジ》や、女《イナグ》イソガサー(東風

図 20　漁場の配置と 1998 年 11 月 30 日の出漁場所

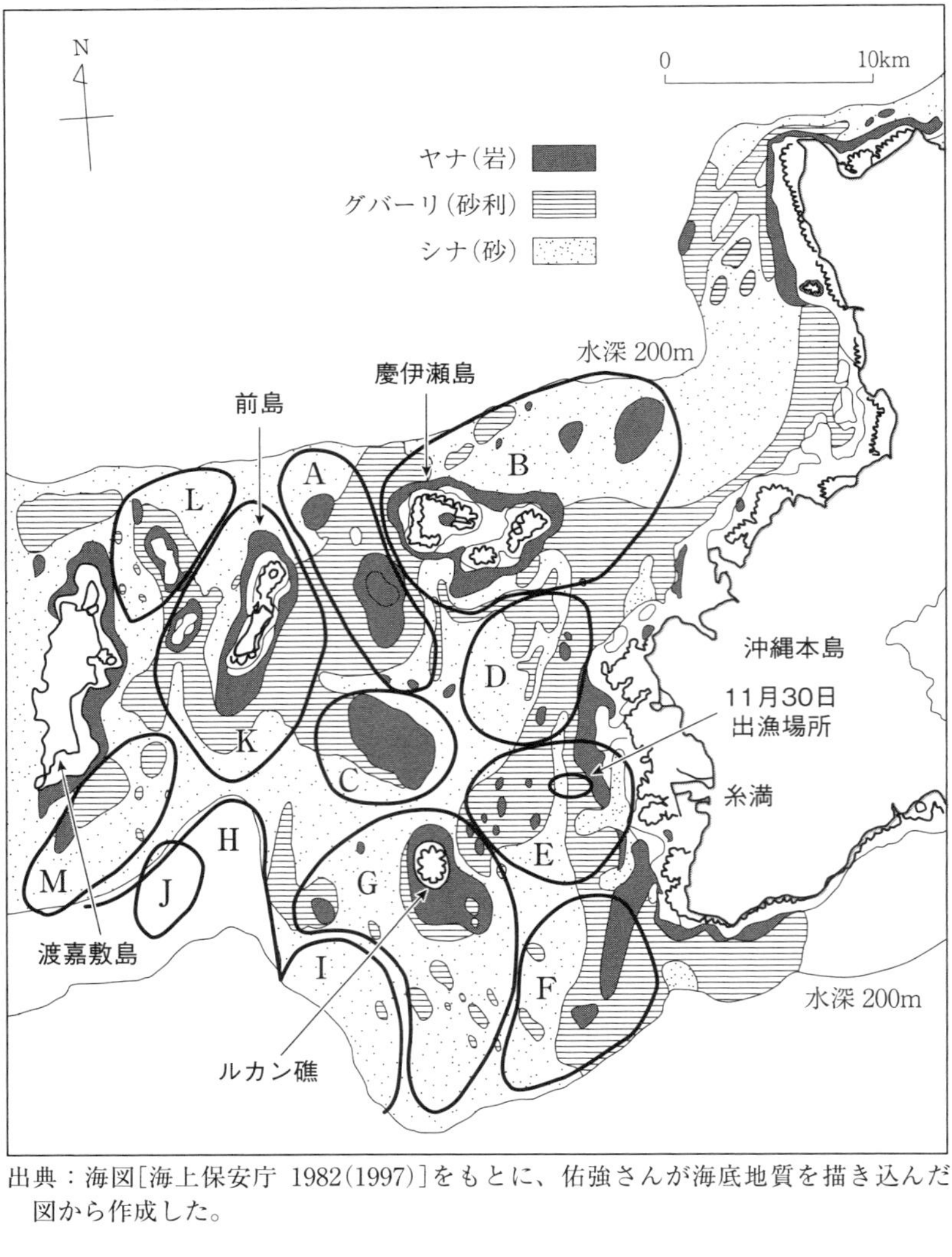

出典：海図[海上保安庁 1982(1997)]をもとに、佑強さんが海底地質を描き込んだ図から作成した。

は女を喜ばせる）」という。このような風は読みにくいため、雲の流れが速い日には警戒する。冬のよい天気の日、急に北風に変わることもある。雨も降らなければ雲もなく、風も強くはない。ただ風が方向を変えていく。こうした現象をシラマーイと呼ぶ。シラマーイは三回までで、四回目にはたいていその数時間後に海がしける。佑強さんは、シラマーイの二回目からは注意しているという。

旧暦一月ごろは、ムリーカジと呼ばれる嵐がみられる。カジマーイは時計回りに風向きが変わるが、ムリーカジでは反時計回りに風向きが変わる。佑強さんは、ムリーカジの来る前の凪《な》ぎの状態を「嵐の前の静けさ」と表現する。やにわに北西から真っ黒な雲があがってきて風が吹き、その後うねりが来る。ムリーカジでは基本的に雨が降らず、風が強い。「ムリーカジは前線をともなわない高気圧だ」と、佑強さんは気象台の用語で解説する。天気予報では、「大陸高気圧による季節風」と説明しているという。

旧暦二月には、二月風廻り《ニングワチカジマーイ》が来る。佑強さんの把握では、立春から数えて四五日目を中心とした前後一週間で、前触れがある。

「まず、イノーでは、ブレークが激しくなるのがわかる。ブレークというのは方言。満ち潮と引き潮の間で、五分おきぐらいで潮が行ったり来たりすることをいう。これはイノーの海人（イノーで操業する海人）がすぐわかる。アンブシなんかでは、袋網が裏返しになって困るわけよ」

また、ハーレーガイ〔未同定：カニ〕の穴が陸のほうを向いていると、二月風廻りが起こる。このころ、カニは外に出て来ない。だから、カニが浜をたくさん歩いていれば、二月風廻り終了の目安になるという。パクパクーアーサ〔未同定：藻類〕(10)が海面にたくさん浮くことも、二月風廻りが過ぎ去ったことを示す指標と考えている。

旧暦四月、雨の中に竜巻のようなものが起こる。この現象をフサーギという。荒れる範囲は狭く、一時間ほどで通りすぎるが、どこに発生するか予測できないので恐ろしい。佑強さんはフサーギを「雨の中で発生した低気圧」と表現する。こんな日に気象台では「風速二〇メートルぐらいで海は荒れる」などと予報しているが、正確ではないと言う。同じころ、アカニサーという北風が吹く。朝は東風で誰が見てもよい天気だが、出漁しているうちに北風となる。帆かけのサバニに乗っていたころは、この風が恐ろしかった。とくに南の海域で漁をしている場合は、アカニサーのためにいくら漕いでもなかなか陸に帰りつけないこともあったという。しかし、エンジンが導入されてからは、アカニサーを気にすることはなくなった。

この時期は芒種雨《ボースアミ》と呼ばれる雨も降り、旧暦五月初めまで続く。五月に入ると荒南風《アラベー》と呼ばれる風が何日か吹き、夏至南風《カーシーベー》が吹いて夏が到来する。

夏の風

恐ろしいのは台風である。佑強さんによれば、夏の風はおもに南から吹いている。風は普通時計回りに、南風から徐々に南西の風になるという動きをする。それが逆行するときは、台風が来ている可能性がある。南風が徐々に南東の風になったときには、逃げることを考えたほうがよい。これが東風になったら、台風は目前である。

今日では台風の到来は天気予報で知ることができるが、佑強さんが漁を始めた終戦直後は、次のエピソードが示すように、台風を自分で予測できなければ危険だった。まだ帆掛けのサバニを使っていた一九五〇年ごろ、アンブシの組の一員として慶良間近海に出漁したときのことである。

「一日目は大漁して、網干して繕っていたら、漁撈長がよ、網たたんで舟に入れろと言うわけよ。うちは『昨日来て、なんでもう帰るか?』って聞いたよ。そうしたら、『台風が来るから今帰らないと危ない』って言ったわけだ。その人は、ずっと空を見ていたよ。南風が、南東の風になってたんだ。これがだんだん東よりになってくると、もう台風が来る。反対する者もいたが、とにかく帰った。そうしたらすぐ、台風が来た。だから、うちはこの人を信じたよ」

再び冬の風

早ければ旧暦八月の終わりごろ、新北風《ミーニシ》が吹き始め、南風中心から北風に変わる。これが冬の始まりである。旧暦一一月になると、本格的な風廻りの季節となり、よい天気が二〜三日しか続かない。「天気図でモンゴルの高気圧が南東に張り出してくると、しける」と佑強さんは言う。旧暦一二月にはアガイケーサーといって、季節風が繰り返しやってくる。佑強さんによると、こんなときの天気図にはモンゴルの高気圧と沖縄近辺の高気圧の間で等圧線の谷間がたくさんできていて、それが通過するたび、めまぐるしく天気が変わるという[11]。

船に性能のよいエンジンが搭載され、天気予報の精度も高くなることで、「天気を読む」知識はあまり必要とされなくなる。佑強さんより上の世代には、ヌーリ雲（上層雲と中層雲の総称）の動きから二〜三日先の天気を読む海人もいたが、佑強さんは雲の勉強をする前に天気予報が普及したため、ヌーリ雲について学ぶ機会を逸した。そのかわり毎日テレビで天気予報を見るため、天気図は慣れ親しんだものとなったという。

（3）潮を読む

「潮は読めない」と佑強さんは言う。もちろん、大潮や小潮といった潮の状態は旧暦のカレンダーで確認しているし、満ち潮《ミッス》と引き潮《ヒース》のような規則的な潮の動きは読める。しかし、たとえば、表層を流れる潮ワースーと、より深いところを流れるヒチャスーが逆行することがある。ワースーの流れはブイの沈み方などからわかるが、ヒチャスーがどちらに走っているかを読む術はない。また、潮は一定して流れるものではない。

「今度はうまく縄をおろした、と思ったとたんに、潮が変わったりするもんなんだ。勘と潮の流れが合うときに大漁するんだよ。大漁と不漁は紙一重よ」(佑強さん)

潮は海人にとって一番の難題である。方言で、魚のくいがよく漁に適した潮をマーサズー(よい潮)と呼び、魚のくいが悪く漁に適さない潮をヤナズー(悪い潮)と呼ぶ。佑強さんは、魚のくいがよい潮では「魚がふだんよりも上がっている(地底から離れている)」と言う。マーサズーは、満ち潮と引き潮に左右される。佑強さんは、沖縄本島西海岸でも残波岬(一八ページ図1参照)より南では、引き潮は北から南に流れ、満ち潮は南から北へ流れるが、残波岬より北では反対になると把握している。すなわちマーサズーは、満ち潮とともに糸満近海では北へ流れ、流れがだんだん弱くなり、満潮とともに潮がいったん停止し、引き潮とともに南へ流れ始めるのだ。

この満ち潮と引き潮の間で潮がいったんとまることを、「潮《スー》が切りたん」という。こんなときに、シチューマチ〔アオダイ〕などが一気に釣れるという。

「たとえばイカでも、地べたに張り付いているときはなかなかとれないが、干潮から満ち潮になるとき、魚は喜ぶんだね。イカなんかも浮いてくる。それをとるんだ(12)」

それに対してヤナズーは、満ち潮や引き潮に大きく左右されない。ヤナズーにはさまざまな状態があるが、満ち潮、引き潮にかかわらず潮が一方向に流れる状態をイッポーバイという。また、潮が上層から海底に至るまでの間に、二重、三重に異なる方向に流れることがある。その場合、縄が重く、しかも地底まで届かない。このような潮をムインカーズーと呼ぶ。

マーサズーとヤナズーは潮流の方向によっても決まる。陸に向けて流れる潮「ウチバイ」と、陸に添って流れる潮「ヒシナギー」は、漁に適している。だが、沖に向けて流れる「フカバイ」の場合は、魚はあまりとれない。潮の強弱も考えなければならない。潮が止まった状態をスーギリ、緩やかに流れる状態をヤーラバイ（柔らかな流れ）、とても早く流れる状態をマギバイ（大きな流れ）と呼ぶ。潮の流れが弱い場合、その日が小潮であれば縄が動かず、魚はくわない。風向きも重要だ。潮流と風向きが逆行するときは、波が岩のように固くなり、船に強い振動をもたらす。こうした現象を佑強さんは潮岩《スーガン》とよぶ。

このように、マーサズーとヤナズーは、さまざまな要素の組み合わせで偶発的に起こるものであり、実際に漁場まで行かないとわからない。潮の動きは、経験を積んだ海人にもほとんど読めない。すぐ近くに張った二本の延縄で、片方は釣れて片方は釣れないということもあるという。

「海には学問的にはわからんことがたくさんあるんだよ。これは体験でしかわからん。うちなんかも、まだこれからが勉強と思っている」と佑強さんは言うのである。(13)

4　知識と漁実践

(1) 風と潮と漁場選択

これらの知識をもとに風や潮を読み、佑強さんはどのように漁場を選択するのだろう。一九九六年二月二六日～

表9　風向きと潮と漁場選択(1996年2月26日〜6月13日の漁撈日誌より)

漁　　場		南西風	西風	北西風	北風	北東風	東風	南東風	南風	風向記載なし
北よりの漁場(海峡)	海域 A							小		中小
	海域 B				小		大小小	小	大	大小
	海域 K						中小	小		中中
	海域 L						小	中	中	中
中間の漁場(海峡なし)	海域 C									大
	海域 D					中				中小
	海域 E					中大	中小	小		
	海域 M									
南よりの漁場(海峡なし)	海域 F					小				
	海域 G				大	大大		大小		中中中
	海域 H									
	海域 I									
	海域 J									
	遠隔地か漁場記載なし					小中		大	中小	小

注1：ある海域における1回の出漁につき、その日の潮汐によって大(大潮)、中(中潮)、小(小潮)のいずれかを記入している。
注2：1日に数カ所の漁場で操業することがある。
注3：風向きについては、「東風〜南東風」という記載があった場合は、東風、南東風それぞれの欄に記入している。

六月一三日の漁撈日誌をもとに、三四回の出漁記録を表9にまとめた。

まず、西風は南西風と北西風も含めて一度も出漁がない。それに対して東風(南東風、北東風を含む)では頻繁に出漁し、漁場は広範囲で選択されている。糸満近海は、東風なら沖縄本島の島陰となるためどの海域でも操業できるのに対し、西風では風を遮るものがほとんどない。そのため、西風での出漁は敬遠されると考えられる。南風(南東風、南西風を含む)では、九日の操業中六日で北よりの海域(A、B、K、L)(一九八ページ図20参照)が選択されている[14]。これは、北よりの海域が風下になることと、いくつかの島の陰を利用できるためである。北風では、風下の海域Gと、海域Bの慶伊瀬《けいせ》島の島陰で操業された。また北東の風の日には、沖縄本島の陰になる海域(D、E、F、G)が選択された。

以上から、佑強さんが風下あるいは島陰となる漁場を選択していることがわかる。

次に潮について見てみよう。表9によると、小潮の出漁一五日のうち一〇日間で、海峡になっている海域（A、B、K、L）が選択された。それに対して大潮の出漁九日のうち、六日で海峡となっていない海域（C、E、G）が選択されている。海峡の海域Bも数度選択されているが、いずれも慶伊瀬島の島陰で操業されていた。また、中潮では、一四日の操業のうち七日で海峡のある海域、残り七日では海峡ではない海域が選択された。

このデータからは、海峡の漁場は大潮の日は避けられ、小潮の日に利用されていることがわかる。海峡では潮の通り道が狭められるため、大潮では潮流が速くなりすぎるからである。逆に小潮では、大潮で操業できなかった海峡が好まれる。潮が弱すぎるのは漁に向かない。海峡の漁場を選ぶのは、ある程度の潮流を期待してのことである。

（2）「海を読む」漁の実践

では、実際の漁活動において、海はいかに読まれているのだろう。一九九八年一一月三〇日（旧暦一〇月一二日）、午前九時から正午まで佑強さんの船に乗り、底延縄漁の実演を観察した。船は艶丸。おもな装備は、ディーゼルエンジン（四〇馬力。最大一〇〇馬力）、魚群探知機と自動操舵機、GPS、無線、ホーラ（自動巻き上げ機）だ。

この日は中潮で、推定干潮時は午前一〇時一三分（糸満）。風が強く、南東の風が漁の途中で南風に変わった。佑強さんが選んだ漁場はE-32（出漁場所は一九八ページ図20を参照）、「南東の風が強かったからクニ（沖縄本島）にかくれる場所を選んだ」という。

自動操舵機で船を走らせながら、餌を針にかけていく。このときは、一〇〇個の針をつけた五〇〇メートルの幹縄を二本用いた。ふだんは一〇〇〇メートルの縄を用いる。この日は質の悪い道具を使い、縄を切る可能性が高かったため、縄を二本に分けたという。餌はムロ〔未同定〕の頭とセーイカ〔ソデイカ〕を交互にかけ、GPSと魚群探知機を使って漁場を特定した。

まず、一本目の縄を海底地質がグバーリ〔砂利〕と砂《シナ》の境界部分、水深四〇メートルに張る。続いて二本目の縄をグバーリと砂の境界部分に張ろうとしたが、砂で水深五〇メートルの海に張ってしまった。この漁場付近の海底地質は、佑強さんの把握によると、岩と砂に挟まれるようにしてグバーリがある〔図20参照〕。岩に縄を張ると、悪天候で縄を切るかもしれない。砂の部分は魚が少ない。グバーリが適当だが、幅が狭いためグバーリと砂の境界部分に縄を張ろうと試みたのである。

二本目の縄を張って約二〇分後、縄を上げ始めた。ふだんは三〇～六〇分ほど縄を入れておく。だが、南東の風から南風に変化しつつあったため、急いで上げた。南風になると、この漁場は沖縄本島の島陰からはずれ、風をまともに受けだす。しかも、潮は北から南に向けて走っており、南から吹く風とぶつかり、海はしけの状態に入りつつあった(15)。

一本目の縄にはガーラ【ナンヨウカイワリ他】、オーマチ〔アオチビキ〕、ムルー〔ホオアカクチビ他〕がかかっており、二本目の縄にはガーラ、ムルー、ナンズラー〔ベラ〕【未同定】がかかった。このうちナンズラーは好んで食されないので、海に捨てられた。

表8〔一九六・一九七ページ〕によると、この漁場〔E-32〕では、オーマチ、シルイユ【サザナミダイ他】、タマン〔ハマフエフキ〕、ヤマトゥビー〔ニセクロホシフエダイ〕、ガーラがおもにとれると把握されている。このうちタマンとヤマトゥビーは夜にとれる魚であり、昼にとれるのはオーマチ、シルイユ、ガーラである。佑強さんが実際にとった魚

図21　佑強氏の魚種別水揚げ量と平均金額(1996年2月26日〜6月13日)

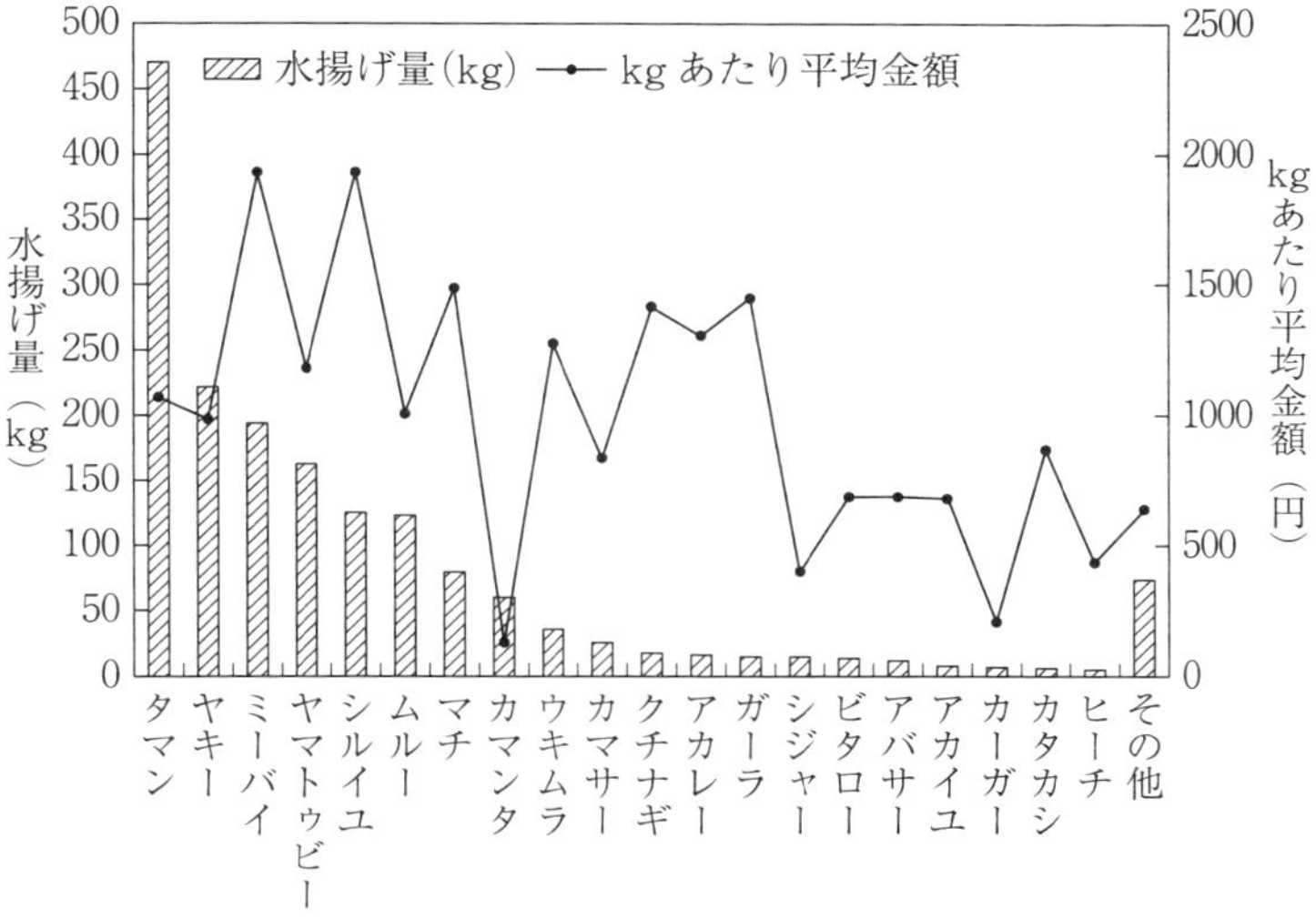

は、オーマチ、ガーラ、ムルーである。ムルーは佑強さんによると「どこでもとれる」。すなわち、シルイユはとれなかったものの佑強さんの認識にほぼ一致した魚種がとれたことになる。

次に、佑強さんの「海を読む」漁を水揚げ実績からみてみよう。図21は、一九九六年二月二六日から六月一三日の出漁による魚種別水揚げ量とキロあたり平均金額[16]を示している。この図によると、多種の魚が捕獲されている一方で、それぞれの水揚げ量にはばらつきがある。キロあたり平均金額について、七五〇円未満を低価格、七五〇円以上一五〇〇円未満を中価格、一五〇〇円以上を高価格と分けて考えてみよう。

高価格の魚にはミーバイ【シロブチハタ他】やシルイユ【サザナミダイ他】がある。これらは一度に多くとれない魚種であるにもかかわらず、比較的多く漁獲されており、「ねらいの魚」であると考えられる。低価格の魚は総じて水揚げ量が少なく、「ねらわない魚」である。例外的にカマンタ【エイ】の水揚げ量が比較的多い。カマンタは糸満では薬効があるとされ、市場価値は低いものの需要がある。中価格の魚では、こ

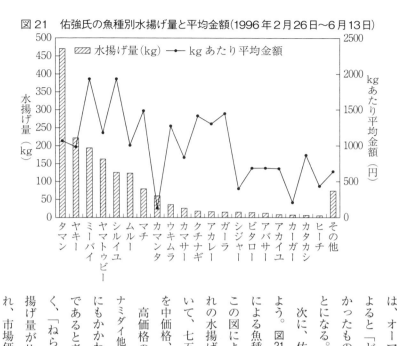

のころ産卵期で群れをなすタマン〔ハマフエフキ〕の水揚げ量がきわめて多く、「時期（旬）の魚」といえる。一方で、中価格でありながら水揚げ量の少ない魚種には、ガーラ【ナンヨウカイワリ他】やほとんど枯渇したというクチナギ〔イソフエフキ他〕などが含まれる。

佑強さんは多種にわたる魚をうまく組み合わせて漁獲し、なるべく高い漁獲高（金額）をめざす。これは、単一あるいは限定された種をねらい、水揚げ量で勝負するセーイカ漁やパヤオ漁との大きな違いである。佑強さんは底延縄漁の醍醐味をこのように語る。

「底延縄は、なんといっても手応えがある。また、魚の種類が豊富。うちは底ものの魚が好きだよ、とるのも、食べるのも。底延縄は、縄を上げるまでが楽しいんだ。ひき応えが楽しい。自分で、どの魚がかかったか当て勝負をしているわけよ。こんなに長くやっていても、底延縄にかかった魚は当てきれない。マチ【オオヒメ他】と思ったらフグだったり、自分でこんなのもわからんかと、あきれることもあるよ」

底延縄漁においては、どんなに経験してもまだまだ予測不可能な要素がある。それを「海を読む」ことによって乗り越えることが、佑強さんがこだわる底延縄漁の魅力である。

5　読めなくなってきた海

(1) 魚の異常

ここ数年、「海が読めなくなった」と佑強さんは言う。約二〇年間記録してきた漁撈日誌のデータが、一九九〇年ごろから合わなくなってきたのだと言う。

「たとえばマーマチ〔オオヒメ〕は、運動会〔新暦一〇月〕のころが時期。数年前の日誌を見ても、二日間で一二〇キロもとっている。子どもたちの運動会より海に行けば大漁するがな、と思ったぐらい。これが今、時期〔旬〕がない。とれないということだ。当時のデータ全部まとめて、そこへ行くだろ、それが全然とれない」

佑強さんは、海の「異常」をこのように語る。マーマチがとれるはずの一〇月にとれないと思えば、時期はずれの三月に大量にとれるなど、想定外のことが頻繁に起こるようになったという。このような「海が読めなくなってきた」現象のなかで、とくに魚に関する佑強さんの知見を以下に記す。

■ヒンガーガーラ〔インドカイワリ他〕

佑強さんによると、底延縄漁の漁獲対象となるおもな魚はほとんどが減少している。しかも、大量にとれる時期が読めなくなった。たとえばヒンガーガーラは、「一二月、新正月〔新暦の正月〕前には、ボーナスのような魚だった」と佑強さんは言う。

「（数年前までは）セリのよ、もう半分ぐらい、ずーっと（ヒンガーガーラを）並べてよ、一人で（底）延縄で五〇〇キログらいとったことがあるよ」と言うように、ヒンガーガーラは大量にとれる時期（旬）のある魚だった。佑強さんは日本復帰前、渡名喜《となき》島周辺で、一七〇個の針をつけた縄で一七〇匹のヒンガーガーラを釣ったことすらあるという。そのヒンガーガーラがここ約八年間、大量にとれることがめったになかったという。

■タマン〔ハマフエフキ〕

魚種によっては産卵期に群れを成すものがある。この時期は、海人にとっては魚をとる絶好の機会である。佑強さんによると、タマン〔ハマフエフキ〕の産卵期は新暦の四月を中心とする約三カ月で、群れを成して曽根などに集まる。このころとれるタマンを「彼岸《ヒンガン》タマン」と呼ぶ。

佑強さんによると、彼岸タマンはまず「ウキン曽根」で産卵し、近接した「ナカン曽根」に移動、「トクマサリ（礁）」を経て「ムーキ曽根」へ移動する。ムーキ曽根に来るころには産卵は終わっているという。このような海人の知識をふまえ、糸満漁業協同組合では、タマンが産卵するウキン曽根とナカン曽根を四月と五月の間、禁漁にしていた[17]。タマンの群れになる時期には、大きな変化はみられないという。

■ヤキー〔アマミフエフキ〕

タマンと同じ民俗分類に含まれるヤキー〔アマミフエフキ〕は、群れになる時期が「読めなくなった」という。佑強さんは、「ヤキーはタマンより一カ月遅れて産卵している」とつかんでいたという。「ウキン曽根」「ナガンヌハーガイ〔浅瀬〕」など、これらの魚が好んで産卵する場所で、タマンが産卵した後ヤキーが来ていた。それが、「今はどこに行っても産卵で群れになるところがない。また、その場所があまり読めない」と言う(18)。また佑強さんは、ヤキーが多く生息するナガンヌハーガイという浅瀬で、近年「親〔となる個体〕がいない」とも指摘している。

■シルイユ【サザナミダイ他】

海人にとってとくに問題となるのは、値段の高い魚の異常である。シルイユは値の高い魚だが、近年たくさんとれる時期がなくなったという。もっとも、シルイユの成魚は「ヤージムヤー〔家に住む魚〕」と呼ばれ、生息場所が決まっている。それらが群れになることはない。群れを成すのはシルイユの小さい個体である。佑強さんは、旧暦八月ごろであれば二〇キロもとれたシルイユがとれなくなったことで、水揚高〔金額〕が落ち込んだと指摘する。シルイユの不漁から、底延縄漁に従事していた海人が何人か他の漁法に切り替えたほどだという。

(2) 漁場の異常

次に、佑強さんの指摘する「海の異常」を漁場ごとに見てみよう。

たとえば渡名喜島近海の「トナキ曽根」は、底延縄漁のよい漁場である。夕方になるとマーマチ〔オオヒメ〕が水深二〇〇メートルから一〇〇〜一一〇メートルにまで上がってくる。このようなマーマチを、とくに「ニンジャーマーマチ〔眠りに来るマーマチ〕」と呼ぶ。しかし、このようなマーマチが近年来なくなったという。日本復帰のころまでは、このトナキ曽根でハヤーミーバイ〔シロブチハタ他〕を一晩に二〇〇キロもとることがあった。近年はそのように大量に魚がとれることがなくなったという。

関する佑強さんの知識

E		F			G			H	I		J	K					L		M		
32	33	29	30	31	24	27	28		25	26		10	11	12	13	14	17	18	19	20	21
												潜							底		
遊												遊	遊						遊	遊	
			△		○			○	○												
○		△				○				○				○		○	○				
				○							△										
				○		○														○	
	○					○							○			○	○		△		○
						○										○	○				
												△									
											○										
○		○	○			○				○				○		○	○		○		
											○										○
				○																○	
																				○	○
							○		△	△	○							○			
○		○	○	○	○	○				○		○		○	○	○	○				○
	枯	○	○	枯	枯	枯						○	○	○			○				
		○	○	○		○	○		○	○				○		○	○		○	○	○
												△									
○		○	○			○								○		○	○				○
○		○	○			○			○					○		○	○				
		○	○		○	○			○	○											

に減少、枯：枯渇。
「ジ」は砂利採取を表す。

糸満近海の「ウキン曽根」もよい漁場であった。佑強さんは一九七〇年の旧暦三月のある晩、一斗缶に入れた魚のあらを餌にして、オーマチ〔アオチビキ〕とタマン〔ハマフエフキ〕を二〇〇キロ釣った思い出がある。現在この曽根には遊漁船が多く、撒き餌の影響でフカ【サメ】が多いという。また、漁業権で守られた水域外に位置するため、アクアラングを利用した潜水漁業者が糸満以外からも来て操業する。この漁法によっても魚がずいぶん減ったと佑強さんは指摘する。岩場が多く、縄を切ってしまう確率も高いので、佑強さんはウキン曽根では漁を行わなくなったという。

表10は、魚の資源量の変化に関する佑強さんの知見を表している。この表は、それぞれの漁場でとれる魚に占める特定

表10　漁場の変化に

魚種（方名）＼海域	A				B						C		D				
漁場	8	9	15	16	2	3	4	5	6	7	22	23	1	34	35	36	37
競合			潜	潜	ア	潜				潜			ジ				
遊漁船		遊		遊		遊											
マーマチ									○								
タイクチャー									○								
オーマチ													△				
ミーバイ全般											△						
アカジンミーバイ					×						枯	○		△			
ナガジューミーバイ		○		×	×						△	○		△			枯
クレーミーバイ	○							○									
ユダヤーミーバイ																	
シラカーミーバイ																	
シルイユ全般	○			×				○						△		○	
アマクチシルイユ													△				
ダルマーシルイユ		○	×			△											
アカバニーシルイユ		○				△					枯						
ナガーグヮーシルイユ													△		○		
ヤンバルシルイユ																	
タマン	○		×	×				○			△		△	△	○	○	○
ヤキー	○	○	×	×		△	○										枯
ムルー	○		×					△			△		△	△	○	○	
クチナギ		○		×		枯				枯							
ヤマトゥビー	○			×				○			△						○
ガーラ											△	○	△	△			
その他				×	×				○		△	○					

注1：○：その漁場でとれる魚の相対量に大きな変化なし、△：減少、×：大幅
注2：「競合」の欄：「潜」は潜水漁、「ア」はアカジン曳き、「底」は底延縄漁、
注3：「遊漁船」の欄：「遊」は遊漁船が多いことを表す。

魚種の割合の変化（相対量の変化）を表しており、すべての漁場でとれる魚の絶対量は減っているという。

「ある漁場で特定の魚種が枯渇した」と指摘された例には、漁場D－37、E－33、F－31、G－24、G－27におけるヤキー（アマミフエフキ）、漁場B－3とB－7におけるクチナギ（イソフエフキ他）、漁場C－22におけるアカジンミーバイ（スジアラ）とアカバニーシルイユ（タマメイチ他）、漁場D－37におけるナガジューミーバイ（バラハタ）がある。なかでもクチナギは、「ほとんどいなくなった」と指摘されている。「どの魚も大幅にとれなくなった」と指摘されたのが、漁場A－15、A－16、B－2である。これらの漁場ほどではないが、「どの魚も減少した」と指摘されたのが、漁場B－3、C－22、

D―1、D―34である。

魚が減っただけでなく、「操業がやりづらくなっている」漁場としては、砂利採取がなされていた漁場D―1と、遊漁船が多くて延縄の縄を張れないほどだったというB―3が挙げられる。さらに、「特定の漁法が漁場を荒らした」と指摘されたのが、漁場A―15、A―16、B―3、B―7、K―10におけるアクアラングを用いた潜水漁、漁場B―2におけるアカジン曳き、漁場M―19における底延縄漁である。「遊漁船が多い」と指摘されたのは、漁場A―9、A―16、B―3、E―32、K―10、K―11、M―19、M―20である。

もっとも、こうした魚の減少や、とれるべきときにその魚がとれないなどの「海の異常」は、生活排水や埋立工事などによる海の透明度の低下や、イノーを埋め立てたことによる藻場の減少とも関係していると佑強さんは考えている。また、調査時の一九九八年にはサンゴの白化が沖縄でも大きな問題となっていた。佑強さんによると、イッチョウサバ〔イタチザメ〕の小さい個体が大量に発生したり、ハブクラゲが糸満の漁港内にまで入ってくるという異常も見られたという。

6 海を読んで漁をすること

(1)「海を読む」知識の構築と技術の進歩

佑強さんは、広大な海から目的とする魚をとるために「海を読む」知識を培ってきた。天気予報や新しい漁撈技術の導入は、それにどのような影響を及ぼしてきただろうか。

佑強さんは、「このような現象を方言では～と言うが、気象台の説明ではこういうことらしい」という語りをしばしばする。たとえば、「ムリーカジは、前線をともなわない高気圧」「アガイケーサーは、高気圧の間に幾重にも発生した等圧線の谷間」などである。

天気予報によってもたらされる知識は、これまで体験的に把握していた気象現象の仕組みを西欧科学の説明体系において明示する。天気図は雲の様子や気圧配置、前線などを示し、ふだんはその只中で体験する気象現象が鳥瞰図上で説明される。たとえば、「旧(暦)の八月ごろ、風はないのに波だけ相当大きいのがくることがある。これをトゥミナミというが、気象台の予報を見ていると、バシー海峡の西あたり、沖縄の西を大きな台風が通っているよ。その余波だね」という佑強さんの発言は、トゥミナミという波を海上で体験する視点と、フィリピン・台湾間にあるバシー海峡まで視野に入れた鳥瞰的視点が、共存していることを示す。

天気予報が普及することで、糸満で培われてきた知識が顧みられなくなった例もある。佑強さんより上の世代には雲を手がかりに二～三日先の天気を予測する海人もあったというが、佑強さんは雲からは当日の天気しかわからない。一方で天気予報がもたらす情報は、海人にとって決して十分ではない。たとえば、雨の中に突如おこる嵐フサーギは、海人にも気象台にもほとんど予測できない。二月風廻り《ニングワチカジマーイ》が終わったかどうかの判断を、気象台が海人に求めてくることもあるという。

「海を読む」漁師にとって、天気予報は、空の鳥瞰的なヴィジョンとともに、気象現象に因果論的な説明をもたらした。それは、体験的に知っている気象現象に異なる角度から光を当て、その再解釈を促す。天気予報がもたらす科学的知識は、実践的なきめ細かさを備えていない。それが土地の文脈に合うものに翻訳され、「海を読む」知識に取り込まれることで、経験的知識に新たな意味を加え、再生させるのである。

魚群探知機も、佑強さんの「海を読む」知識構築に大きく寄与した。底延縄漁を始めたころは、仲間と出漁し、手探りで海底地形や地質を把握しようと試みていた。一九七三年に魚群探知機を導入し、それまで想像していた海底地形が目に見えるものになる。当時の魚群探知機は紙面に魚影や海底の断面図を記録する仕組みになっており、佑強さんは魚群探知機を用いてそれまで築いてきた知識を検証するとともに、海底地形のさらなる探索を行った。また、海底が平らでもサンゴがたくさん生えている場所ならよい漁場になることなど、魚群探知機によって新しく得た知見もある(19)。

その一方で、佑強さんの「海を読む」知識の構築にさほど影響を与えなかったのがGPSである。GPSは海上における自己の位置や漁場の位置、航跡などを画面上に提示するが、そうした機能は佑強さんにはさほど必要ではなかった。佑強さんは、操業海域に行ってからより正確な位置を特定したり、新しく発見したポイントを記憶にとどめるため登録するなど、GPSを補助的に利用している。GPSを重宝するのは、陸から遠くヤマアテの誤差が大きくなる場合や、霧が深い場合などである。

底延縄漁を始めてまもないころの佑強さんが漁場に関する知識を構築するにあたり、魚群探知機は重要な働きを担った。それに対してGPSは、漁場認識にさほど影響を与えなかった。すでに深く親しんだ海域について、GPSでのみ得られ、かつ必要な情報は、佑強さんにはほとんどなかったものと推察される。

佑強さんの「海を読む」知識の構築からは、これまで近代技術と対立するものとしてとらえられがちであった「海を読む」知識が、その構築過程において、天気予報や漁撈技術の影響を強く受けていることがわかる。天気図や魚群探知機などによって提示される自然の新しいヴィジョンや天気予報がもたらす気象の解説は、佑強さんが培ってきた知識に照らし合わされ、自然現象を再解釈することを経て、「海を読む」知識に取り込まれてきたのである。

(2)「海を読む」漁と「海を読まない」漁

漁撈技術の進歩は、今に始まったことではない。漁師たちははるか昔から舟や漁具を開発し、新たな技術を導入してきた。たとえば、沖縄の人びとは荒波をかぶって転覆こそすれ沈没はしないサバニを開発した。サバニにエンジンが導入されると、沖の漁場にも単独で出漁できるようになった。そして、エンジンの性能が向上するとともに、海上でしけにあってもより速く「逃げて帰る」ことができるようになった。このように、技術の進歩によって海人の海への関わり方は徐々に変化してきたと考えられる。

しかし、近年開発されたいくつかの技術は、海と海人の関係に大きな転換をもたらした。なぜなら、それらは「海を読む」行為の部分的な省略を可能にしたからである。

たとえば一昔前の海人は、ヤマアテをして海上での位置を特定した。ヤマアテでは、目印となる島や岩の重なり具合を「読む」ことで、海上での自己の位置が認識される。それに対してＧＰＳでは、画面上の地図に漁場や船の位置が示されるほか、ＧＰＳと自動操舵機を接続すれば、とくに何もしなくても海上の特定の地点に到達できる。すなわち、ＧＰＳの導入によって、「海を読む」ことなく、海上での位置を特定したり目的地に到達したりできるようになったのである。ＧＰＳだけではない。魚群探知機の導入により、魚群や海底地形が目に見えるものになった。また、天気予報の精度の向上によって、自分で天気を読まなくてもひととおりの危険は回避できるようになった。これら技術の進歩を受けて漁撈は容易になり、今日では遊漁者さえも漁師を脅かす存在となっている。

調査時の沖縄の海では、数多くの遊漁船が操業していた[20]。遊漁船にはGPSなどの装備が基本的に完備されている。遊漁者は経費を惜しまず、よい餌や道具を使うことが多い。佑強さんは言う。

「うち一人に言わせれば、GPSはないほうがいいよ。それだったら経験のある者がたくさんとれるのに」

技術の進歩によって海を読まない人でも魚がとれるようになり、知識や経験のある人の優位性を保つことが難しくなってきていることを、この言葉は示している。

佑強さんにとって「海を読む」行為は、まず何よりも海の予測不可能性を克服する試みである。同時に佑強さんは、縄をひくときの手応え、とれる魚種の豊富さゆえに、底延縄漁が好きだと言う。縄を上げるまでの間、どの魚がかかっているか当てようとするが、いまだにぴったり当てられない。その予測不可能性が楽しいと言う。このように、「海を読む」漁においては、海の予測不可能性を乗り越えようとすると同時に、それを楽しむ関係が結ばれている。

それに対し、「海を読む」ことを技術に肩代わりさせた漁においては、海の予測不可能性はできるかぎり取り除かれる対象となる。魚群探知機は魚影を目に見えるものにし、GPSは海上での自己の位置を特定する。天気予報を聞いていれば、ひととおりの危険は回避できる。近年、GPSが故障することで港に帰れなくなる漁師もあるというが、「読む」ことを試みられない海は、コミュニケーションのとれない他者として立ちはだかるのである。このような海の「予測不可能性」への二つの異なる態度に、糸満における海と人の関係性の転換を見ることができよう。

篠原徹は、「道具の改良を最小限にして、まわりの環境や自然についての知識を増大させることによって生産性をあげる方法」を技能と呼び、「道具を改良することによって誰でも生産性をあげることのできる画一的な方法」

を技術と呼んでいる[篠原 一九九四：一一九]。佑強さんの知識構築と漁実践の分析から明らかになったのは、天気予報や漁撈技術が「技能」に導入される場合と、「技術」として利用される場合があるということだ。篠原の言う技能と技術は、本章では「海を読む漁」と「海を読まない漁」に対応する。それらを分けるのは近代技術そのものではなく、海の予測不可能性を「海を読む」ことで乗り越えようとするか、天気予報や漁撈技術がもたらす情報によって取り除こうとするか、という海へのアプローチ方法の違いから生じるものなのである。

佑強さんは、天気予報や漁撈技術がもたらした自然の新しいヴィジョンや説明体系を自己の知識に取り込むことで、より深く「海を読む」ことを試みている。潮に代表されるように、海に関する未知の領域は広大である。その予測不可能性と向き合い、乗り越えることが、「海を読む」漁の醍醐味でもある。だが、天気予報や漁撈技術がもたらす情報に依存しているかぎり、海の予測不可能性は淘汰されるべきものでしかない。

この数十年、沖縄の海は激しく変化してきた[小橋川・目崎 一九八九、吉嶺 一九九一]。土砂流出や生活排水による海の汚濁、汚染が起こり、とくに糸満では、大規模なイノーの埋め立てが一九六〇年代から現在にかけてなされてきた。漁撈技術の進歩による魚のとりすぎも、大きな問題のひとつである。(21) さらに調査時の一九九八年は、サンゴの白化が問題となった。こうした複合的な問題をかかえ、近年「海が読めなくなってきた」と佑強さんは指摘する。

大漁となるはずの時期にとれなくなったマーマチ〔オオヒメ〕やヒンガーガーラ〔インドカイワリ他〕、産卵の時期や場所が読めなくなったヤキー〔アマミフエフキ〕、トナキ曽根に眠りに来なくなったマーマチ〔オオヒメ〕、ウキン曽根に増えたサメ。これらの「異常」のなかには、撒き餌の影響でサメが増えた例など因果関係が推測できるものもある。しかし、ほとんどの場合、さまざまな要因が複合的に絡み合っており、原因の特定は困難である。また、異常気象ともなると、その原因は地元の文脈をはるかにこえたグローバルな世界にあり、サンゴの白化やイッチョウサバ〔イタチザメ〕の大量発生という現象のみが海人の眼前で展開する。

佑強さんは、これらの「異常」を経験的データとして記憶する。それが明日、明後日の漁獲につながることはなくても、そのデータ群からやがて何か「意味」が読める日が来るかもしれない。

「海人は一生研究」と佑強さんは言う。その言葉は、「海は決して読みきれないもの」という海の大きさへの深い理解を表しているように思われる。「海を読む」漁は、永遠に予測不可能な海への等身大の挑戦なのである。

（1）糸満には上原姓の人が多いため、以下「佑強さん」と名前を記す。
（2）糸満では女性を船に乗せることはタブーである。船の神が女性であるため、「嫉妬する」からと説明されることが多い。また、一人で操業する海人の船に若い女性が乗り込むことは、社会的に見てもタブーだった。
（3）舟底が平底ではなく逆三角形のものを指す。
（4）子どもの名前にちなんでつけた。糸満では、船の名前に家族の名前を一部分使うことは縁起がよいとされている。
（5）佑強さんは糸満を代表する腕のよい漁師の一人だ。底延縄漁を始めて二年目の一九七三年には、糸満漁業協同組合の底延縄漁における水揚げ一位となり、以後長年にわたりその位置を維持した。調査当時は出漁日数を減らしたため、水揚げも減っていた。
（6）漁の合間などに海の状態や天候、その場所で何をとったかなどの情報交換が仲間うちでなされることは、広く見られる〔たとえば、煎本 一九七七b〕。だが、そうした「語られた」情報がある一方で、語られない情報もある。その場は情報交換の場であると同時に、情報の探り合いの場でもあるといえよう。
（7）一尋はおとなが両腕を伸ばした長さ（約一・八メートル）。
（8）陸上の目印の見え方から海上での位置を特定する方法。
（9）マーマチの生息域は水深一〇〇メートル以深である〔益田・尼岡ほか 一九八八（一九八四初版）〕。
（10）佑強さんはパクパクーアーサをホンダワラであると指摘しているが、未同定である。

(11) 帆かけのサバニを使っていた時代は、風を読むことは今日とは比べものにならないくらい重要だった。そのことを反映し、風向きの呼称には舟の走行方向に依存するものがある。ワーラバイといえば向かい風、ヒチハラバイといえば追い風、ユクサンバイといえば横から来る風、ウサギーバイといえば斜めから来る風を表す。たとえばサバニに帆をかけるには、ワーラバイではなくウサギーバイが適していたという。

(12) 潮が切れるときは、イノーであればほぼ時間がわかる。しかし、沖になるとまったく読めないという。時と場所によっては、一日中一方向にのみ潮が流れることもあり、その流れの強さもさっぱり予測できない。

(13) 潮とは異なるが、海水の動きとして重要なものに、ムサ（うねり）がある。佑強さんは、「ムサは海人の羅針盤」と言う。ムサは一日の間にほとんど方向を変えないため、漁に出たときに方向を頭に入れておけば、夜、嵐にあっても方向を見失うことがないという。ムサの大きさから台風を予測することもできる。

(14) 地図外の遠隔地に出漁した場合や操業場所の記録のない場合は除外して考える。

(15) このとき、潮の流れと風の流れが逆行し、ぶつかり合うことで海面が岩のように固くなる「潮岩《スーガン》」が起きていた。

(16) 佑強さんのこの期間の水揚げ記録から割り出した。

(17) この取り組みは二〇〇二年に開始された。

(18) 魚類の資源研究に携わっている海老沢明彦氏（沖縄水産試験場）は、「海が読めなくなった」最大の理由は、魚の資源量の減少にあると考えている。佑強さんの「タマンの資源量と産卵時期は変化していない」という指摘は、タマンの資源量がもともときわめて多いことと関係しているというのが海老沢氏の考えである。佑強さんが「読めなくなった」と指摘するヤキーについては、実証的データから、資源量の著しい減少が報告されている［海老沢 一九九五］。

(19) 沖縄県久高島でパヤオ漁の研究を行った内藤直樹は、漁撈技術の進歩によってそれまで見えなかったことが見えるようになり、ふれることのできる世界が拡大することで、新たな自然との関わりが生まれるという見解を示した［内藤 一九九九］。また卯田宗平は、琵琶湖のゴリ曳き網漁においてGPSがいかにヤマアテに取り入れられているかを分析し、GPSが導入されたからといって旧来のヤマアテが放棄されるわけではなく、新・旧の技術がトレードされ、海上での位置認識方法が相互補完的に進展していることを指摘した［卯田 二〇〇一］。

(20) 那覇市と糸満市における年間の延べ遊漁者数は、一九九八年現在、約一〇万五八〇〇人にのぼる［農林水産省経済局統計情報部 二〇〇〇］。

(21) 沖縄の底魚の漁獲量は、一九八〇年まで急激に増加したが、それ以降は急激な減少傾向にあることが指摘されているつかなくなったことを示唆している。

[鹿熊 二〇〇二]。これは、漁撈技術の進歩によって漁獲量が伸びたものの、捕獲圧が大きすぎて魚資源の再生力が追い

第5章　天気を読んだ記憶

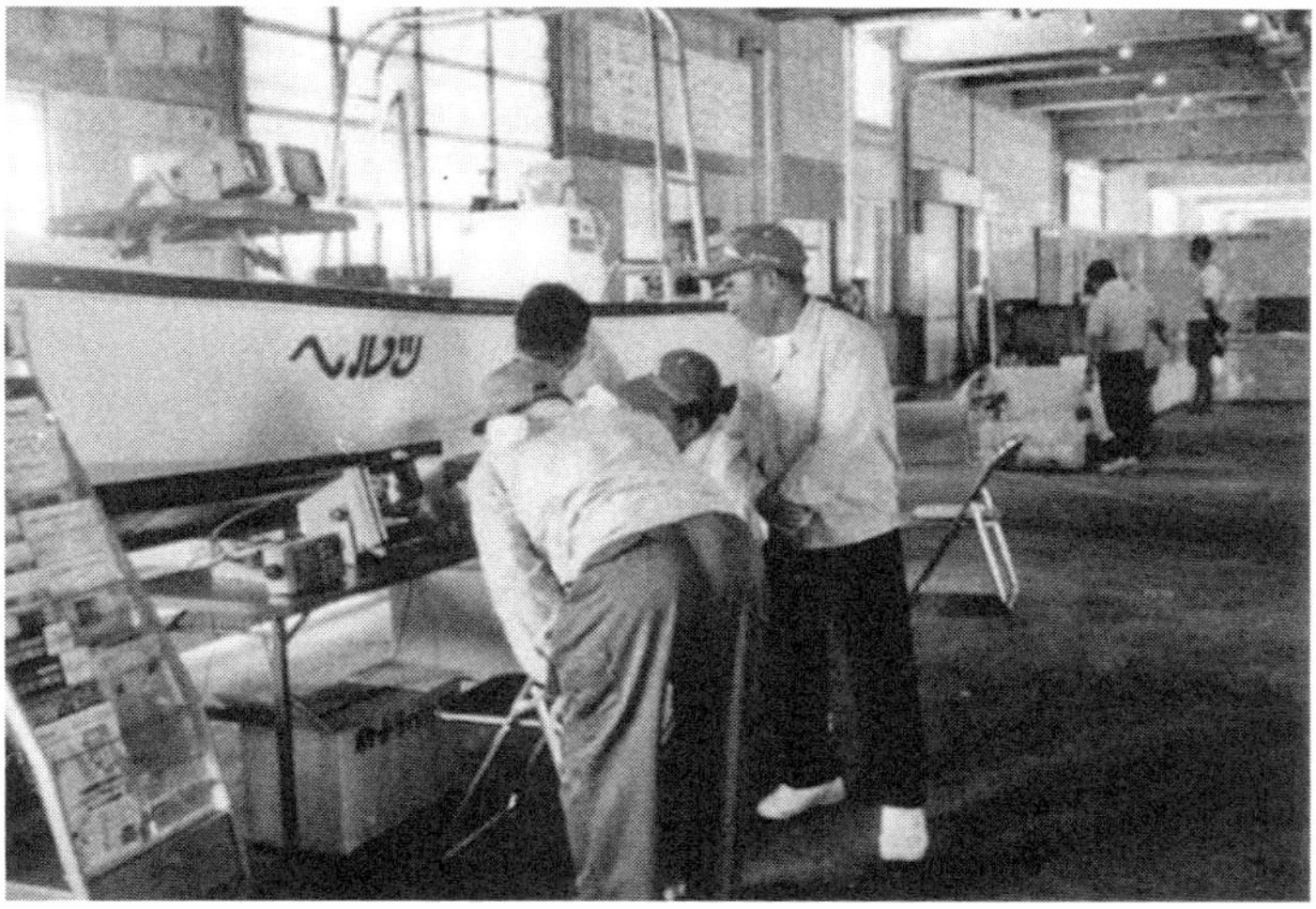

新しい装備に興味津々の海人たち（1998 年ごろ）

これまで朝汐丸氏と上原佑強氏の海を読む知識について論じてきた。この二人は同世代で、ともに卓越した海人である。糸満の海人すべてが彼らのように深く「海を読む」ことができるわけではない。

本章では糸満漁師を集団としてとらえ、調査に協力していただいた四八人の漁経験や、漁撈技術・天気予報の進歩が彼らの「天気を読む」知識にいかに関わっているかを分析する。それによって、第二次世界大戦後の漁師と自然の関わりの変遷を、糸満漁民集団の傾向として浮き彫りにすることを試みる。調査方法は、四八人の糸満漁師に行った聞きとりを主とする。[1] 聞きとりの内容は、①「いつ、どのような漁法に従事してきたか」、②「いつ、どのような装備を導入したか」、および③天気に関する以下の三つの質問、A「台風をどのように予測するか」、B「二月風廻り《ニングワチカジマーイ》(旧暦二月の大嵐)をどのように予測するか」、C「しけをどのように予測するか」である。[2]

1　四八人の漁経験と技術の進歩

まず、インタビューを行った四八人の海人の漁経験を分析する。表11に、それぞれの漁経験を、漁に従事した年数、従事した漁法、操業海域によってまとめた。[3]

漁に従事した年数が五一年以上を「漁経験の長い海人」、二一年以上五一年未満を「中堅の海人」、二一年未満を「漁経験の短い海人」とし、それぞれ「長」「中」「短」と記した。過去に一一年未満の漁経験があるが、調査時には引退していた場合は「一時期漁に従事した人」とし、「一時」と記した。

また、海人が経験した漁法を操業形態によって三種に分けて記した。すなわち、○は個人操業をする漁法、◎は二人～数人で操業する漁法、[4]●は集団で操業する漁法を表す。それぞれの漁師が最初に経験した漁法は、点線で囲って示した。なお、ここで言及する漁法の概要は表1（三八・三九ページ）にまとめたとおりである。

さらに操業海域について、イノー（礁池）とヒシンクシ（礁斜面）を「浅い海」、フカを「外海」と分類する。そして、操業海域の浅い順に、漁場A（イノー）、漁場B（ヒシンクシ）、漁場C（曽根《スニ》など比較的浅いフカ）、漁場D（フカ）と分けて考える。

この調査への協力を得た海人は、一九九八年において最高齢の海人1が八七歳、もっとも若い海人48が二九歳であった。海人1、海人2といった番号は、高齢者から年齢順になっている。したがって、この表は高齢の海人が漁を始めた一九二〇年代から調査時の九〇年代までに、筆者が調査を行った四八人の糸満漁師が従事した漁法を表していることになる。

表11からは、糸満では浅い海のみで漁を行った海人は少数であることがわかる。網漁を家業とする漁師や、一九六〇年代までに漁に一時期従事しただけで、おもに陸の仕事に従事してきた人などが、この層に含まれる。外海でのみ漁を行ってきた海人には、ほとんどの「漁経験の短い海人」と一部の「中堅の海人」が含まれる。この層の人びとは調査時現在、パヤオ漁とセーイカ漁にかけもちで従事することが多かった。とくに、年が若く漁経験の短い海人[5]は、この二つの漁法に従事することが多く、他の漁法を経験していない人も少なくなかった。

それに対して、ほとんどの「漁経験の長い海人」と多くの「中堅の海人」は、浅い海と外海の双方でさまざまな漁法を経験してきた。それは集団漁から個人漁へ、浅い漁場から深い漁場へという、戦後の糸満漁業の変遷を個人が経験してきた結果であると同時に、海人が自分の年齢に見合った漁法に切り替えてきた結果でもある。[6]たとえばアカジン曳きは、導入期には手で縄を上げたためかなりの労力を必要とする漁法であった。しかし、ホーラ（自動

経験した漁法

深い海域を経験した海人																		深い海域のみ経験した海人													
6	10	13	14	18	19	22	24	25	26	28	29	30	33	34	37	38	44	3	20	23	35	41	36	39	40	42	43	45	46	47	48
中																	短	一時	中				短								
									○																						
	○	○		○																											
											○		○	○			○														
◎	◎		◎				◎			◎		◎	◎	◎		◎															
●	●		●	●		●	●			●	●		●	●		●															
												◎																			
															○																
	○								○																						
●																															
						●							●																		
			●	●		●																									
				○							○	○	○	○																	
			○																												
					○	○	○	○		○				○	○																
●	●		●	●									●					●													
			○			○		○	○	○	○	○		○		○	○		○	○	○	○	○	○						◎	
												○																			
	○				○																										
			○																												
◎						◎								◎		◎					○	◎					◎			◎	
		○		◎	○			○	○										○					○							
								○							○				○												
	○		○				○	○	○	○	○	○			○	○			○	○	○		○	○	○	○	○	○	◎		○
			○		○		○	○	○	○	○			○	○	○				○	○	◎	○	○	○	○	○	○	◎	◎	○
					○										○																
									●							●		●			●										
					○										○																
●						●					●				●	●															
●		◎	○	●	●			○	○			○		○	○																

した場合も含む)、●：集団操業。

年未満、「一時」は過去に 11 年未満の漁経験があるが調査時は引退していた海人を示す。

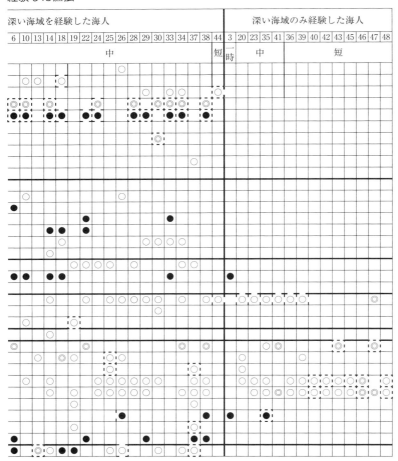

表11　48人の海人が

漁法と主な操業海域		海人の漁経験と漁従事年数	浅い海域のみ経験した海人						浅い海域と									
			16	21	11	17	31	32	2	1	4	5	7	8	9	12	15	27
			一時		長	中			一時	長								
浅い海	A　イノー（礁池）	タコ漁										○						
		潜水漁												○				
		電灯潜り漁												○				○
		アンブシ		◎	◎			◎	◎	◎	◎		◎		◎			◎
		パンタタカー	●	●	●			●	●		●		●		●			●
		クブシミイザイ網漁			◎													
		ユーアミタカアミ			◎													
		小型定置網漁				○												
		刺し網漁						◎		○	○		○					
		ガイクワーセ（カニ網漁）												○				
	B　ヒシンクシ（礁斜面）	採貝漁	◎				◎					◎		◎	◎			
		アカイカ曳き																
		スズメダイ追い込み網漁	●						●					●	●	●	●	●
		ダツ追い込み網漁	●	●														
		トビウオ追い込み網漁	●	●					●									
		エビ漁		○								○		○				○
		チンブクジケー（ダツ釣り漁）																
外海	BとC	アカジン曳き										○	○	○	○	○	○	
		アギャー							●	●	●	●	●		●			
	C　曽根など比較的浅いフカ（外海）	底延縄漁										○				○	○	
		アサイガイ漁（アサヒガニ網漁）														○		
		タティナー（一本釣り）																
	CとD	サーラ曳き									○							
	D　外海	浮き延縄漁																
		深海一本釣り																
		トビイカ釣り漁							○					○				
		パヤオ漁																○
		セーイカ漁																
		カジキ曳き縄漁										○		○				
		カツオ一本釣り漁													●			
		カツオ曳き縄漁															○	
		マグロ延縄漁（マグロ船）													●			
		その他		◎		○	○											

注1：○：個人操業、◎：2人～数人で操業（1人で操業できるが、漁の習得のため数人で操業
注2：点線枠：漁師になった初めの年に従事した漁法を示す。
注3：漁従事年数の欄：「長」は漁経験が51年以上、「中」は21年以上51年未満、「短」は21
注4：数字は海人の識別番号である。
出典：48人の海人からの聞きとりより作成。

巻き上げ機）の導入により高齢者でも無理なく操業できるようになった。この漁法では、海底の岩《ヤナ》などに縄を引っ掛けないために知識と技が必要とされる。現在は、体力は衰えても技のある高齢者によって操業される傾向にある。「漁経験の長い海人」や「中堅の海人」の多くが追い込み網漁などの集団漁を経験していることも指摘できる。これらの海人は集団の中で徐々に海の技を身につけ、十分経験を積んだ後で自分の船を持った。なお、糸満で追い込み網漁が衰退し個人漁が主となってからは、初めは父や先輩漁師の船に乗って漁の手ほどきを受けるものの、比較的早期に自分の船を持って独立するようになった。

四八人の海人の漁経験からは、一九二〇年代から九〇年代にかけて、イノー（礁池）やヒシンクシ（礁斜面）、曽根《スニ》（外海で周囲より浅くなったところ）などをおもな漁場とした集団漁の時代から、より深い海で行う個人漁へと糸満漁業が変遷していったことがわかる。一口に「糸満漁師」といっても、その経験は多様である。

第1章でも述べたとおり、彼らの従事した漁法の変遷は、技術の進歩によって後押しされたものだ。四八人の海人のうち、装備について聞きとりのできた四四人について、その導入時期を表12にまとめた(7)。動力に関してはウエーク（櫂）で漕いだ戦前、アメリカエンジンと呼ばれるガソリンエンジンが使われた終戦直後から一九五〇年代、より安定的なディーゼルエンジンが使われた六〇年代末以降、という流れが見てとれる。また、方位や位置測定に関しては、カラハーイ（羅針盤）しか持たなかった時代（もっとも、ごく近場の漁場で操業する漁法では現在もカラハーイしか持たない場合がある）、ラジオやロランで位置測定をした一九六〇年代〜八〇年代、そしてＧＰＳが普及した九〇年代という流れが見える。一九七〇年代より普及していった魚群探知機が、魚群に限らず、海底地形を知るために使われてきたことは、第4章でも述べた。

戦後の技術の進歩は、集団漁から個人漁へ、そしてより深い海域へと展開していく糸満漁業を支えた。この技術

表 12　44 人の海人の装備の導入時期

海人	動力			方向・位置測定				
	ウエーク（櫂）	ガソリンエンジン（アメリカエンジン）	ディーゼルエンジン	カラハーイ（羅針盤）	ラジオ	ロラン	魚群探知機	GPS
1	（30 年代）	40 年代	70 年代	（30 年代）				
3								
4	（30 年代）	40 年代	70 年代	40 年代				
5		40 年代	80 年代			60 年代	80 年代	90 年代
6								
7	（30 年代）	40 年代	50 年代	とくに導入せず				
8		40 年代	70 年代	40 年代			90 年代	
9			70 年代				80 年代	
10			70 年代	70 年代			80 年代	
11	（40 年代）	50 年代	60 年代末	（40 年代）				
12		40 年代	？	40 年代		70 年代	80 年代	90 年代
13		50 年代	60 年代	（40 年代）		60 年代		90 年代
14	（40 年代）	50 年代	50 年代	（40 年代）			70 年代	90 年代
15		40 年代	50 年代				60 年代	
16								
17			60 年代	とくに導入せず				
18								
19		50 年代	70 年代	50 年代		60 年代	60 年代	90 年代
20		？	？			80 年代		90 年代
21								
22		50 年代	70 年代	70 年代	70 年代		80 年代	
23			70 年代	70 年代		70 年代	70 年代	90 年代
24		50 年代	50 年代	（50 年代）		70 年代	？	90 年代
25		50 年代	60 年代	50 年代			60 年代	90 年代
26		50 年代	60 年代				60 年代	90 年代
27		50 年代	70 年代			70 年代	70 年代	90 年代
28		50 年代		50 年代		70 年代		
29			60 年代	60 年代			60 年代	90 年代
32		50 年代	50 年代	とくに導入せず				
33			60 年代？	？				
34		（50 年代）	60 年代？	（50 年代）		70 年代	70 年代	90 年代
35			70 年代	70 年代	70 年代	70 年代	70 年代	90 年代
36			80 年代	80 年代			80 年代	90 年代
37			？	60 年代		80 年代	80 年代	90 年代
38			（60 年代）	60 年代	60 年代	70 年代	？	90 年代
39			80 年代			80 年代	80 年代	90 年代
40			90 年代			90 年代	90 年代	90 年代
41			70 年代			70 年代		
42			90 年代				90 年代	90 年代
43			90 年代			80 年代		90 年代
45			90 年代				90 年代	90 年代
46			（90 年代）				（90 年代）	（90 年代）
47						（80 年代）	（80 年代）	（90 年代）
48			90 年代				90 年代	90 年代

注 1：？は年代不明。
注 2：（　　）は親、兄弟の船に乗っていた場合。
注 3：2，30，31，44 については、聞きとりができなかった。
注 4：斜線は、自分の船を持たなかった場合を示す。
注 5：左端の数字は海人の識別番号である。
出典：44 人の海人からの聞きとりより作成。

進歩の流れのどの時点で漁を始めたかによって、海人の技術への依存度は異なると考えられる。

2 天気予報の進歩

ここ数十年における天気予報の著しい進歩は、「天気を読む」知識の必要性に大きな影響を及ぼした。たとえば、一九五四年一一月一九日の地元新聞『琉球新報』の天気予報欄には次のような記載があり、旧暦の日付と満潮時、干潮時が記されている。

「晩＝北東の風曇り時々小雨／明日＝北東の風曇り一時小雨／明晩＝北東の風曇りがち／海上＝まだ今明日(今日明日)は北東の季節風が一二、三米位でやや風波が高い」(( )は三田による)。

この予報は、対象とする地域の範囲が広すぎるうえ、内容が曖昧である。このように天気予報の情報が頼りにできなかったこの時代、海人にとって、天気の予測は生死を分ける問題であった(8)。たとえば、糸満は沖縄本島西海岸に面しているため、東から台風が来る場合は、うねりが来ない。天気を読み違えて出漁した追い込み網漁の組が、そのまま帰ってこなかったという事故も珍しくはなかった。当時は雲を見て数日先の天気が読める海人もいたというが、そうした判断がきわめて重要な意味をもっていたのである。

では、調査時の一九九八年における『琉球新報』の天気予報はどうだろう。

一九九八年一一月一九日の天気予報欄では、沖縄本島北部、沖縄本島中南部、久米島、大東島、宮古島、石垣島、与那国《よなぐに》島に分けて、それぞれの天気と降水確率が示されている。降水確率は午前、午後、夜の三つの時間帯について記される。また、これら七つに区分された沖縄各地域の「風向き、風力、海上での波・風の高さ」に関する記載が、当日と翌日に関してある。「天気概況」には「大陸高気圧の周辺部にあたり、近海で気圧の谷が深くぐずつく」などの記載があり、沖縄気象台が発表している波浪や風に関する注意報、警報が表記されている。満潮時と干潮時、日の出・日の入り時刻、月の出・月の入り時刻、月齢の記載もある。さらに、天気図と人工衛星から撮影された日本列島上空の写真が掲載されている。

一九九八年の天気予報では、予報される地域区分が細かくなり、降水確率が表記されていることがわかる。そして、各地域の「風向き、風力、海上での波・風の高さ」や注意報、警報に関する記載がある点、人工衛星から撮影された日本上空の写真が掲載されている点が、一九五四年の天気予報と異なっている。

ここで例に挙げたのは新聞に掲載された天気予報の内容であるが、海人がより親しんでいるのはラジオやテレビによる天気予報である。とくにテレビでは、天気図をもとにしたわかりやすい解説がなされるようになり、そこから新しい知見を得られるようになった。糸満漁業協同組合の一角には、漁師たちが集まる部屋がある。そこで談笑している漁師たちも、天気予報の時間にはテレビを見て、意見を交換していた。初めはよくわからなくても、天気図を見て意見し合ううちに、天気図が読めるようになるという。

『琉球新報』における天気予報の記載内容の変化からは、より多岐にわたる情報がより細分化された地域に関して提供されるようになってきたことがわかる。その的中率も著しく向上してきていることは、海人に限らず多くの人が感じているであろう。天気予報があてにならない時代に漁を始めたか、天気予報の精度が向上した後に漁を始めたかによって、海人の天気予報への依存度は異なると考えられる。

3　天気を予測する知識

ここまで、四八人の海人の漁経験の多様性と、戦後の漁撈技術や天気予報の進歩を概観した。本節では、このような多様な漁経験を持ち、技術への依存度に差のある糸満漁師たちが、どのような「天気を読む」知識を培ってきたかを具体的に検討する。なかでも、A台風の予測、B旧暦二月の大嵐「二月風廻り」の予測、Cその他しけの予測について、四八人のうちこの聞きとりができた四六人(海人30と31を除く)の知識を分析する。

(1) 台風の予測

質問A「台風をどのように予測しますか」への回答を表13(表13-1〜13-5)にまとめた。それぞれの漁師の回答には、台風を予測する「指標」が複数挙げられることもある。表13では回答を指標ごとにまとめ、それぞれ短文にしている。

■海(表13-1)

①波

台風を前に、波が荒くなる、大きくなるなどの回答を何人かの海人から得た。電灯潜り漁に従事している海人44は、「(台風前には)波やうねりが来る。潜り漁をしていると、潮が速くて泳げない」と回答した。また海人4は、

表13−1　台風の予測についての回答（海）

指標			回答	回答者（数字は海人の識別番号）経験長い海人	中堅の海人	経験短い海人	一時漁をした海人
波	○	大きさ	波が荒く・強くなる	1、27	10		3
			波が大きく・高くなる	7	6		
			波の大きさに注意		34		
			波が出る		26	44	
			干瀬波が高くなる	4			
			南から波が出る		25		
	×		台風より後になることも先になることもある		13		
ムサ（うねり）	○	大きさ	うねりが出る	5	29、35	44	
			うねりが大きく・高く・強くなる	7	18、25、37、38、41	42	
			うねりが台風より先に来ることがある			43	
			（台風の）風よりうねりが先に来る		19		
			うねりが南から出る		14		
			うねりがあちこちから来る		37		
	×		うねりは台風の先にならない	8			
潮	○	速さ	潮が速くなる		22	44	

「干瀬波《ヒシナミ》が高くなる」と回答したが、干瀬波とは干瀬に外海から打ちつける波のことである。この海人はイノー（礁池）の漁法に長く従事し、この波を観察しやすい場所で操業してきた。

②ムサ（うねり）

台風を前に、うねりが出る、うねりが大きくなるという回答を一一人の海人から得た。年配の海人7は、「台風の二、三日前からうねりが大きくなって、波が高くなる」と指摘した。一方、海人7と同世代の海人8は、「昔は天気予報などなかったから、うねりが来て（やっと）台風に気がついたかもしれないが、うねりは（台風の）前にはならない」と、否定的な意見を述べた（このような指標として使えないというマイナスの意見を表13〜表15では×で示した）。また、年齢が比較的若く沖で操業している海人43は、「台風によってはうねりが先に来て、近いことがわかる」と、場合に応じた判断が必要であることを示唆した。

■風（表13－2）

①風向きと台風の接近

台風を前に風向きが変わると指摘した海人は多いが、見解は多様であった。台風の前触れとしてもっとも多く挙げられたのが、東風への警戒である。東風（あるいは東よりの風）を台風の指標とした海人は二一人にのぼった。海人11は、「北東の風がそのまま強くなれば、要注意。まっすぐ台風がやって来る。東の風も台風である。北東の風が北風になれば、台風が通り過ぎたことを示す」と指摘した。

②風向きと台風の位置・進路

風の方向から台風の位置や進路を知るという回答は多い。海人7は、「北風であれば台風は沖縄本島の東側を通り、南東の風であれば西側を通る」と言い、海人9は「南西の風であれば台風は沖縄本島の東側を通り、南東の風であれば西側を通る」と言う。これらの見解は、台風が沖縄本島の西側を通る場合の見解は一致しているが、東側を通る場合の見解は異なる。

また、「北東よりもやや東よりの風であれば台風は沖縄本島西側を通り、東よりもやや北東よりの風であれば東側を通る」という中堅の海人19の見解は、東北東を中心とした四五度内の風向きの違いをとらえている。さらに、「風に背を向けて立ち、左手を伸ばすと、その先に台風がある」という回答は、沖縄本島を起点に考えるのではなく、海上での自分の位置を起点としている。この見解を示した海人26は、ミクロネシア近海においてマグロ船で操業しているときにこの知識を得たという。

表13-2　台風の予測についての回答（風）

指　　標		回　　答		回答者（数字は海人の識別番号）			
				経験長い海人	中堅の海人	経験短い海人	一時漁をした海人
風向きの変化	○		風の方向が変わる・方向に注意する		18、41		
			反時計回りに風が廻る	11			
		東風	東風になる	4、7、9、11、15	10、19、23、26、29、35		
			東風は沖縄本島の真横・すぐそばに台風があることを示す	5	38		
			北東の風になる	7、11、15	19		
			南風（南西の風）が南東、東風に廻る	12	14、24		16
			北風になると台風が通り過ぎたことを示す	11	38		
			北風になる				3
			南西の風になると、台風が近い	5			
			旧暦9月、南東から吹く大風は南シナ海から北東に進む台風かもしれない	11			
風向きから台風の位置・進路を予測	○		風の方向から台風の場所がわかる			42	
		沖縄が基点	北東より東よりの風→台風は沖縄本島西を通る 東より北東よりの風→台風は沖縄本島東を通る		19		
			北風→台風は沖縄本島東を通る 南東の風→台風は沖縄本島西を通る	7			
			南西の風→台風は沖縄本島東を通る 南東の風→台風は沖縄本島西を通る	9			
		自分が基点	風に背を向け、左手を伸ばした先に台風がある		26		
風の強さ	○		港内に風があまりなければ出港する			48	

表13−3　台風の予測についての回答（雲）

指標			回答	回答者（数字は海人の識別番号）経験長い海人	中堅の海人	経験短い海人	一時漁をした海人
雲	○		雲を見る		18		
			雲が速く走る	15			
ヌーリ雲	○		ヌーリ雲が速く走る		33		2
		方向	ヌーリ雲と下の雲が異なる方向に走る	15			2
			ふだん南西→北東に走るヌーリが異なる方向に走る	4			
			ふだん西→東に走るヌーリが異なる方向に走る		13		
			ヌーリ雲が東→西に走る		35		
			ヌーリ雲の方向は天気がよいほど決まっていない。決まったほうがしける				2
下の雲	○		下の雲の先端が曲がる	8			

③風の強さ

「港内に風があまりなければ出港する」という回答は、台風をさほど警戒していないともとれる回答である。この回答は、まだ経験の浅い海人48から得た。

■雲（表13−3）

雲を台風の指標とするという回答の多くが「ヌーリ雲」を指標としている。ヌーリ雲は上層雲と中層雲の総称で〔伊志嶺 一九八七〕、下層雲と区別される。

ふだんは西（南西）から東（北東）に流れているヌーリ雲が異なる方向に流れることを台風の前兆とする回答がある。たとえば年配の海人4は、「ヌーリ雲が夏は南西から北東に流れているが、それがちがうように走ると悪い天気になる」と述べた。それに対し、やはり年配の海人2は、「ヌーリ雲の流れる方向は天気がよいほど決まっていない。これが決まったほうがしける」という見解を述べた。また、海人2と海人15は、ヌーリ雲と下の雲が異なる方向に走ることを台風の前触れとしている。「ヌーリ雲ではなく下の雲（下層雲）の先端が曲がる」という見解は、海人8が「自分自身の研究である」

表 13-4　台風の予測についての回答（カジンニー／カゼナミ）

指標			回答	回答者（数字は海人の識別番号）経験長い海人	中堅の海人	経験短い海人	一時漁をした海人
カジンニー	○		カジンニーが見える	27	29		
			カゼナミが見える。カゼナミは日暈《ひがさ》のようなものだ		18		
			カジンニーが一本一本はっきり見える（3 日前）		38		
		日の出・日の入	朝はたくさんの光のすじ、夕方は空が真っ赤になる（1 週間前）	12			
			明け方や夕方に 3 本ぐらいの光のすじが出る		26		
			日の出と日没時に空が真っ赤になる	8		36	
			朝が白むころ、空に光の一本線が走る。夕方は空が真っ赤になり、2 ～ 3 本の光が走る（2～3 日前）		33		
		日の入	夕方見えることが多い。数日後に台風		28		
			日没後、10 分ほど台風に向かって光の帯が出る		35		
			日没時に 3 本ほど、太陽からカジンニーが伸びる	5			
			夕焼け（空）が真っ赤になる		17	43、47	
			朝、カジンニーが北にゆがんだら台風は東にある。南にゆがんだらまだ遠い。まっすぐはっきり見えたら、台風はまっすぐそばにある		38		
			カジンニーが濃いと、よけいにしける		35		
	×		日の出のときに見えるカジンニーは前触れでない		35		
			カジンニーは気にしない・研究していない	11	14、34		

と述べたように独自性が高い。

■カジンニー／カゼナミ（表13-4）

台風の予測としてカジンニーを挙げた海人は多かった。風《カジ》ン根《ニー》と書き、放射状に空に広がる光の帯を指している。表現方法はそれぞれ異なるが、「台風の来る三日ほど前、カジンニーが一本、一本、はっきり見える。大日本帝国の旗のようである」という描写がわかりやすい。

人によっては、光の帯ではなく、「真っ赤な夕焼け」をカジンニーと呼んでいる。また、海人18はカゼナミを台風の指標としており、「カゼナミは日暈《ひがさ》のようなものだ」と説明した。太陽の周囲にできる光の輪のことだ。いずれも大気や大気中の水滴などによる光学現象を指標にしている。

台風の前兆となるカジンニーの時間帯については、日の出時と日の入り時双方とするものと、日の入り時のみとするものがある。たとえば海人33は「朝が白むころ、空に光の一本線が走る。これが前触れである。また、夕焼けの時も、空が真っ赤になって、二、三本の光が走る。このカジンニーが出たら、二、三日でしけるということだ」と述べ、海人35は「カジンニーは日没後の一〇分ほど、台風に向かって光の帯が出る。日の出(のとき)に出ることもあるが、その場合は大丈夫」と述べた。

カジンニーから台風の位置を推測するという回答もあった。海人38は、「朝、カジンニーが少し北にゆがんだら、台風は東にある。少し南にゆがんだら、台風はまだ遠い。もしゆがまずはっきり見えたら、台風はまっすぐそばにある」と述べた。カジンニーが見えてから台風が来るまでの期間については、台風の二〜三日前という回答から一週間ほど前という回答まであった。一方で、「カジンニーは気にしていない(あるいは研究していない)」と答えた海人も三人いた。

■その他(表13-5)

「台風トンボ」という言葉が糸満にあるものの、トンボを台風の予測に役立てていると回答した人はあまりいなかった。台風前のトンボの動きとして、「下に降りてくる」「風の来ないところに集まってくる」「沖まで飛んでくる」「たくさん飛ぶ」という回答を得たが、一方で、「台風トンボが出てから台風が来るまで一週間ぐらいかかるから気にしない」「台風のころにトンボは多いが、トンボではあまり予測はできない」などの見解もあった。

表13-5　台風の予測についての回答（その他）

指標		回答		回答者（数字は海人の識別番号） 経験長い海人	中堅の海人	経験短い海人	一時漁をした海人
トンボ	○	トンボの行動	トンボが下に降りてくる	1			
			台風前には風が来ないところに集まる	8			
			「カジフキダーマ」というトンボが沖まで来る		13		
			トンボがたくさん飛ぶ		23		
	×		「台風トンボ」が出てから台風が来るまで1週間ぐらいある			39	
			台風のころにトンボは多いが、予測はできない		28		
			トンボが風の前触れにたくさん飛ぶのは陸の話	5			
			トンボは見ない・気にしない	27	14、24、29、34		
天気	○		悪い天気が長引く		22、41		
			長雨に注意する		34		
			霧がかかる		41		
機器	○		気圧計の圧力が下がる			46	
勘	○		勘でわかる		22、23		
天気予報	○		天気予報		10、20、22、32	36、39、40、43、45	
知らない	×		自分で判断できない				21

「悪い天気が長引く（天気が悪くなる）」「長雨に注意する」「霧がかかる」など、気象現象から直接ヒントを得るとする回答もみられた。たとえば、海人34は「波の大きさと長雨に注意する。雨というのは何かが起こる前触れと考える」と述べ、年若い海人46は「気圧計の圧力が下がる」と述べた。

「天気予報によって台風の到来を知る」と答えた海人は九人おり、おそらく他の海人も天気予報の情報は参考にしていると考えられる。

(2) 二月風廻りの予測

旧暦二月、二月風廻りと呼ばれる嵐が来る。台風と同じぐらい警戒される大嵐である。この嵐のすさまじさについて、海人16から次のような経験談を聞いた。

「戦後まもないころ、久米島と粟国島の間

でトゥブー【トビウオ】をとっていた。昼までは、天気は悪くなかった。昼過ぎ、網を入れて、さあ飛び込もうというとき、先輩が、「あり（あれ）、風廻りどー《カジマーイ》」と北のほうを指差して言う。見ると、北の空が真っ黒。それで、急いで網を手繰りあげてサバニに網を載せ、私はそれに乗り、本船が引っ張って久米島に向かった。風と進行方向は同じだったが、どんどん北から風が来て、ロープがぴんと張ったり、緩んだりする。サバニがどかーんと落ちたとき、尾骶骨をひどく打った。たぶん骨を折ったはず。このとき、もう少しで櫂を離すところだったが、舵を取らなければ、本船とぶつかったり並んでしまったりするので、必死で両手でつかんで離さなかった」

この猛烈な嵐を予測することは、海人にとって生死を分ける重要なことがらであった。質問B「二月風廻りをどのように予測しますか」に対する四六人の漁師たちの回答を表14（表14-1～14-5）にまとめた。この質問については、「二月風廻りが来ることをいかに予測するか」と、「二月風廻りが去ったことをいかに判断するか」という二通りの回答を得た。以下、項目別に見ていく。

〈二月風廻り到来の予測〉

■海（表14-1）

①海の動き

二月風廻りに先立って、「潮の流れが速くなる」「ブレーク（潮の上下運動）が見られる」「海が濁る」「風が強くなくても海の中が激しく動いている」という回答は、海の中が動くことによって海が濁るという一連の現象を示している。

これらの回答は、いずれもイノーの網漁を家業とする海人から得られた。海人4は、「二月風廻りは、暴風並み

表14-1　二月風廻りの予測についての回答(海)

指標		回答		回答者(数字は海人の識別番号) 経験長い海人	中堅の海人	経験短い海人	一時漁をした海人
波	○		(風は静かでも)海が荒れている	1			
うねり	○		うねりが来る			46	
潮	○		潮の流れが速くなる	4			
			ブレーク(潮の上下運動)が見られる・激しくなる	4、11	14		
海の中	○		濁る(コケやプランクトンなどが浮く)	1、7	14		
			(風は静かでも)海の中が激しく動く	11			
なぎ	○		「冬はノーイ(なぎ)の後は考えなさい」という教えを守っている		19		
			アンダブーカー(べたなぎ)で、ヌクマーイ(暖か)で、その前に雨が降っていたら、何かあると考える		34		
			冬は北風が普通だが、南風でなぎになると大変危険		13		

の激しさである。海の底の岩でも引っくり返るほど」と述べるとともに、「潮が一メートルぐらい上がったり下がったりすることをブレークというが、これが二月風廻りの前にはある」と指摘した。また、海人11は「二月風廻りでは、風はあまり強くなくても海の中が激しく動いている」と述べ、海人14は「海底のコケやプランクトンというか、ごみのようなものが浮く。潜っていた時代はよくわかった。網の操作がやりにくくなるから」と述べた。このように潜水をともなう網漁に長く従事してきた人たちは、海中で作業することで潮の動きや海の濁りなどに気づき、それを二月風廻りの指標としてきたことがわかる。

②なぎ

なぎを指標とする回答もいくつか得られた。海人19は、「『冬はノーイ(よい天気)の後は考えなさい』と昔の人に教わった。それにならっている」と述べた。

表14-2　二月風廻りの予測についての回答（雲など）

指標		回答	回答者（数字は海人の識別番号） 経験長い海人	中堅の海人	経験短い海人	一時漁をした海人
雲	○	北のほうから速く走る				3
ヌーリ雲	○	ふだん北東に向けて走るヌーリ雲が異なる方向に走る。とくに北から南に走るとしける	8			
雨雲（黒雲）	○	真っ黒な雨雲が来る	15		36	
		北から黒雲が来る		10、22		
		北の空が真っ黒になる				16
		黒と白を混ぜ合わせたような雲が北から南へもくもくと現れる		35		
		南、あるいは南西の方向に黒い雲が現れる		33、37		
		下にある雨雲のしりが風の吹くほうから少し曲がる				2
アミカジ	○	水平線の上が100～200 m真っ白になっているのが見える	5			

■雲（表14−2）

雲を指標とする回答では、「雲が北から速く走る」という指摘が二つあり、そのうち一つはヌーリ雲と特定している。また、「黒雲が現れる」という指摘が目立つ。その雲が「北から現れる」とする回答と、「南、あるいは南西から現れる」とする回答がある。この雲の出現については、さまざまな表現がある。海人22は、「南風が急に静かになって、とっぴに北風になって、北から黒い雲が現れる。普通はしだいに悪くなるが、これは突然来る」と言う。また海人35は、「私の観察では、二月風廻りのときの雲の形は独特だ。黒と白を合い混ぜにしたような、ちょうどソフトクリームのバニラとチョコレートがミックスされた感じ。これが北から南へもくもくと現れ、不気味である」と描写した。

独自性の高い見解としては、「二月風廻りは、下のほうにある雨雲のしりが曲がっていたら、その数時間後にカジマーイ（風廻り）する。風が吹いてくる方向の雲が少し曲がる」という海人2の見解や、「水平線の上が一〇〇～二〇〇メートル真っ白くなる。こうなると、すぐ二月風廻りが来る。数時間は台風並みの激しさである」という海人5の見解などが挙げられる。

■風（表14－3）

①風向きの頻繁な変化

海人38は、「（二月風廻りの）季節はあらかじめ警戒している。一～二週間の間で、三回ぐらいゆっくりカジマーイする（風が方向を変える）うちはよい。四回目になると、もう怪しい。これは大暴風かもしれないので、逃げる。こんなのは勘である」と述べた。

②南風

南よりの風を前触れと考える回答がいくつかある。海人33は、「旧正月から旧暦の三月ごろ、北風が静かに、東から南東、南へと廻ってくる。風がすーすーして、南西の方向に黒い雲が立ち現れる」と述べた。

③南風からの風向きの変化

南風が北風に廻り、嵐となると指摘する回答が複数ある。

④北風

「北西の風になるとこわい」「旧暦二月、北風が強いときは気をつける」「北風になる」は、これまでの回答で指

表14-3　二月風廻りの予測についての回答（風）

指標		回答		回答者（数字は海人の識別番号）			
				経験長い海人	中堅の海人	経験短い海人	一時漁をした海人
風	○		風を見る				3
風向きの変化	○	風廻り	風が時計回りに廻ってくる	11			
			1～2週間の間で3回ぐらいカジマーイするうちはよい。4回目からは警戒する		38		
			旧暦の2～3月、風が廻ってくる。1日に3～4回も風向きが変わることがある		41		
		南風	冬は北風が普通なのが、南風になる	12	28		
			北風が静かに南東、南へ廻る。風がすーすーして南西の方向に雲が出る		33		
			冬は北風が普通だが、南風でなぎになると大変危険		13		
			南風が強くなる		26		
			風が南になったらすぐに廻ってくる	8			
			南東、南西の風になるとこわい。そっちから急に黒い雲がやってくる		37		
			南東の風になったら風が廻ってくるおそれがある。次の日あたりカジマーイする	9		48	
		南風から風廻り	南風が急に静かになり、とっぴに北風になり、北から黒雲が現れる		22		
			南風から南西、そして北風へと廻ってゆく		26		
			南から西に風が廻って、真っ黒な雲がわく			36	
			南から北に時計回りに風が廻ってくる	15			
		北風	北西の風になるとこわい		24、35		
			旧暦2月、北風が強いときは気をつける		35		
			北風になる			44	

摘されてきたように、南風が徐々に風向きを変えて北西の風や北風になった状態を指していると考えられる。

このように、風についての回答はさまざまであったが、風が方向を変える向きについては、「時計回り」とする見解がほとんどだった。「冬は北風が普通」という見解と合わせると、風向きを二月風廻りの指標とする回答は、北風が時計回りに南に廻り、風力を強めつつ再び北に廻る、そのいずれかのポイントを指し示していると考えられる。

■その他（表14–4）

①時期

「二月風廻りは来る時期が決まっているから、そのころは気をつけている」という回答が複数得られたが、その「時期」は人によって表現が異なった。「立春から数えて四五日目を中心とした前後一週間」「旧暦二月の彼岸を中心とした前後一週間」「旧暦二月一四、五日のあとさき」は、ほぼ同じ時期を表している。一方で、「（二月風廻りの時期が）このごろあたらない」という見解も得られた。

②天気

海人34は、「アンダブーカー（べたなぎ）で、ヌクマーイ（あたたか）で、その前に雨が降ってきたら、きっと何かあると考える。二、三月の長雨は、とくに注意する」と述べた。彼は、雨に注意するという独自の考えを持っている。

表 14-4　二月風廻りの予測についての回答(その他)

指　　標		回　　答		回答者(数字は海人の識別番号)			
				経験長い海人	中堅の海人	経験短い海人	一時漁をした海人
時期	○		時期には注意している	4、11、27	29、32、38	36、45	
			立春から45日目を中心として前後1週間が時期		6、14		
			旧暦2月の彼岸を中心とした前後1週間は注意		35		
			旧暦2月14日、15日のあとさき	15			
			旧2月が時期だから気にしている		25		
			旧正月から旧2月ごろが時期	12	13、28		
			旧正月から旧3月(上旬)が時期		33		21
			旧2月、3月ごろが時期		41		
	×		時期がこのごろあたらない	4			
天気	○	雨天	2、3月の長雨はとくに注意する		34		
			アンダブーカー(べたなぎ)で、ヌクマーイ(暖か)で、その前に雨が降っていたら、何かあると考える		34		
		悪天	天気が悪くなったら要注意	11			
			天気が変になる		26		
カニ	○		ハーレーガイ〔未同定：カニ〕の穴が陸のほうを向いている		14		
天気予報の自己分析	○		1015mbより下がると悪い天気。その低気圧に前線が加わり、二月風廻りとなる		26		
天気予報	○		天気予報の情報から判断する		19、26、35	36、39、40、45	
予測不可	—		予測できない(時期はあるが、いつとは言えない)	27	18、35	42	16
気にせず	—		あまり気にしていない		20、32	43	
			旧暦2月はあまり漁に出ない		17		
知らず	—		あまり知らない			46、47	

③天気予報の自己分析

海人26は、「二月風廻りは低気圧。一〇二〇ミリバールならまだ大丈夫。でも、一〇一五ミリバールより下がると悪い天気。一〇〇四ミリバールとか。これに前線が加わって、二月風廻りとなる」と述べた。これは天気予報を参考にした個人の見解である。

④天気予報

「天気予報を手がかりにする」という回答が七人から得られたが、今日、天気予報を参考にしていない海人は、まずいないと考えてよい。とはいえ、天気予報も万能ではない。とくに、二月風廻りが終わったかどうかについては、気象台の人が海人に問い合わせてくることもあるという(9)。

⑤予測不可能

「予測できない」とする回答を五人から得た。これは「知らない」とは異なり、知識を持っていても予測することが不可能だという意味である。たとえば海人35は天気について研究熱心だが、「予測がつかず、二、三回はちあわせた」と述べた。

⑥気にしない

イノーで操業する海人32は、「アンブシ(建干網漁)なので(漁場が陸に近く)、しけてもすぐに帰れるからそんなに気にしていない」と述べた。また、沖で操業してきた海人43は、「二月風廻りは、大型の船に乗っているから気にしていない。サバニ時代だったからこそ、こわいんじゃないか」と述べた。

⑦知らない（わからない）

まだ経験の浅い海人46と47は、「こういったことはあまり知らない」と述べた。

〈二月風廻りの終わりについて〉（表14-5）

①鳥

二月風廻りの終わりを渡り鳥の到来を手がかりにして知るという回答があった。「イッナーグワ」「ウチナーグワ」と鳥の名前は異なっていたが、双方とも「白い鳥」としている。一方で、「渡り鳥に関しては（二月風廻りの時期から）一カ月〜一カ月半はずれるので、指標にしない」という回答もあった。

②カニ

二月風廻りが過ぎ去ったことの指標として、もっとも多くの漁師が指摘したのがカニの行動であった。「カニが浜を歩く」ことを指標とする回答以外は、すべてがカニの穴に言及しており、とりわけ穴の方向に言及するものが多い。うち四回答は、「海に向けて穴を掘る」ことを指摘している。

たとえば海人8は、「二月風廻りが終わると、ハーレーガイ（未同定：カニ）が海に向けて穴を開ける。今も双子橋の下へ見に行く。あっちの石の下に、片方のはさみが大きい、赤いきれいなカニがいる。あれのことだ」と述べた。それに対して海人11は、「浜のカニ、シナーアガイグワ（未同定：カニ）が、二月風廻りまでは南や南東に向けて

表14-5　二月風廻りの終わりについての回答

指標		回答		回答者（数字は海人の識別番号）			
				経験長い海人	中堅の海人	経験短い海人	一時漁をした海人
鳥	○	渡り鳥の到来	鳥が渡る	1			
			白い鳥（イツナーグワ）が来る		25		
			白い鳥（ウチナーグワ）が来る	5			
	×		鳥が来るのは（二月風廻りから）1カ月～1カ月半ずれる		35		
カニ	○	穴	カニの穴でわかる		6、23		
			ふさがれていたカニの穴が開く	4			
			遠くにいたカニが潮口まできて穴を掘る		18		
			カニが巣を作る		35		
		穴の方向	カニの穴の方向でわかる	12	28		
			上向きに開いていたハーレーガイ〔未同定：カニ〕の穴が海に向けて開く	1			
			ハーレーガイが海に向けて穴を開ける	8			
			ウーミーガイ〔未同定：カニ〕の穴が浜（海）に向けて開く		25		
			カニが穴を掘る。南向きと言うが、地域によって異なる。海に向けてのようだ		33		
			南や南東に向けて穴を掘っていたシナーアガイグワ〔未同定：カニ〕が、北などさまざまな方向に向けて掘る	11			
			ハーレーガイが浜を歩く		14		3
海藻	○	アーサ	アーサ〔未同定：藻類〕が浮く	1、5	14、33、35		
		フクラー	フクラー〔未同定：藻類〕が浮く	8			
	×		アーサが浮くのは二月風廻りよりあと。暑いから浮くのだろう	8			
雲	○		雲の状態で判断する		35		
潮	○		ブレーク（潮の上下運動）が起こらなくなる	4			
風	○		とても強い北風が吹かなくなる		33		
全般	○		すべてが正常に戻る	11			

穴を掘っていたのが、これが終わると北にも向ける。いろんな方向に穴を作るようになる」と指摘した。カニの名称については、「ハーレーガイ」「ウーミーガイ」「シナーアガイグワ」と、ばらつきがある。

③海藻

「アーサ〔未同定：藻類〕が浮く」ことを二月風廻りが過ぎ去った指標とすると答えた海人は五人いた。アーサはヒトエグサを示す場合もあるが、より広く藻類一般を指して用いられる言葉でもある。年配の海人8は、「アーサが浮くというのはもう少しあとのことで、あれは暑くなってくるから浮くのだろう。アーサではなく、干瀬についている丸い草、フクラー〔未同定：藻類〕というが、あれがぱかぱかーと浮いたら、二月風廻りは終わりである。この草は、ふだんは固くて干瀬からはずれない」と、独自の観察による見解を示した。(10)

(3) しけの予測

台風や二月風廻りは、海人が恐れる代表的な気象現象である。最後に、日常的に遭遇するしけ一般について聞いた。質問C「しけをどのように予測しますか」への回答を表15(表15-1～15-5)にまとめた。

■海(表15-1)

①波、うねり

「波が荒くなる」「うねりが出る」など、海が荒れてくる現象に言及した回答がいくつか見られた。たとえば海人1は、「波が荒くなる。風がそいそいしても(風がある程度あっても)、波が静かであれば大丈夫」と述べた。

表15-1　しけの予測についての回答(海)

指標		回答		回答者(数字は海人の識別番号)			
				経験長い海人	中堅の海人	経験短い海人	一時漁をした海人
波	○	強さ	波が荒くなる	1、27	41	45	
			風があっても波が静かなら大丈夫	1			
			波でわかる		17、29		
			潮や波の出方からわかる				21
うねり	○		うねりが出る		32、37		
なぎ	○	アンダブーカー(べたなぎ)	冬に風がほとんどなく、アンダブーカー(べたなぎ)のときは、きわめて危険	7			
			アンダブーカーが一番こわい。いきなり空が真っ暗になる			47	
			真冬にアンダブーカーになったら要注意。雨雲一つでぱっとしける。この急に来るしけをアガイベーと呼ぶ	12	28		
		フーカー(なぎ)	「冬はノーイ(なぎ)の後は考えなさい」という。冬はノーイの後、すぐに北風に廻ってきてしける		19		
			「冬のフーカー(なぎ)は危ない」という。風の方向が定まらない。このようなフーカーをアガイベーという。このあと前線が通過し、ヤンリ(しけ)となる	11			
		突然の静けさ	急に海が静かになって、突然しけることもある		37		
			突然、海がぴたっと静かになる。そして、突然あれる。そよそよ風が吹き、ゆっくり静かになるのは、こわくない。この場合は、ぴたっと静まる		24		
	×		アンダブーカーのあと、崩れることもあれば崩れないこともある	15		36	
ヒシンナイ	○		ヒシンナイ(干瀬にぶつかる波の音)が聞こえるとしけの前触れ	7			
			ヒシンナイから風向きをあてる	4			
潮	○		ブレーク(潮の上下運動)はしけの前兆	4			
			潮や波の出方からわかる				21

②なぎ

「アンダブーカー（油をひいたようななぎ。べたなぎ）」をしけの指標とする回答が得られた。海人12と海人28[11]は、「雨雲ひとつでぱっとしける、急に来るしけをアガイベーという。これは、真冬に急にアンダブーカーになったら要注意」と指摘した。一方で、「アンダブーカーのあと崩れることもあれば、崩れないこともある」という指摘も複数あった。

先人の教えに基づく回答もある。海人11は、「昔から『冬のフーカー（なぎ）は危ないよ』と言う。風の方向が定まらず、あっちから吹いたり、こっちから吹いたり、そよそよと吹く。この低気圧か前線が来る前触れのフーカー（なぎ）をアガイベー[12]と呼ぶ。このあと、前線が通過する。つまり、アガイベーはヤンリ（しけ）の前兆である」と述べた。「嵐の前の静けさ」も指標として挙げられている。海人24は、「そよそよと風が吹き、ゆっくりと静かになるのは、こわくない。しける場合は、（風が）ぴたっと静まる。経験のない者は、釣れるからといってのんきに釣り続けて大変な目にあう」と述べた。

③ヒシンナイ

外海とイノーを区切る干瀬には、外洋から強い波が打ち付ける。その波の音を「ヒシンナイ」と呼ぶ。海人7は「ヒシンナイが聞こえると、ヤンリ（しけ）の前触れ」と述べ、海人4は「ヒシンナイとは、干瀬にぶつかる波の音を表す。この音を聞いて、風がどちらの方向から来るかをあてた」と述べた。後者の場合は、ヒシンナイから風向きをあて、その風向きを手がかりとしてしけるかどうかを予測したようだ。彼らはいずれもイノーを漁場としてきた年配の漁師である。

④潮

海人４は、「ブレーク（潮の上下運動）は年に数回あり、しけの前兆である」と述べた。

■雲（表15－2）

①ヌーリ雲（上層雲と中層雲の総称）

ヌーリ雲が南北方向に走る場合をしけの前触れとする回答が多い。海人７は、「ヌーリが東に走るのは、『アガリバイ、いいワーシキ（東に走るのはよい天気）』と言う。北、南に走るのはよくない」と述べた。ヌーリ雲と下層雲の流れを関連させた回答もある。海人４は、「ヌーリヌニシバヤーといって、上の雲と下の雲が異なる方向に走ると、悪い天気の前兆と考える」と述べた(13)。それに対して海人14は、「地上を吹く風とヌーリ雲が一緒に流れると、これはイッポウバイと呼んで、シケの前兆である」と述べた。一方で、「ヌーリ雲は、普通少しずつ東に向かって流れている。これは一日見てもダメで、前日やその前日など合わせて考えなければならない」という海人14の指摘もある。

②雨雲（黒雲）

雨雲（黒雲）をしけの前兆とみなす回答も比較的多く得られた。とくに、冬、北の方向に黒雲が現れることをしけの前兆とする回答は多い。

海人７は、「冬は風がほとんどなくて、アンダブーカー（べたなぎ）のときは、とても危険である。すぐしけが来て、サバニが引っくり返ってしまう。あとちょっと、ちょっと、と釣っているのがいけない。北に雲がかかると危

表 15-2　しけの予測についての回答(雲)

指　標			回　答	回答者(数字は海人の識別番号) 経験長い海人	中堅の海人	経験短い海人	一時漁をした海人
ヌーリ雲	○	速さ	ヌーリ雲は普通西から東へ走るが、しける前は速く走る	1、9、12	28		3
			ヌーリ雲が速く走るとしける(2~3日後にはしける)	7	14		
			しける前はヌーリ雲がどんどん流れる。大雨のときはとても(速く)流れる		13		
		方向	ヌーリ雲が南北の方向に走るとしける	1、7			
			ヌーリ雲が北にとばせばしける		14		
			ヌーリ雲が北に変わって、空が真っ黒になる		18		
			北東の風なのにヌーリ雲が南に走るとしける	9			
			ヌーリ雲は夏は南西から北東に、冬は北から南西に走る。ヌーリヌニシバヤーといって、ヌーリ雲と下の雲が異なる方向に走るのは悪い天気の前兆	4			
			地上を吹く風とヌーリ雲が一緒に走ることをイッポウバイと呼ぶ。しけの前兆である		14		
			ヌーリ雲の流れる方向に、2~3日後、風向きが変わる		37		
			ヌーリ雲がヒチハラバイに押してくる(風に追われて走る)としける	27			
	△		ヌーリ雲は1日見てもダメで、前日やその前日など数日あわせて考えなければならない		14		
雨雲(黒雲)	○	北の雲	冬は、北に雨雲がかかると危ない。北風が来てしける	7			
			冬は、北に雲が集まるとしける			39	
			冬は、南から北に黒い雲が廻ってくる			44	
			旧2~3月、北西に前線の雲が5日も6日も停滞していると気をつける。低く、黒い雲である	11			
			冬、南―南西の風で、北西―北の空に黒雲があれば、今天気がよくても危険。この雲をカジマーイ雲と呼ぶ	11			
			北から黒雲が現れる(北の空が黒くなる)	9	25		
			北西に黒雲がわき上がってきたら危険		14		
		黒雲	雨雲(黒雲)が来る(下がってくる)(空が黒くなる)	8、15	23		
			黒い雲の塊が現れ(雨雲が来て)、突風が吹く			36、42	
			夏の場合、雨雲を見たら5~10分でしける	7			
下の雲	○		(ヌーリ雲ではなく)下の雲が走る		26		
うろこ雲	○		うろこ雲が出て、速く走っていたら、天気が悪くなる	8			

ない。北風が来てシケになる。夏の場合は、雨雲を見たら五分から一〇分でしけるね」と述べた。また海人11は、「冬なら南から南西の風で、北西から北の空に黒雲があれば、たとえ今天気であっても危険である。こんな雲をカジマーイ雲と呼ぶ。今まで晴れてなぎであっても、南西、西に風が廻ってくると危ないと考える。雲が来て、雨がぱらぱら、これからカジマーイ（風廻り）が始まる」と述べた。彼らはいずれも年配の海人で、サバニでの漁を経験している。

③その他の雲

下層雲やうろこ雲を指標とする回答もあった。たとえば海人26は、「（ヌーリ雲ではなく）下の雲が走る」としている。海人８は、「うろこ雲が出て、速く走っていたら、これも天気が悪くなる前触れである」と述べた。

■風（表15-3）

①風

しけの前兆として、「風が荒くなる（強くなる）」ことを三人の海人が挙げた。風の方向に言及した回答も多い。海人５は「ウティカジといって、北と西の中間ぐらいの風は、しける前触れ」と述べた。

また、特定の月と風の吹き方の関係に言及する回答もある。海人35は、「旧暦の一〇月は、東風が顔にビュービューすると海はしける、という先人の言葉があるが、これは当たっている。とても、しける。私の考えでは、気圧の差が大きいことが理由ではないだろうか。たとえば、旧暦の一〇月でも、台風が南海上にある場合がある。もしこの台風の低気圧が九五〇ミリバールで、高気圧が一〇三〇ミリバールなら、その差は八〇ミリバールだ。それに

表15-3　しけの予測についての回答(風)

指　標			回　答	回答者(数字は海人の識別番号) 経験長い海人	中堅の海人	経験短い海人	一時漁をした海人
風	○	強さ	風が荒くなる(強くなる)	27	10	45	
			雲の速さ(風の速さ)は月によってだいたい決まっている。しけるかどうかは風の吹き方、強さでわかる				2
			「旧暦10月、東風がビュービュー吹くと海はしける」というのは先人の教えどおり。気圧の差が大きいことが原因ではないか		35		
		風向き	今ごろ(新暦11月21日)の東風はやがて南、西へと廻ってくるおそれがあり、そうなるとカジマーイになる	9			
			ウティカジという北と西の中間の風はしける前触れ	5			
			南風から北風に廻ると危険				21
			東風が南西の風に下がってきたら危険		25		
			風が変わる		23		
			雨が降って、カジマーイしてくる(風が廻ってくる)		29		
			風が冷たいと雨が来る			40	
冬の風	○		北—北東の風はしける。北東—東風はノーイ(なぎ)		26		
			北西—北風はしける。北東—東風はノーイ(なぎ)	11			
			冬は東風で落ち着く			40	
		南風	南東の風が急に西風、そして北風になり、荒れる	4			
			南東の風になったら、1時間でも北風に廻ってきて大しけになる。北風を過ぎて北東の風になれば安心		19		
			南東の風だと前線の通過とかあるんじゃないか			40	
			南風になったら(すぐ)カジマーイする(しける)	8		40、43、45	
			南—南西の風で、北西—北の空に黒雲があれば、今天気がよくても危険	11			
			冬、天気が崩れる前は南や南西の風になり、カジマーイする(しける)		13		
夏の風	○	北風	もともと南風であるのが北に廻るとしける	8			
			だいたい北風でしける		29		
			夏は東風がこわい(南風が東に廻ってくるとこわい)		26		16

対し、真冬に高気圧が一〇五〇ミリバールで、低気圧が一〇〇五ミリバールだったとすると、その差は四五ミリバールだから、前者のほうがしけるということになる」と述べた。この見解は、「先人の教え」と気圧に関する気象台の知識を自己流に掛け合わせたものである。

②冬の風

「北―北東の風はしける。北東―東風はノーイ（なぎ）」と「北西―北風はしける。北東―東風はノーイ（なぎ）」は、しける風向きが少しずれているが、なぎになる風向きに関する認識は共通している。この点は、「冬は東風で落ち着く」とも共通する。しけの前兆として、南よりの風を指標にするという回答も多かった。たとえば海人13は、「冬は天気が崩れる前は南や南西の風になって、カジマーイする」と述べた。これらの回答のなかで、南よりの風が時計回りに廻り、北風になったときにしけると指摘しているものがある。海人４は、「冬のカジマーイは、南東の風までできて、それが急に西風、そして北風になり、ビュービュー荒れる」と述べた。

③夏の風

「もともと南風であるのが北に廻るとしける」と「だいたい北風でしける」は、北風を指標としている。また、「夏は東風がこわい」という回答は、台風を指していると考えられる。

■その他（表15－4）

①星

星をしけの前兆とする回答がいくつか見られた。なかでも、「星がまたたくと、次の日はしける」とする回答が多い。年配の海人8は、「星がちかちかしていると、オーシトー（しけ）。陸は静かでも海はしけているとわかる。『朝、やぶらりっさー（しけてるぞ）』と言う」と述べた。また海人32は、「親父などは、星があんまりきらきらしていると天気が崩れると言っていた」と述べ、父は星を指標としたが、本人は指標としていないことを示唆した。

②カマンタ【エイ】

「カマンタ【エイ】が跳んだら雨」という格言の存在を指摘した回答が四人から得られた。カマンタの種類をヘンジャーガマンタ（マダラトビエイ）と特定する回答もあった。海人7は、「『カマンタ【エイ】が跳んだら雨』と昔の人は言った。カマンタはちょん、ちょん、跳んで遊んでいるが、だからって雨とも限らない」と自分の見解を述べた。

③天気

海人19は、「『冬はノーイ（よい天気）の後は考えなさい、夏はヤンリ（しけ）の後は考えなさい』と、昔の人に教えられた。冬はノーイの後、すぐ北風に廻ってきてしける。夏はヤンリの後、安心してはいけない。繰り返しカジマーイはやってくるから」と、先人の教えをもとにした見解を述べた。

表15-4　しけの予測についての回答(その他)

指標		回答		回答者(数字は海人の識別番号) 経験長い海人	中堅の海人	経験短い海人	一時漁をした海人
星	○	またたき	星がまたたくと、次の日は風がある。星が動かなければ、次の日は風がない	1			
			星がまたたくと、しけ。陸は静かでも海はしける	8			
			星がまたたくと、(雲がなくても)しける	27	22、32		
カマンタ【エイ】	○		(ヘンジャー)カマンタが跳んだら雨がふる(格言あり)	8、11、27	14		
	×		「カマンタが跳んだら雨」と言う。カマンタはちょんちょん跳んで遊んでいるが、だから雨とも限らない	7			
天気	○		「夏はヤンリ(しけ)の後は考えなさい」と言う。夏はヤンリのあと、繰り返しカジマーイがやって来る		19		
			雨が降って、カジマーイしてくる		29		
天気予報の自己分析	○		天気予報の気圧の情報から自分で予測している		35		
			冬は高気圧、夏は低気圧のカジマーイに気をつける		20		
			天気予報で風力4や5ならよしとする。6なら逃げる		35		
天気予報	○		天気予報(ラジオ、177、ファックス)	5	14、18	43、46、48	16
気にしない	—		みんなが逃げたら自分も逃げる。こんなのは勘			48	
			荒れてから逃げる	27			
		関係ない	イノー(礁池)の漁だから北風でも基本的に漁に出る		17		
			50トンの船に乗っていたから、18mぐらいの風なら操業した	6			
			しけてもこわくない。シーアンカーを入れて休むぐらい			43	

④天気予報の自己分析

海人35は、「天気予報で、風力が4とか5なら、よしとする。6なら逃げる」と述べた。この回答は、天気予報の情報をどのように行動に反映させているかを具体的に示している。彼は、「天気予報の気圧の情報から(しけるかどうかやしけの度合いを)自分で予測する」とも述べた。

⑤天気予報

「天気予報」を参考にしていると答えた海人は七人だった。その他の海人も、海上でラジオを聞くなど、突然のしけに備えるため天気予報はつねに利用していると考えられる。

⑥気にしない

経験の浅い海人48は、「みんなが逃げたら自分も逃げる。こんなのは勘」と述べた。また、漁場によっても異なる。海人17は「イノーの漁をしているから(すぐに港に戻れるため)、北風でも基本的に漁に出る」と述べ、海人6は「戦後は長崎で八年、五〇トンの動力船で底曳きをやっていた。大きな船だから、一八メートルぐらいの風なら操業した」と述べた。

〈季節特有のしけ〉(表15–5)

①フサーギ

春、前触れもなく突然襲ってくる嵐をフサーギと呼ぶ。荒れる範囲は狭く、すぐに通り過ぎる。海人4は、「フ

表 15-5　しけの予測についての回答（季節特有のしけ）

指標			回答	回答者（数字は海人の識別番号）			
				経験長い海人	中堅の海人	経験短い海人	一時漁をした海人
フサーギ	○	風	旧暦4月、東風で雨模様のとき、一時的に暴風になる。小さい台風のようなもの。この時期、東風に注意	4			
	○	雲	4月の大しけ。雲が黒くなる		25		
			雲が北から速く走る				3
			雲がおりてきたらすぐに逃げる		10		
			雲行きで注意する		34		
	○	時期	旧暦3〜4月ごろ、2時間ぐらい台風並みの風が来る。風の方向も決まっていなければ前触れもない。旧暦4月の朝4時ごろに、ムリブシ（昴）が昇ると、まもなく終わる	12	28		
			旧暦4〜5月ごろ、急にうねりと風が強くなり、1時間後には元に戻る		33		
			新暦5月ごろ。どうしようもない		26		
			2時間も辛抱すれば通り過ぎる。時期があるから気をつける		6		
			旧暦4月、東風で雨のとき一時的に暴風になる。小さい台風のようなもの。この時期、東風に注意する	4			
	○	雨	雨が降ったあと急に風が強くなったりする。雨に注意		34		
ムリーカジ	○	（説明）	時計回りに風が廻るカジマーイなら1〜2日のしけですむが、ムリーカジはだんだんにしけてきて長く続く	12	28		
		時期	旧暦2月末〜3月、ムリーカジがある。前線が通過して、風が北から北東、東、南東まで廻ったら、そこで止まって、東から北東、北に廻る	11			
			旧の11〜2月ごろ、ムリーカジがある。南風がとっぴに止まって北東の風になる。2、3日続く	4			
		ヌーリ雲	ヌーリ雲が走り、とてもしける	8			
アカニサー		（説明）	明るい北風。よい天気で、風が北から吹き、しける	4			
	△	ヤマモモ	「アカニサーが吹いたらヤマモモが落ちる」というが、よく知らない	8			
	○	時期	夏は北風になることは少ないが、たまに1週間ほど北風になる。毎年はないが、ある程度しける	12	28		
アラベー	○	時期	旧暦5月に吹く風。2〜3日、大しけになる	12	28		
ミーニシ		（説明）	ミーニシもしける	9			
	○	時期	旧暦八月十五夜が終わると、ミーニシという北風が1週間ほど吹く。さほど強くない				2
カーシーベー	○	時期	旧暦6月。南西の風が吹き、2〜3日しける。これがすむと真夏である	12	28		

サーギは旧暦四月にあり、東風で雨模様のとき一時的に暴風になる。小さい台風のようなものだ」と述べた。到来時期については、旧暦三～五月(新暦四～六月)の間で回答にヴァリエーションがある。

その予兆について、海人4は「この時期は東風に注意している」と述べ、海人10は「フサーギの場合は、雲がおりてきたらすぐに逃げる」と述べた。一方でフサーギは、来る「時期」以外はほとんど手がかりがないという見解も多い。海人26は、「フサーギは新暦五月ごろにあるが、これはどうしようもない」と述べ、こう話した。

「自分もこの前当たったが、一五分間ほどものすごい嵐だった。二〇メートルの風が吹き、波が真っ白になり、太い雨が降って、唇が痛いほどだった」

②ムリーカジ

普通の風廻《カジマーイ》りは風が時計回りに廻るとされるが、これが逆行する場合「ムリーカジ」と呼ぶ。海人12と海人28によると、「時計回りに風が廻るカジマーイなら一～二日のしけですむが、(時計と反対回りに風が廻る)ムリーカジはだんだんにしけてきて、それが長く続く」という。また海人11は、「旧暦の二月末～三月、ムリーカジがある。ムリーカジは前線が通過して風が北から北東、東、南東まで廻ってきたら、なぜかそこで止まって、東から北東、北風に廻っていく。新たに前線が来たせいではないかと考えている」と述べた。時期に関しては、「旧暦二月末～三月(新暦三月末から四月ごろ)」と「旧暦一一～二月ごろ(新暦一二～三月ごろ)」と、かなりずれた回答が得られた。

③アカニサー

年配の海人4は、「アカニサーは明るい北風である。よい天気で、風が北から吹き、しける」と述べた。この海人は、「沖縄本島北部の人が船で那覇に来て、二〜三日滞在するだけのつもりが、アカニサーにあって足止めをくらい、鍬や鎌を売った代金を食ってしまった」という話を昔、聞いたという。海人12と海人28はアカニサーについて、「夏は北風になることは少ないが、たまに一週間ほど北風になる。毎年はない。ある程度しける」と述べた。このほか、アラベー（荒南風）、ミーニシ（新北風）、カーシーベー（夏至南風）などの風について言及した海人が少数ながらあった。

4　「天気を読む」知識から見る糸満漁師の戦後史

本章では、糸満海人の漁経験と技術の導入時期を整理するとともに、それらの海人の「天気を読む」知識を記述した。このデータをふまえ、まず、知識にはどの程度のまとまりと多様性が見られるか、そして漁師の知識にそれぞれの漁経験がいかに反映されているかを考察する。さらに、天気予報や漁撈技術の進歩による知識への依存度の変化を検討する。

（1）「天気を読む」知識のまとまりと多様性

天気に関する海人の知識には、どのような傾向が見られただろうか。

台風については、「波が大きくなる、荒くなる」「うねりが出る、大きくなる」「東風になる」「カジンニーが見える」など、多くの海人が共通して指摘した現象があった。しかし、カジンニーひとつをとっても、日の出と日の入り双方のものが台風の前触れとする意見と、「朝のカジンニーは台風の前触れではない」とする意見がある。

また、他の海人とは共有されない独自の見解もみられる。たとえば、「朝、カジンニーが少し北にゆがんだら台風は東にある。少し南にゆがんだら、台風はまだ遠い。もしゆがまずはっきり見えたら、台風はまっすぐそばにある」という海人38の回答は、きわめて独自性が高い。雲についても、その流れる速度や方向を指標にするという回答が多いなかで、海人8は、「自分自身の研究」から、「下の雲(下層雲)の先端が曲がる」という見解を述べた。

二月風廻りについてはどうだろう。とくにめだったのは、「時期に注意している」という見解だった。また、多くの漁師が「南風」や「南風が時計回りに廻って北風になること」を二月風廻りの訪れる指標として挙げている。風が南から北に廻るまでのどの時点に言及するかが異なっているため、結果的に回答のヴァリエーションが生じたと考えられる。その他、「アンダブーカー(べたなぎ)で、ヌクマーイ(暖か)で、その前に雨が降っていたら、何かあると考える」(海人34)など独自の見解もあった。

一方、二月風廻りが過ぎ去ったことを示す典型的な指標は、「カニの穴の方向」と、「アーサ(未同定:藻類)が浮くこと」であった。カニの穴については「カニが海に向けて穴を掘る」という回答が多かったものの、「カニの穴がふさがれていたのが開く」や、「南や南東に向けて穴を掘っていたカニが、北などさまざまな方向に向けて穴を掘る」などのヴァリエーションがある。

最後に、しけ一般について比較的多かった回答は、「なぎ」や「ヌーリ雲(上層雲と中層雲の総称)」「雨雲(黒雲)」を指標とするものである。

なぎについては、冬のフーカー(なぎ)やアンダブーカー(べたなぎ)をしけの前兆とする指摘がいくつか見られた。しかし、「アンダブーカーのあと崩れることもあれば、崩れないこともある」という見解もあり、この回答も一枚岩ではない。ヌーリ雲については多様な見解が見られた。速度を指標とするもの、流れる方向を指標とするもの、ヌーリ雲と下の雲（下層雲）の流れる方向を関連付けて指標とするものなどである。雨雲については、「北から雨雲（黒雲）が現れる」ことを警戒するという、比較的まとまった回答を得た。しけの予測をめぐる回答は実に多様である。この他にも、星のまたたきや、カマンタ【エイ】が跳びはねること、下層雲が走ること、うろこ雲が速く走ることなども、しけの前兆ととらえられている。

季節に特有のしけとしては、フサーギという春の嵐に言及する人が多かった。フサーギが起こる時期については見解に幅があるが、とにかく春に一時的に台風のような暴風が来ることを指す。この現象については、雲行きや風、雨などを指標にするという回答がある一方で、「風の方向も決まっていなければ前触れもない」という回答もあった。

以上、三つの質問に対する回答の分析から、海人の知識は、ある程度のまとまりを保ちつつも多様であることが明らかになった。たとえば、「東風は台風の前触れである」「カジンニーが見えたら台風が近い」「二月風廻りが過ぎたことはカニの穴の方向でわかる」などの知識は、多くの海人に継承され、共有されてきた知識と見ることができる。(14) そのような継承された知識に個人の観察や解釈が加えられ、ヴァリエーションが生じる。(15) あくまでも、海人は自己の経験をふまえて先人の知識に修正を加え、自分のものにしているようである。

また、海人の「天気を読む」知識には、それぞれの操業海域や漁法を反映しているものがあった。たとえば、風向きから台風の位置や進路を推測する知識は、ほとんどが沖縄本島を中心にすえていた。そのなかで海人26は、「風に背を向けて立ち、左手を伸ばすと、その先に台風がある」と回答した。この見解は、海上での自分の位置を起点としており、他の漁師たちの回答とは性質を異にする。彼はミクロネシア近海でマグロ漁に従事していたときにこの知識を得たと話していたが、島影の見えない大洋上で台風の位置を知るため、自己を起点として台風の位置を探る方法が必要だったのだろう。

二月風廻りの終わりについては、アーサという藻類が海面に浮くことを指標にするという回答が多かった。一方で海人8は、「アーサが浮くのは(二月風廻りの終了より)もう少しあとのことで、あれは暑くなってくるから浮くのだろう。アーサではなく、干瀬についている丸い草、フクラー(未同定：藻類)というが、あれがぱかぱかーと浮いたら、二月風廻りは終わりである。この草は、ふだんは固くて干瀬からはずれない」と述べた。これは、おもに潜水漁に従事し、干瀬の様子をつぶさに観察してきた人ならではの知見である。

さらに、二月風廻りに先立って、ブレーク(潮の上下運動)が見られることや、海の中が騒ぐこと、海の中が濁ることは、いずれもイノーの網漁を家業とする漁師によって指摘された。海に潜って網を張る場合、潮が行き来すると網が裏返しになり、操業が難しくなる。網漁に従事してきた海人は、海中の動きや潮の微細な上下運動に鋭い観察眼を向けてきたのである。

そして、干瀬に打ち付ける波の音「ヒシンナイ」をしけの指標にするという回答は、やはり網漁を家業とする海人4と海人7から得られた。それに対し、同じ網漁を家業とするが、彼らより一世代若い海人14は、「昔、親父が外に出て、海に耳をすませ、『ヒシンナイがする』と言っていたことがあった。これは自分たちにはもうわからないことだ」と述べた。干瀬に打ち付ける波の音から嵐を察知する方法は、網漁師たちの間で育まれてきたものの、しだいに使われなくなり、「ヒシンナイ」という言葉そのものも消えていこうとしている。

これらの回答からは、漁師一人ひとりが経験した海域や漁法が彼らの知識に反映されていることが見てとれる。

イノーに潜って漁をする者の視点、島影の見えない洋上にある者の視点など、それぞれの視点から漁師たちは海や空を観察し、「天気を読む」ことを試みてきたのである。

（2）技術や天気予報の進歩による知識への依存度の変化

技術の進歩によって海人の天気への警戒度が変わってきたことは、容易に推測できる。たとえば、昔のサバニは簡単に転覆したが、ローリング返しがついてある程度安定した今日の船はそうではない。また、しけに襲われても、高性能のエンジンが搭載された船であれば、サバニよりずっと速く「逃げて帰る」ことができる。

天気予報が「天気を読む」知識に大きな影響を及ぼしたことも、いうまでもない。天気予報は戦前からあったが、当時は大雑把であてにならなかった。調査時においては精度は格段に向上し、漁師たちは例外なく天気予報の情報を重視していた。そのため、風や雲の様子を直接観察して天気を「読む」必要性は低下していると考えられる。本インタビューに協力してくれた海人には、天気予報があてにならない時期に小さなサバニで漁を経験した人と、天気予報の精度が向上したあとで高性能のエンジンを搭載した船で漁を始めた人がある。この違いは「天気を読む」知識にどのように反映されているだろう。

表16は、天気をめぐる三つの質問への回答状況を漁経験の長さによって整理したものである(16)。それぞれの漁師が天気を予測するのに役立てている雲や風の状態などを、本章では「指標」と呼んできた。天気予報から得る情報も考え方によっては「指標」ととらえられるが、予測を他者（気象予報士）に任せているため、ここでは「指標」と見なさない。ただし、天気予報から得られた知見をもとに自分なりに天気を予測している場合は「指標」と見なす。

表16では、「指標」として利用された要素を「○」印で示す。「天気予報の情報を利用する」という回答と「気に

挙げた天気を予測する指標

20	22	23	24	25	26	28	29	32	33	34	35	37	38	41	36	39	40	42	43	44	45	46	47	48
中堅の海人															漁経験の短い海人									
				○	○					○										○				
				○			○				○	○	○	○				○	○	○				
	○																			○				
		○	○		○		○				○		○	○										
					○													○						
																								○
									○		○													
					○	○	○		○		○		○		○				○				○	
		○																						
	○									○				○										
																						○		
	○	○																						
●	●							●							●	●	●		●		●			
										○												○		
	○								○		○	○			○									
	○		○		○	○			○		○	○	○	○	○					○				○
				○		○	○	○	○		○		○	○	○						○			
					○					○														
					○																			
					●						●				●	●	●				●			
●								●											●					
																						●	●	
											—							—						
				○																				
		○		○		○			○		○													
									○		○													
											○													
									○															
							○							○							○			
								○				○												
			○			○						○											○	
						○						○												
		○		○											○	○		○		○				
					○																			
		○		○	○		○				○						○		○		○			
	○							○																
							○																	

表16　それぞれの海人が

	海人	1	4	5	7	8	9	11	12	15	27	6	10	13	14	17	18	19
	漁経験の長さ	漁経験の長い海人										中堅の海人						
台風	波	○	○		○						○	○	○					
	ムサ			○	○										○		○	○
	潮																	
	風向き		○	○	○		○	○	○	○			○		○		○	○
	風向きと台風位置				○		○											○
	風の強さ																	
	雲									○							○	
	ヌーリ雲		○							○				○				
	下の雲					○												
	カジンニー			○		○			○		○					○	○	
	トンボ	○				○								○				
	天気																	
	気圧計																	
	勘																	
	天気予報												●					
二月風廻りの前触れ	海	○	○		○			○							○			○
	雲			○		○				○			○					
	風					○	○	○	○	○				○				
	時期		○					○	○	○	○	○		○	○			
	天気							○										
	カニ														○			
	天気予報自己分析																	
	天気予報																	●
	気にしない															●		
	知らない																	
	予測不可能										—						—	
二月風廻りの終わり	鳥	○		○														
	カニ	○	○			○		○	○			○			○		○	
	海藻	○		○		○									○			
	雲																	
	海		○															
	風																	
	全般							○										
しけ一般	波	○									○					○		
	うねり																	
	なぎ				○			○	○									○
	ヒシンナイ		○		○													
	潮		○															
	ヌーリ雲	○	○		○		○		○		○			○	○		○	
	雨雲(黒雲)				○	○	○	○		○					○			
	下の雲																	
	うろこ雲					○												
	風		○	○		○	○	○			○		○	○				○
	星	○				○					○							
	カマンタ					○		○			○				○			
	天気																	○

○											○													
																			●			●		●
		●																	●					●
				○						○														
					○	○			○															
										○														
						○																		
						○																		
						○																		

は21年未満。
していないととれる回答を表す。「—」は、知識の有無にかかわらずその気象現象は予

人)はサンプル数が少ないため、ここでは省く。

しない」「知らない」という回答は「●」印で、知識の有無にかかわらず、そもそもその気象現象は「予測することができない」とする回答は「—」印で表した。

この表からは、「漁経験の長い海人」や「中堅の海人」は、「漁経験の短い海人」に比べ、数多くの指標に言及していることがみてとれる。このことを明示するため、表16のデータをもとに、天気を予測する指標を「三項目以上挙げた人」「一項目ないし二項目挙げた人」「まったく挙げなかった人」の比率を漁経験の長さに応じて示したのが図22(二七二ページ)である。(17)

図22からは、台風、二月風廻り、しけのいずれの場合も、漁経験が長い海人のほうが多くの指標を挙げていることがわかる。また、指標をまったく挙げなかった海人は「漁経験の長い海人」にはいなかったが、「中堅の海人」の一部や、「漁経験の短い海人」に見られた。とくに二月風廻りについて、「漁経験の短い海人」の半数が指標を挙げなかったことは注目に値する。指標を挙げなかった海人は、「天気予報を利用する」「気にしない」「知らない」などと回答していた。知識の有無にかかわらず、その気象現象は「予測不可能」とした海人もいた。

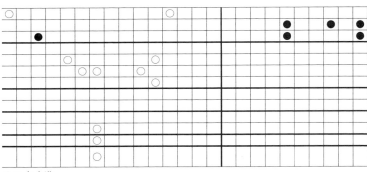

	天気予報自己分析																	
	天気予報			●											●		●	
	気にしない										●	●				●		
フサーギ	風		○															
	雲												○					
	時期		○						○			○						
	雨																	
ムリーカジ	時期		○					○										
	ヌーリ雲					○												
アカニサー	ヤマモモ					○												
	時期								○									
アラベー	時期								○									
カーシーベー	時期								○									

注1：漁経験の長さの欄：「長」は漁経験が51年以上、「中」は21年以上51年未満、「短」
注2：「○」は、その項目を指標としていることを表す。「●」は、実質的に天気の予測を測不可能とする回答を表す。
注3：「一時的に漁を行った海人」(11年未満の漁経験があるが、調査時は引退していた海
注4：数字は海人の識別番号である。
出典：42人の海人からの聞きとりより作成。

また、表16からは、「漁経験の長い海人」や「中堅の海人」がしばしば言及し、「漁経験の短い海人」が触れなかった指標がいくつかあることがわかる。たとえば、台風の指標としての「ヌーリ雲」や「トンボ」、二月風廻りの終わりを示す「カニ」や「海藻」、しけの前触れとなる「ヌーリ雲」「星」「カマンタ【エイ】」などである。「フサーギ」など季節に特有の気象現象についても、「漁経験の短い海人」は触れなかった。これは、「漁経験の短い海人」とその先輩海人との間に知識の断絶があることを示している。

さらに、表16からは、「中堅の海人」と「漁経験の短い海人」は、「漁経験の長い海人」に比して「天気予報を利用する」と回答する率が高いことがわかる。もちろん、ほとんどの海人が天気予報は観ているが、私の質問に対し「天気予報を観る」と答える人は、多くなかった。また、二月風廻りやしけを「気にしない」とする回答は、「中堅の海人」と「漁経験の短い海人」にしばしば見られる。

これらを考え合わせると、「漁経験の短い海人」が「天気を読む」指標をあまり挙げていないのは、漁経験の短さゆえにそれら

図22　漁経験の長さと天気を予測する指標数

＜台風の予測＞

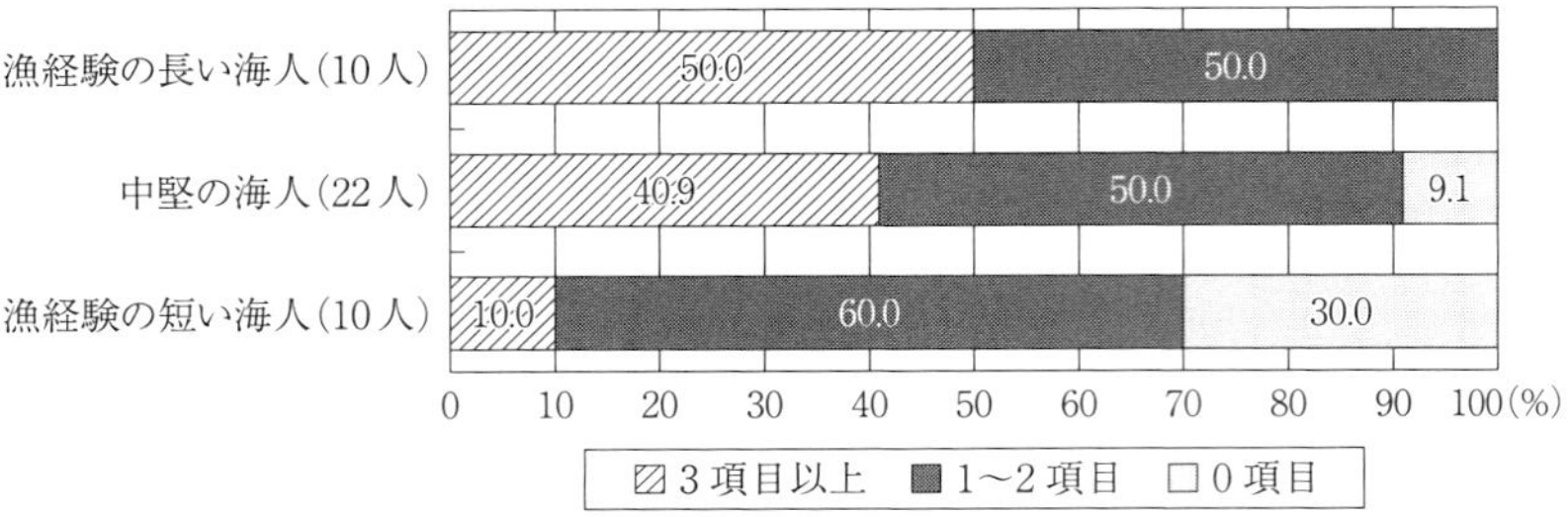

＜二月風廻りの予測＞

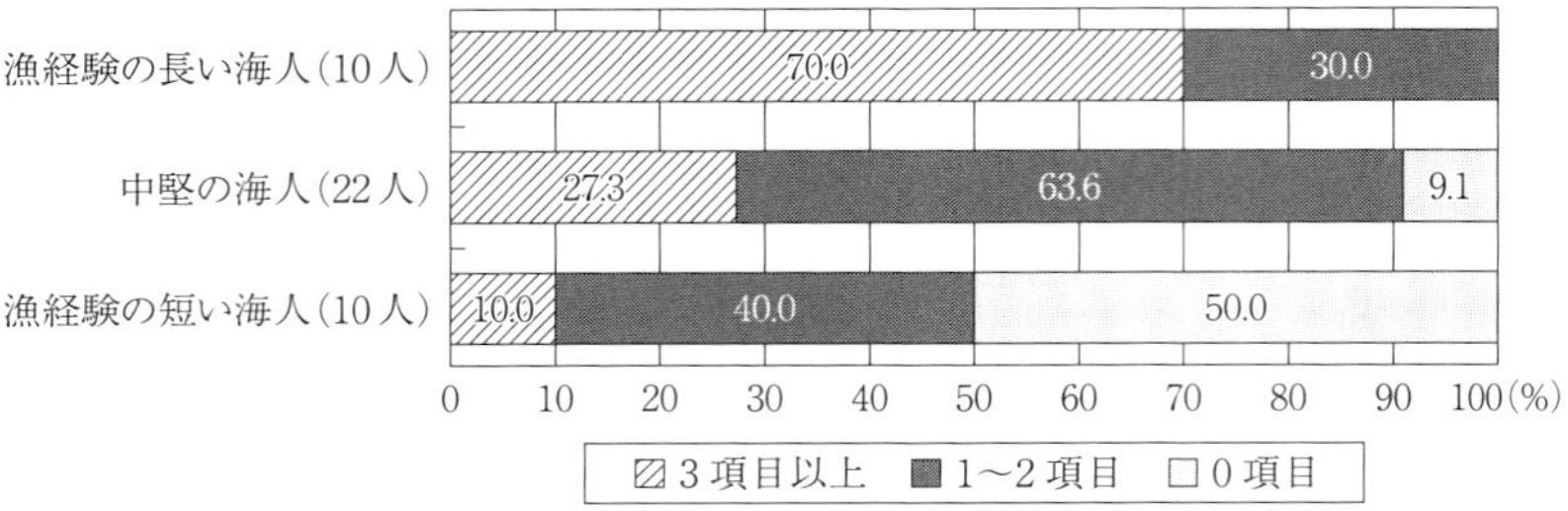

＜しけの予測＞

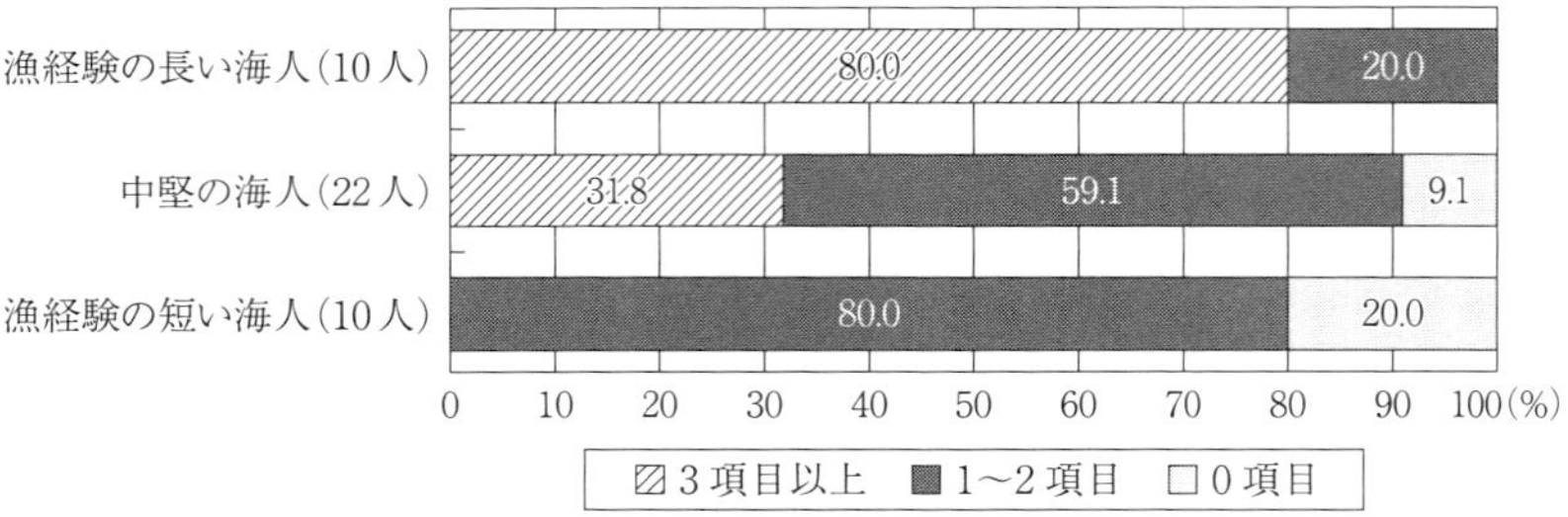

の知識を持っていないからではなく、そもそもそうした知識が必要ではないからと考えられる。

一九三三年から漁に従事し、漁従事年数六三年の海人4は、「昔は少しのことにも敏感だった。恐怖心が強かったからかね」と述べた。一九四九年に漁を始めた漁従事年数四九年の海人14は、「今はラジオなんかも聴いているし、そうそうサバニのようには転覆しないから空は見ないが、昔は天気を見ていたよ」と述べた。そして、一九八〇年に漁を始めた漁従事年数一八年の海人43は、「二月風廻りは、大型の船に乗っているから気にしていない。サバニ時代だったからこそ、こわいんじゃないか」と述べた。

これらの発言は、それぞれが漁に従事した時代を反映して、天気を予測する知識の必要性が低下してきたことを示している[18]。一九四四年に漁を始めた漁従事年数五四年の海人11は、以下のように語った。

「自分たちのころからは、そんなに天気を気にしなかった。だから多くを知らないが、父などは、風向きなどを見て『明日《アチャー》から海はならん(漁はできない)』と言っていました。昔の人は、雲やヌーリ雲、海鳴りなどを手がかりにしていました。父は朝『浜見舞《ハマミーメー》い』によく行っていたが、これは波の音で風向きなどを聞き分けていたんです。たとえば、冬は北東から東の風ならなぎだが、北西から北の風ではしける。風向きは大切な問題でした。二～三日前から風向きなども考えていました。(中略)戦後でも、天気予報よりかえって父の予報があたっていたぐらいだった。ヌーリ雲が速く走るとか、月に暈《かさ》がかかるとか、太陽に暈がかかるとか、昔の人はいろいろなものを見たと思います。今は天気予報がよくなって、私も、昔の人が言っていたことを高気圧や低気圧の仕組みで理解できるようになりました」

天気を予測することがそのまま命に関わった時代、漁師たちは海や空、動物たちの行動に目を配り、波の音に耳を澄ませ、わずかな指標をも見落とすまいとしていた。そのような指標のなかには、広く人びとに受け入れられ、民俗的な知識として定着したものもある。ただし、海上での身の安全を保障する必要から、これらの知識は「先人の知識」そのままの姿にとどまるのではなく、個々の経験を反映して変更を加えられていく。

そもそも漁師たちが手がかりとしている波や風、雲の諸現象は、移ろいゆくものである。また、それらのどの部分に注目するかによって、解釈は無限に広がり得る。異なる年代に、異なる海域で、異なる漁法に従事し、装備など操業条件も異なる漁師たちが培ってきた知識は、必然的に多様になっていくのである。

糸満漁師たちの「天気を読む」知識の聞きとりからは、いわゆる「民俗的知識」の背景にあるそれぞれの「天気を読む」実践が見えてくる。その一方で、天気予報の精度が向上し、漁撈技術が進歩した今日では、「天気を読む」行為が必要なくなり、知識もやせ細ってきていることが明らかになった。

海や風や雲や動物の行動を観察し、その意味を読み解く知恵を失うとき、糸満漁民と海との関わり方は根本から変化することだろう。私が過ごした一九九〇年代後半の糸満は、そのような過渡期にあったといえる。

（1）　ここでいう「糸満漁師」には、調査時に糸満漁業協同組合の組合員として漁に従事していた海人（四一人）、糸満で漁を行った経験があるが、すでに引退した海人（六人）、糸満で漁を習得し、調査時は沖縄本島北部国頭《くにがみ》村で漁を行っていた海人（一人）が含まれている。

（2）　聞きとり項目①については四八人すべてから回答を得たが、②については四人への調査が未完、③については二人への調査が未完に終わった。

（3）　この表に記した漁法以外に、漁師たちが経験したものの言及しなかった漁法があると考えられる。たとえばスク（エーグヮー【アイゴ】の幼魚）漁は、多くの海人が従事してきたにもかかわらず、ごく限られた期間のみ従事される漁であるためか、言及した人はいなかった。また、戦後さかんになされたというダイナマイト漁についても違法な漁であったせいか、言及した人はほとんどいなかった。

（4）個人操業できる漁法を複数人で操業した場合なども◎に含めた。

（5）このうち若い海人46は父親（海人23）の船に同乗していた。海人48も父親（海人24）の船に乗っていたが、調査中に独立した。

（6）漁師が年齢を重ねるにつれ、自身の身体能力と経験、知識に応じて漁法や活動水域を変えていくことは、広く指摘されている［たとえば、煎本 一九七七a、一九七七b、口蔵 一九七七］。

（7）このデータは海人たちの持ち船に限り、他の人の船に乗っていた場合は記入していない。ただし、家族の船に乗っていた場合は、（　）内に記した。

（8）この時代は海人のほうが天気予報よりも頼りにされ、学校の先生が数日先の遠足の日の天気を海人の家に聞きに来たこともあったという。

（9）4章でとりあげた上原佑強さんのことである。彼は沖縄県下で名の知られる指導的役割にある漁師であったため、気象台もその意見を尊重したと考えられる。佑強さん亡き後、このようなことがあるかどうかはわからない。

（10）この調査とは別の機会に、二月風廻りの指標となるアーサは、ヒトエグサではなく、パクパクーアーサと呼ばれるアーサであるという指摘を、海人11と海人14から得た。海人8がここで指摘しているフクラーは、海人11や海人14が言うパクパクーアーサである可能性もある。アーサはヒトエグサを表す言葉であると同時に、藻類一般を表す言葉でもあるため、このような混乱が見られる。いずれにせよ、「二月風廻りが終わったらアーサが浮く」というやや一般的な回答から一歩踏み込んだ回答が、いずれもイノーの漁に親しんだ海人8、海人11、海人14から得られたことになる。

（11）海人12と海人28は二人一緒に調査に答えてくれた。互いに意見を確認し合いながらの回答だった。

（12）海人12と海人28は、急に来るしけのことを「アガイベー」と呼んでいる。それに対して海人11は、しけの前触れとなるなぎの状態を「アガイベー」と呼んでいる。

（13）「ヌーリヌニシバヤー」について海人11は、「ヌーリ雲が北に走ること」と説明しており、海人4の説明「ヌーリ雲と下の雲が異なる方向に走ることをヌーリヌニシバヤーと呼ぶ」とは食い違っている。ちなみに「ニシ」は北の意味である。

（14）もっとも、すでに形骸化した知識もあった。たとえば、二月風廻りの指標となるカニの穴は、護岸工事の進んだ糸満ではほとんど見ることができない。「台風トンボ」の知識も、知られてはいても実際にはほとんど使われていなかった。

（15）寺嶋秀明は、アフリカ中央部のコンゴ盆地を中心に広がる熱帯雨林の一角「イトゥリの森」に暮らすピグミーと呼ばれる人たちの薬用植物利用をめぐる知識の多様性を指摘し、それを人びとの日常的な経験や観察、実践の結果と考察した[寺嶋 二〇〇二]。

(16) 「一時漁を経験した人」についてはサンプル数が少ないため分析しない。

(17) 「漁経験の長い海人」が一〇人、「中堅の海人」が二二人、「漁経験の短い海人」が一〇人と、サンプル数が少ないが、経験の長さに応じたおおよその傾向がつかめると考える。

(18) このように既存の知識がその実用性の面からしだいに失われていくことについては、山田孝子による指摘がある[山田 一九八四]。山田は、旧ザイール(現コンゴ民主共和国)東部のニンドゥと呼ばれる農耕民の植物認識について、住居形態の変化にともない、植物に対する新しい認知や価値評価が形成されると同時に、既存のものが意味をなさなくなっていくことを示し、植物の実用性は文化的試行錯誤のなかでしだいに評価が定まっていく、と指摘した。

終章　海とともにある暮らしの記憶が問いかける

糸満で復興された帆で走るサバニ(2013年)

糸満では、魚をとる男性と、魚を売る女性の相互補完的な営みによって独自の文化が育まれてきた。とくに、第二次世界大戦前の県外・海外への漁業進出はめざましく、研究者の関心はとかくこの点に向けられがちであった。一方、女性の活動についても、女性が私財を持つ独特の経済システムに関心が集中し、「糸満漁民といえば追い込み網漁」「糸満女性といえば夫婦別経済」という理解がなされてきた感がある。

しかし、海人やアンマーが語る海や魚の話に耳を傾けていると、糸満漁業の歴史の一時期を彩った追い込み網漁や、過去の経済システムにばかり研究の関心が向けられてきたことは、やや奇異に感じられる。筆者がお世話になったなかにも、県外や海外での漁経験を持つ人がいる。だが、彼らが海について語るとき、それが五島列島の海だったとか、シンガポールの海だったとかいうことを気にしているようには感じられなかった。彼らはあくまでも「海」という広大な水域に向き合ってきたのであり、海での経験や海で培ってきた知識を自信をこめて語るのである。また、アンマーたちの関心はつねに魚に向けられてきた。海人やアンマーが生涯をかけて向き合ってきたのは海であり、魚である。

本書では海人とアンマーの海や魚を「読む」知識を手がかりに、糸満の人びとの「海とともにある暮らしの記憶」を民族誌として記述することを試みた。終章では、糸満の海人とアンマーが海とどのように関わりながら生活を切り開いてきたか、そしてその関わりは一九九〇年代においてどのように変容しつつあったかについて、これまで検討してきたことを総括する。さらに、本書を書いている二〇一〇年代の視点から見えることを記したい。

1　海や魚を「読む」人びと

本書で一貫してとってきた立場は、「人びとの知識」は継承されるべき知の体系ではなく、日々構築されていくというものだ。海人が「海を読む」知識は、海と向き合うなかで構築される。そして、アンマーが「魚を読み」「魚を語る」知識は、魚と買い手に向き合うなかで構築される。だからこそ、海人は変わりゆく海に対応でき、アンマーは変わりゆく社会に対応できたのである。あえていうならば、継承されてきたのは、知識そのものではなく、「海を読む」行為であり、「魚を読み、語る」行為である。

第1章では、糸満という社会がもつ記憶をたどった。耕作に適した土地が狭少であるため海に生活の糧を求めた人びとが、いかに町をつくっていったか。どのような場所を聖地とし、どのような漁法を発展させ、漁を行ってきたか。また、女性たちがどのようにその魚を販売し、経済的な繁栄をもたらしたか。糸満の男と女が海と陸においていかに連携し、沖縄はもとより、世界の海にまで名をとどめる活躍をしたか。さらに、第二次世界大戦によって何もかもが破壊された後、どのように糸満は再建されたか。日本復帰のころから始まった海の埋め立ては、どのように糸満の姿を変えていったか。このような視点から、糸満に層となった記憶を概観した。

第2章では、魚売りのアンマーたちの個人史を記述し、彼女たちが魚を売るに至った事情や、どのような魚をどのように売ってきたかを概観した。そして、彼女たちの生きた時代においては、魚売りこそが女性の自律的生を可能にするもっとも身近な手段であったことを論じた。次に、セリにおける魚の吟味と魚販売時の語りに着目し、アンマーがそれぞれの魚の属性を読み、買い手を前にその魚の価値について語ることで、「自然物としての魚」が糸満の魚食文化によって価値付けられた「糸満の魚」に転換されることを指摘した。

魚販売におけるやりとりは、基本的には魚を売る者と買う者の駆け引きである。アンマーは魚の属性だけでなく買い手の要求をも読みながら、買い手を納得させる魚の価値を引き出そうとしている。一匹の魚にはさまざまな属性がある。ある人にとっては、それが「おいしいおつゆになる」ことが重要であり、他の人にとっては「熱さましになる」ことが重要である。拝みに使う魚を買いに来た神人《カミンチュ》にとっては、味や鮮度ではなく、魚の「姿」が肝心である。

アンマーはそれぞれの買い手にふさわしい魚の価値を語るため、魚を細やかに差異化する。たとえば、同じマグロでも、あるアンマーはパヤオ周辺でとった「パヤオマグロ」とマグロ船で捕獲された「本船マグロ」を区別し、パヤオマグロを「色は悪いが鮮度は良い」と認識し、本船マグロを「色は美しいが鮮度は落ちる」と認識していた。つまりこのアンマーは、状況に応じて「パヤオマグロだから新鮮だよ」と語ることもできれば、「本船マグロだから色がいいさ」と語ることもできたのである。

アンマーにとってセリで魚を「読む」ことは、その魚についてどんな語りができるかを吟味することでもある。魚の属性を読み、買い手の納得する魚の価値を語り出そうとするアンマーの試みのなかで、魚は細かく差異化されていく。それは、魚の名前についても同様である。ある魚を長く売ってきたアンマーは、その魚の分類や名称について他の人とは異なる方法で把握していることがある。糸満における魚の価値の豊かさは、魚を読み、魚について語ってきた、アンマーたちの営みの賜物とも考えられる。

戦後、セリの導入によって、海人がとった魚をアンマーが売るという糸満社会の基本的な仕組みが崩壊したが、アンマーたちはそれぞれの事情で、それぞれの身の丈に合った魚販売を行ってきた。少なくとも一九九〇年代においては、糸満の魚食文化によって価値付けられた「糸満の魚」は、アンマーたちによって販売されていたのである。しかし、それと同時にスーパーマーケットでは、県外や海外から流入した、糸満の人びとにとってあまり馴染みのない魚が売られていた。次々に大きなスーパーマーケットができるなかで、アンマーから魚を買う人も少なくなっていく。「年々お客さんが減っているさ」というアンマーのつぶやきは、「糸満の魚」を支えてきた社会的基盤が揺らいでいたことを物語っている。

また、魚を売ることが女性の自律的な生き方を保障した糸満の社会構造が過去のものになることで、日本の一地域社会としての糸満で、女性の生き方が改めて模索されなければならなくなることを示唆した。

第3章では、日本復帰にともなう沖縄振興開発という文脈のもとで、いかに埋め立てがなされたか。そして、埋め立てによって海洋環境が著しく変化してきた糸満のイノー（礁池）において、網漁師がどのように海の変化を読み、新しい漁場を開拓してきたかを分析した。

まず、糸満の海の埋め立てを沖縄振興開発と関連付けながら概観し、広大な面積のイノーが埋め立てられてきたことを確認したうえで、糸満漁師たちがこの海域の干瀬《ヒシ》や水路など海の地形をどのように名づけていたかを提示し、民俗空間としてのイノーがいかなるものかを示した。次に、網漁師・朝汐丸氏による漁場開拓の分析から、漁師がいかに「海を読み」、漁場を見出しているかを明らかにすることを試みた。まず、一九七七年と九七年におけるイシヤー（網を入れるポイント）の配置と名称の分析から、いくつものイシヤーが埋立工事によって姿を消すと同時に、新しいイシヤーが開拓されてきたことを明らかにした。さらに、「なぜその場所がイシヤーになるか」についての朝汐丸氏の解説から、イシヤーを構成するうえで「意味」を持つ環境の諸要素を浮き彫りにした。

たとえば西崎埋立地の周辺には、埋立地をとりかこむように深い溝が掘られている。この溝と埋立地の間はごく浅く、干潮時には干上がる。この浅瀬に「ザン草」と呼ばれる海藻が生えている。ザン草を食べに浅瀬に集まってきた魚は、潮が引くにしたがって深みを求めて溝に戻っていく。このことをふまえて朝汐丸氏は、溝を背にして網を張り、魚が溝に移動するところをとらえようとしている。朝汐丸氏は、「ザン草」や「浅瀬と深みの組み合わさった地形」など「意味」のある環境の要素を有機的に組み合わせることによって、イシヤーを作り出すのである。漁師にとって「海を読む」ことは、環境を構成する諸要素の利用可能性を模索することである。埋め立てによって、糸満のイノーは絶えずその姿を変えてきた。既存のイシヤーに頼っていては生活ができない。朝汐丸氏は海を読み、新しいイシヤーを開拓することによって、埋め立てによる著しい海の変化を乗り切った。すなわち、漁撈には継承されてきた知識の習得だけでなく、その時その場の環境を「読む」行為が求められる。

本章では、「海歩く人《ウミアックルチュ》は《エ》、手上《ティーウィー》（一日でも多く海に出ている人が、それだけ多く海を観察しており、勝っている）」という言葉で表現される、海を読む行為の集積としての漁活動を、とくに漁場開拓という視点から記述すると同時に、埋め立てによる糸満の海の変容を海人の目線から読み解いた。そして、それは、沖縄を飲み込もうとする開発の波の最前線で、ぎりぎり生を切り開く海人の姿でもあることを示唆した。

第4章では、海を読む知識に基づいた漁実践を、科学的知識や近代技術との関係において論じた。これまでの研究において「海を読む」知識は「伝統」という枠で、近代技術や西欧科学と対立的にとらえられる傾向にあった。しかし、漁師たちの生活の文脈において、それらは決して切り離されたものではない。本章では底延縄《そこはえなわ》漁師・上原佑強氏の「海を読む」知識と漁実践をとりあげ、彼が「海を読む」知識を構築していく過程で漁撈技術の進歩や天気予報の精度の向上がどのように影響を及ぼしてきたかを検討した。

まず、佑強氏の「漁場を読む」知識、「風を読む」知識、「潮を読む」知識がどのようなものか具体的に記述するとともに、それらの知識がどのように構築されてきたかを検討した。その結果、魚群探知機によって映し出される海底地形や、天気予報で提示される天気図などが佑強氏の漁経験に照らし合わされ、自然現象の再解釈を経て「海を読む」知識に取り込まれてきたことが明らかにされた。その一方で、技術の進歩によって漁撈は容易になり、海を読まなくても魚をとることができるようになった。その結果、一九九〇年代の沖縄では、海人は近代技術を完備した遊漁者とさえ競合しなければならなくなった。海人と遊漁者による熾烈な競争の末、乱獲が進み、長年海を読んできた海人にも「海が読めない」という海の異常が起こっていた。

このように本章の検討からは、近代技術によって提示される自然の新しいヴィジョンをもとに「海を読む」知識を深化させる海人がある一方で、漁撈技術や天気予報がもたらす情報に依存し、「海を読む」ことを省く海人もあることが明らかになった。海と人間の関係性の変容は、近代技術の導入そのものによってもたらされるのではない。それは、技術を用いて海の予測不可能性を乗り越えようとするか、技術がもたらす情報に依存して海の予測不可能性を取り除こうとするか、という海へのアプローチの違いによってもたらされるのである。

第5章では、糸満漁師と海との関わりの変遷を、個人ではなく集団の経験として把握することを試みた。具体的には四八人の海人にインタビューを行い、船の装備・技術の進歩や、漁師たちの漁経験が彼らの「天気を読む」知識にいかに反映されているかを分析した。

まず漁師を操業年数によって、「漁経験の長い海人」「中堅の海人」「漁経験の短い海人」に分類し、それぞれが操業した海域や、おもだった装備の導入時期をまとめた。そして、台風、二月風廻り《ニングワチカジマーイ》、しけという三つの気象現象の予測をめぐる漁師たちの知識を漁経験との関連から検討した。

その結果、「天気を読む」知識は、ある程度のまとまりを保ちつつも実に多様であることが明らかにされた。たとえば、「東風が来ると台風が近い」という知識は多くの海人に共有されており、民俗的な知識とみることができる。一方で、台風の予兆としてのカジンニー(風の根)の知識のように、見え方、見える時間帯、解釈などにかなりの幅があるものもあった。また、漁師の知識にはある海域で漁を経験した人ならではの知見も含まれていることを指摘した。これらのことは、漁師たちがそれぞれの漁経験のなかで継承されてきた知識を試し、自分の目線にあったものにつくりかえていることを示唆している。

さらに、「漁経験の長い海人」や「中堅の海人」が多様な「天気を読む」知識を有していたのに対し、「漁経験の短い海人」は天気を予測する指標をあまり有していないことが明らかになった。このことは、天気予報の精度の向上や船の装備の充実により、天気を読む必要性が低下していることを示している。かつて「天気を読む」知識は生死を左右した。人びとはそうした知識を継承するだけではなく、それぞれの経験のなかで自分なりに深める努力を怠らなかった。だが、船の装備が充実し、天気予報の精度が向上した調査時では、「天気を読む」知識はあまり育まれなくなってきていた。すなわち、海との関わりが根本的に変化してきていることを指摘した。

糸満の人びとは、海や魚について実に豊かな知識を育んできた。それは海や魚を「読む」ことが、より多くの魚をとることや、より多くの魚を売ることにつながったからにほかならない。一九九〇年代の糸満では、漁撈技術の進歩によって「海を読まない漁」が可能になっていた。また、魚売りのアンマーも、アンマーから魚を買う人も高齢化し、市場(マチグヮー)よりもスーパーマーケットの需要が高まりつつあった。「海を読む」海人と、「魚を読み」「魚を語る」アンマーたちが活躍する糸満の最後の姿を私は見ていた。それに気づいたのは、約一〇年後である。

2　記憶によって「糸満」をとりもどす

さまざまな「暮らしの記憶」が層になったところに、糸満という地域社会の核、すなわち「文化」はある。本書では「海を読む」「魚を読む」という営みから、糸満の記憶をたどった。イノーの地名、漁場の特徴、二月風廻りの恐怖、魚の方名、魚の民俗的価値……。「文化」とは、そのような何気ない暮らしの痕跡である。それを失うことは、おそらく、社会のアイデンティティを失うことと同義だろう。

私の主張は、「伝統的なもの、古いものこそが真正なものだから、それを継承しなくてはならない」というものではない。生きた文化は変化する。漁師の「海を読む」知識も、アンマーの「魚を語る」知識も、生きた文化であるからこそ、海の環境の変化や社会状況の変化に対応できたのである。

私が問題と感じるのは、糸満の「海とともにある暮らしの記憶」と切れたところで新しい町ができつつあり、「海人の町糸満」というキャッチフレーズが空々しく聞こえるほどに、糸満の旧市街や海との関係性のなかで培われてきた生活文化が顧みられなくなっていることである。それは、沖縄の一地域社会が開発によって日本（大和）に同化していく姿ともとれる。本土復帰以降の糸満のイノーの埋め立ては、「沖縄振興」の名目で沖縄に投下された大和の金が沖縄の暮らしと自然環境をいかに改変してきたかを象徴的に示している。しかも、そのことによって起きた生活の根幹に関わる変化は、人びとのアイデンティティをも危うくする。

日本復帰直後の一九七三年、「沖縄の文化と自然を守る十人委員会」が設立された。同年に発表された「沖縄の文化と自然を守る要望書」において十人委員会は、沖縄の自然は沖縄人の感性の純粋さを育て、文化に化身したとし、次のように述べている。

「その自然の美しさがまさに破壊され、文化が破壊され、自然が破壊された時、沖縄は遂に沖縄を喪い、そのよりどころを失う」［沖縄の文化と自然を守る十人委員会 一九七六：二〇四］。

新漁港を軸とした糸満の漁業発展は、現状を見るかぎりでは果たされていない。漁業者数も減少し(1)、現在、漁業を糸満の主たる生業と呼ぶことは難しい。糸満漁民からイノーが奪われるという事態は、糸満が「海人の町」であることを脅かすほどの出来事だったといえそうだ。

たしかに、漁師は埋め立てによる補償金を受け取ったかもしれない。また、新漁港を基軸とした漁業振興は、糸満の人びと自身も描いた夢だったかもしれない。しかし、沖縄の日本復帰と沖縄振興策という大きな力に、一介の漁民社会がどこまで抗えただろう。これは、日本による沖縄支配の一つの形ではないか。埋め立てのほぼ完了した糸満の姿は、日本復帰から始まった「開発」という名の支配を象徴しているようである。

二〇一四年二月、糸満で講演をし、本書の一部を発表した。上原佑強さんの「海を読む」漁についてである。講演を聴いてくださった年配の女性が言った。

「あなたの話を聴いて、私、父を想い出しました。父は海人だったんです。とっても懐かしくなった……」

彼女が想い出したのは、糸満の旧市街に暮らした子どものころ。語り出せば、次々に思い出があふれ出したことだろう。この「懐かしい」という強烈な感情を喚起させるもの、その力によって、旧市街や海の記憶とともにある「糸満」を、埋立地中心につくられつつある新しい「糸満」に接続することはできないか。

糸満では現在、旧暦文化や拝みごとなど、失われていく諸々の事象を記録する試みが、地域の人びとの手によって始められている。また、地域観光ガイドによる徒歩ツアーには、糸満旧市街も組み込まれている。旧糸満市街は、バイパスができたことで車の往来が少なくなった。それを逆手にとり、「歩いて楽しい町」として生まれ変わらせることもできるはずだ。

また、糸満のＮＰＯ法人ハマスーキでは、サバニ復興の取り組みがなされている。漁具収集や船大工など、さまざまな形で糸満漁業に関わってきた人たちや、大和の人や若い人も加わった活動である。この活動は、沖縄で近年開催されているサバニレースとも共鳴し、大きくとらえれば、ハワイなど太平洋で現在進行中の伝統航海術の再評価にもつながるものととらえられる。

このような動きは、地域に根付いた生活そのものを自分たちの資産としてとらえなおすものだ。(2) 他島《たしま》の人びとつきあっていくなかで、何をもって自己像とするか。その自己像が足元の生活や文化によって形づくられているならば、その社会は自分たちの「過去」を力にすることができる。もし過去の記憶を失うならば、その社会が依って立つ文化的基盤は希薄になるだろう。

西崎埋立地の端に建つ大きなリゾートホテルのレストランでは、糸満でマンビカーと呼ぶ魚(和名シイラ)が、ハワイ風にマヒマヒと呼ばれている。このホテルに泊まってみた私は、窓からウカワ島をながめ、このあたりに刺網漁に連れてきてもらったことがあるな、と思い出していた。このリゾートホテルは、「南の楽園」を演出する場であり、そんな場は暮らしの空間には存在しないから、埋立地のような生活色のない土地に建てられる。それは、糸満、ひいては沖縄の文化とは無関係の幻の「癒し空間」を観光客に提供する。

糸満が培ってきた生活の記憶こそが貴重な文化資源であることは、もっと多くの人に共有されていい。自分たちのアイデンティティのよりどころである文化を大切にする地域社会は、日本全土に広がる均質化の波に洗われても、その個性を失うことなく生き残ることだろう。いかに糸満が変わっても、土地に刻まれた人びとの生活の足跡は、消えることはない。そこに立脚した糸満のあり方が模索されることを望む。本書もまた、そのような糸満の一時代の記憶の書として参照していただければ幸いである。

本書に協力してくださった海人とアンマーの何人かは、糸満の先人や彼ら自身の足跡が糸満の文化や歴史として記録されることを見込んで、私に語ってくださったと思う。そのような託された思いに応えられたかどうかは心もとないが、本書は私一人の声で書かれているのではなく、私に語ってくださった多くの海人とアンマーの声によっても綴られていることを確認したい。

私はなぜ糸満が好きなのか。その理由の一つは、海人とアンマーをはじめとする多くの人たちをとおして、島社会としての糸満にふれたことにある。それは、海を中心に人びとがつくりあげてきた共同体の姿であり、さまざまな経験が蓄積する場である。

糸満だけが持っているこの経験の束を、記憶を、手放さないでほしい。心から、そう思う。

（1）　糸満漁協に所属する漁業者数は、一九九七年度末において二六八人［糸満漁業協同組合 一九九八］、二〇一二年度末において一三七人である［糸満漁業協同組合 二〇一三］。

（2）　地域にあるものを地域の人の手によって探し、調べ、考え、あるものを新しく組み合わせ、地域の力にしていくとりくみが、近年「地元学」として注目されている［吉本 二〇〇八、結城 二〇〇九］。糸満の新しい動きにも地元学に通じる発想がある。

あとがき

一九九六年二月二七日の朝六時、まだ暗い糸満のスージグワ（路地）を漁港に向かって歩いた。セリ会場は黄色い光に照らされ、濡れた床に魚が並べられていた。女性たちが魚の間をぬって歩き、男性たちが遠巻きに見つめる。聞き慣れない方言が行き交うなか、いだいた緊張を今もはっきり思い出す。

あの朝から、アンマーや海人から学ぶことがおもしろくてならず、糸満に引き込まれてきた。ふいにやって来た大和の娘を迎え入れ、糸満について学ぶことを応援してくださったアンマーと海人の方々には、深い恩を感じている。私は糸満のアンマーと海人によって研究者として育てられた。

アンマーたちが日々魚に向き合ってきたように、海人たちがどこまで読んでも予測不可能な海に向き合ってきたように、私は、大和の人間として、沖縄に一生かけて向き合っていこう。そんな気持ちにさせてくれた糸満の人びとに、心からの感謝の気持ちを伝えたい。私が糸満でお世話になった人は、ゆうに一〇〇人を超えるだろう。だからここでは、もっとも多くを教えてくださり、力になってくださった四人の方々のお名前を記す。玉城トシ子さん、西島本和枝さん、上原佑強さん、そして上原茂一さん。この方々の思いに私は応えることができただろうか。

また、糸満から多くを学んできたとはいえ、まだまだ知らないことがたくさんある。もし本書の中で誤った記述をしていたら、指摘していただきたいと思う。

本書は二〇〇六年一月に京都大学より学位を得た論文「糸満における海と魚の民族誌―ウミンチューとアンマーの自然を読む知識―」をもとにし、それを二〇一〇年代の視点からとらえなおしたものである。また、以下の論文や研究ノートとしてすでに発表した部分もある。

川端牧「民俗知識で彩られる魚――沖縄県糸満の女性による魚販売の事例から」『エコソフィア』二巻、一九九八年、八七～一〇一ページ。

川端牧「糸満の魚名を考える――知識の個人差と専門化という視点から」『沖縄文化』三五巻一号、一九九九年、七七～九六ページ。

三田牧「糸満漁師、海を読む――生活の文脈における『人々の知識』」『民族學研究』六八巻四号、二〇〇四年、四六五～四八六ページ。

三田牧「漁師はいかに海を読み、漁場を拓くか――沖縄県糸満における海の埋め立てと漁場利用の変遷」『エコソフィア』一八巻、二〇〇六年、八一～九四ページ。

三田牧「糸満漁師たちの『天気を読む』知識――体験に裏付けられたものとして知識を記述する試み」『日本民俗学』二五〇巻、二〇〇七年、八六～一〇四ページ。

糸満での興奮を論文にするにあたってご指導いただいた福井勝義先生、菅原和孝先生、田中雅一先生、山田孝子先生、篠原徹先生をはじめとする諸先生方にお礼申し上げる。とくに指導教官である福井先生には、博士論文を書きながら迷走していたとき、「(人の理論に迎合して)あなたの魂を売ってはならない」と叱られた。研究者としての精神は、福井先生に教えられたと思う。また、京都大学大学院人間・環境学研究科のゼミでは、研究について率直な意見をぶつけあえる仲間を得た。共に議論しあった時間は、今にして思えば、かけがえがない。

この研究は、本にまとめるまでに長い時間がかかった。その間にさまざまな出会いがあった。冨山一郎先生および「火曜会」は、大学院生のころとは異なる角度から沖縄に向き合う場となった。他にも何人もの先生方、研究仲間たちからの励ましと刺激を得て、本書はある。とりわけ、魚の同定を助けてくだった吉郷英範さん、方言の音声表記にお力添えくだった西岡敏先生には、記してお礼申し上げる。

本研究は一九九六年から二〇〇四年にかけて実施し、二〇一三年と一四年に補足調査を行った。本書第1章、第4章、第5章は平成一〇～一一年度文部省科学研究費補助金（特別研究員奨励費）による助成を得た研究「糸満の漁撈技術の進歩による民俗知識の変容」の成果である。また、第3章と第4章の一部（第5節）は平成一〇年度笹川科学研究助成を得た研究「漁撈民の民俗知識と海洋環境の変化――沖縄県糸満における海人（ウミンチュ）の現代的適応」の成果である。さらに、糸満研究を二〇一〇年代の視点からとらえなおすにあたり、二〇一三年度神戸学院大学人文学部研究推進費による助成を得た。

本書の出版にあたっては、二〇一四年度神戸学院大学人文学会出版助成を得た。糸満研究を出版して糸満の人たちから受けた恩に報いることは、長年の課題だった。それを実現するうえで、出版助成は大きな後押しとなった。出版の機会を与えてくださった、寺嶋秀明先生をはじめとする人文学部の先生方に感謝している。また、出版情勢の厳しいなか、本書の出版を引き受けてくださった、コモンズの大江正章さんと、コモンズを紹介し応援してくださった家中茂先生にお礼申し上げる。

糸満をとおして沖縄に関わるなかで、私はかつて琉球と呼ばれたこの島々の文化的なまとまりを感じていた。この島々の独自の歴史的経験は、日本の一地域の「民俗」として記述されることを拒む。本書を「海の記憶の民族誌」とした理由は、おそらくそこにある。

私はこれからも沖縄に関わり続けるだろう。それは大和人としての自分と日本を問うことに他ならない。沖縄と大和の不条理な関係性は昔も今も変わらない。このような現実を見据えながら、私なりの発信をしていきたい。

三田　牧（川端　牧）

二〇一四年一一月　沖縄県知事選を明日にひかえた夜に

付表1　魚類の方名・標準和名・学名対照表

包括的方名	個別方名	標準和名	学　　名
アー [ʔa:]	アー [ʔa:]	オニダルマオコゼ	*Synanceia verrucosa* Bloch and Schneider
アーガイ [ʔa:gai]	アーガイ [ʔa:gai]	ヒブダイ	*Scarus ghobban* Forsskål
アカイユー [ʔakaʔiju:]	アカイユー [ʔakaʔiju:]	アヤメエビス	*Sargocentron rubrum* (Forsskål)
		テリエビス	*Sargocentron ittodai* (Jordan and Fowler)
	ナガンガーアカイユー [naganga:ʔakaʔiju:]	ウケグチイットウダイ	*Neoniphon sammara* (Forsskål)
	クヮーガマサーアカイユー [kwa:gamasa:ʔaka:ʔiju:]	スミツキカノコ	*Sargocentron melanospilos* (Bleeker)
	マシラーアカイユー [maʃira:ʔakaʔiju:]	トガリエビス	*Sargocentron spiniferum* (Forsskål)
	ミンダナーイユー [mindana:ʔiju:]	ヨゴレマツカサ	*Myripristis murdjan* (Forsskål)
	パサパサーアカイユー [pasapasa:ʔakaʔiju:]	マルマツカサ	*Myripristis hexagona* (Lacepède)
アカナー [ʔakana:]	アカナー [ʔakana:]	バラフエダイ	*Lutjanus bohar* (Forsskål)
	カースビ(ウルアカナー) [ka:subi], [ʔuruʔakana:]	ゴマフエダイ	*Lutjanus argentimaculatus* (Forsskål)
アカレー [ʔakare:]	アカレー [ʔakare:]	タキベラ	*Bodianus perditio* (Quoy and Gaimard)
アシキン [ʔaʃikiɴ]	(大和の)アシキン [ʔaʃikiɴ]	コノシロ	*Konosirus punctatus* (Temminck and Schlegel)
	アシキン [ʔaʃikiɴ]	リュウキュウドロクイ	*Nematalosa come* (Richardson)
アバサー [ʔabasa:]	アヤアバサー [ʔajaʔabasa:]	ヒトヅラハリセンボン	*Diodon liturosus* Shaw
	イノーアバサー [ʔino:ʔabasa:]	ネズミフグ	*Diodon hystrix* Linneaeus
	ミジャーアバサー [midza:ʔabasa:] (トゥーンアバサー) [tu:ɴʔabasa:]	イシガキフグ	*Chilomycterus reticulatus* (Linnaeus)
アマイユ [ʔamaʔiju]	アマイユ [ʔamaʔiju]	クロサギ	*Gerres equulus* (Temminck and Schlegel)

包括的方名	個別方名	標準和名	学　　名
アマダイ [ʔamadai]	アマダイ [ʔamadai]	イラ	*Choerodon azurio* (Jordan and Snyder)
アンダーチ [ʔanda:tʃi] (アチヌイユ) [ʔatʃinuʔiju] (ヒラクチャー) [hirakutʃa:]	アンダーチ [ʔanda:tʃi] (アチヌイユ) [ʔatʃinuʔiju] (ヒラクチャー) [hirakutʃa:]	メカジキ	*Xiphias gladius* Linnaeus
イキグッサラー [ʔikigussara:] (イーキーブーヤー) [ʔi:ki:bu:ja:]	イキグッサラー [ʔikigussara:] (イーキーブーヤー) [ʔi:ki:bu:ja:]	ホウセキキントキ	*Priacanthus hamrur* (Forsskål)
イヌバー [ʔinuba:]	イヌバー [ʔinuba:]	イトヒキフエダイ	*Symphorus nematophorus* (Bleeker)
イユガーミ [ʔijuga:mi]	イユガーミ [ʔijuga:mi]	ニザダイ	*Prionurus scalprum* Valenciennes
イラブチャー [ʔirabutʃa:]	イラブチャー [ʔirabutʃa:]	ヒトスジモチノウオ	*Oxycheilinus unifasciaus* (Streets)
	オーイラブチャー [ʔo:ʔirabutʃa:]	ハゲブダイ(♂)	*Chlorurus sordidus* (Forsskål)
		オオモンハゲブダイ	*Scarus bowersi* (Snyder)
		イチモンジブダイ(♂)	*Scarus forsteni* (Bleeker)
		スジブダイ	*Scarus rivulatus* Valenciennes
		カメレオンブダイ	*Scarus chameleon* Choat and Randall
	アカイラブチャー [ʔakaʔirabutʃa:]	ナガブダイ(♀)	*Scarus rubroviolaceus* Bleeker
		イチモンジブダイ(♀)	*Scarus forsteni* (Bleeker)
	ゲンナーイラブチャー [genna:ʔirabutʃa:]	ナンヨウブダイ	*Chlorurus microrhinos* (Bleeker)
イングヮンダルマー [ʔiŋgwandaruma:]	イングヮンダルマー [ʔiŋgwandaruma:]	アブラソコムツ	*Lepidocybium flavobrunneum* (Smith)
ウーマク [ʔu:maku] (ジューマー) [ʤu:ma:]	ウーマク [ʔu:maku] (ジューマー) [ʤu:ma:]	ヒトスジタマガシラ	*Scolopsis monogramma* (Cuvier)
ウーミーグヮー [ʔu:mi:gwa:]	ウーミーグヮー [ʔu:mi:gwa:]	リュウキュウヤライイシモチ	*Cheilodipterus macrodon* (Lacepède)

付表１　魚類の方名・標準和名・学名対照表

包括的方名	個別方名	標準和名	学　名
ウキムラー [ʔukimura:]	ウキムラー [ʔukimura:]	カンパチ	*Seriola dumerili* (Risso)
ウナギ [ʔunagi]	ウジウナギ [ʔudʒiʔunagi]	ニセゴイシウツボ	*Gymnothorax ishing-teena* (Richardson)
		ドクウツボ	*Gymnothorax melano-spilos* (Bleeker)
	アカウナギ [ʔakaʔunagi]	未確認	
	イシブラー [ʔiʃibura:]	未確認	
ウメイロ [ʔumeiro] （シーヌックヮ） [ʃi:nukkwa]	ウメイロ [ʔumeiro] （シーヌックヮ） [ʃi:nukkwa]	ウメイロ	*Paracaesio xanthura* (Bleeker)
エーグヮー [ʔe:gwa:]	カーエー [ka:ʔe:]	ゴマアイゴ	*Siganus guttatus* (Bloch)
	ミーエー [mi:ʔe:]	アイゴ（シモフリアイゴ型）	*Siganus fuscescens* (Houttuyn)
	オーンレー [ʔo:nre:]	ハナアイゴ	*Siganus argenteus* (Quoy and Gaimard)
		セダカハナアイゴ	*Siganus* sp.
	ハナブックヮー [hanabukkwa:]	未同定	
	マテー [mate:]	チリメンアイゴ	*Siganus punctatissimus* Fowler and Bean
	カンチェーエーグヮー [kantʃe:ʔe:gwa:]	未確認	
	アケー [ʔake:]	ヒメアイゴ	Siganus virgatus (Valenciennes)
カーガー [ka:ga:]	カーガー [ka:ga:]	モンガラカワハギ	*Balistoides conspicillum* (Bloch and Schneider)
		ムスメハギ	*Sufflamen bursa* (Bloch and Schneider)
		オキハギ	*Abalistes stellaris* (Bloch and Schneider)
		ムラサメモンガラ	*Rhinecanthus aculeatus* (Linnaeus)
		クマドリ	*Balistapus undulatus* (Park)
		ゴマモンガラ	*Balistoides viridescens* (Bloch and Schneider)

包括的方名	個別方名	標準和名	学　　名
カーガー[ka:ga:]	ジキランカーガー [ʤikiraŋka:ga:]	イソモンガラ	*Pseudobalistes fuscus* (Bloch and Schneider)
カーサー[ka:sa:]	カーサー[ka:sa:]	ツキチョウチョウウオ	*Chaetodon wiebeli* Kaup
		トゲチョウチョウウオ	*Chaetodon auriga* Forsskål
		ミスジチョウチョウウオ	*Chaetodon lunulatus* Quoy and Gaimard
		フウライチョウチョウウオ	*Chaetodon vagabundus* Linnaeus
		アケボノチョウチョウウオ	*Chaetodon melannotus* Bloch and Schneider
		チョウチョウウオ	*Chaetodon auripes* Jordan and Snyder
		スダレチョウチョウウオ	*Chaetodon ulietensis* Cuvier
		ハナグロチョウチョウウオ	*Chaetodon ornatissimus* Cuvier
		フエヤッコダイ	*Forcipiger flavissimus* Jordan and McGregor
		スミツキトノサマダイ	*Chaetodon plebeius* Cuvier
		ヤリカタギ	*Chaetodon trifascialis* Quoy and Gaimard
		ツノダシ	*Zanclus cornutus* (Linnaus)
	アヤガーサー [ʔajaga:sa:] (アイガーサー) [ʔaiga:sa:]	カゴカギダイ	*Microcanthus strigatus* (Cuvier)
	アンダガーサー [ʔandaga:sa:]	ツバメウオ	*Platax teira* (Forsskål)
ガーラ[ga:ra]	ユダヤーガーラ [judaja:ga:ra] (ヒンガーガーラ) [hiŋga:ga:ra]	インドカイワリ	*Carangoides plagiotaenia* Bleeker
		インドオキアジ	*Uraspis uraspis* (Günther)
	ソージガーラ [so:ʤiga:ra]	ヒレナガカンパチ	*Seriola rivoliana* Valenciennes
	ヒラソーザー [hiraso:ʣa:]	イトヒキアジ	*Alectis ciliaris* (Bloch)
	ミンチャーガーラ? [mintʃa:ga:ra]	ホシカイワリ	*Carangoides fulvoguttatus*

包括的方名	個別方名	標準和名	学　名
ガーラ[ga:ra]		ミナミギンガメアジ	*Caranx tille*
	ヒラガーラ？ [hiraga:ra]	タイワンヨロイアジ	*Carangoides malabaricus* (Bloch and Schneider)
	ヒラガーラ [hiraga:ra]	マルヒラアジ	*Carangoides caeruleopinnatus* (Rüppell)
	カマジーガーラ [kamadʒi:ga:ra] (カマジャーガーラ) [kamadʒa:ga:ra]	ロウニンアジ	*Caranx ignobilis* (Forsskål)
	カマジーガーラの種類 [kamadʒi:ga:ra]	カスミアジ	*Caranx melampygus* Cuvier
	イノーガーラ [ʔino:ga:ra]	未同定	
	マーガーラ [ma:ga:ra]	ナンヨウカイワリ	*Carangoides orthogrammus* (Jordan and Gilbert)
	ミンダナー [mindana:]	ギンガメアジ	*Caranx sexfasciatus* Quoy and Gaimard
	イユガシーガーラ [ʔijugaʃi:ga:ra]	マルコバン	*Trachinotus blochii* (Lacepède)
	サープーサープー [sa:pu:sa:pu:] (シマビラー) [ʃimabira:]	セイタカヒイラギ	*Leiognathus equullus* (Forsskål)
ガクガクー [gakugaku:]	ガクガクー [gakugaku:]	ホシミゾイサキ	*Pomadasys argenteus* (Forsskål)
カジキ [kadʒiki] (アキタロー) [ʔakitaro:] (アチヌイユ) [ʔatʃinuʔiju]	バリー(バショーカジキ) [bari:], [baʃo:kadʒiki]	バショウカジキ	*Istiophorus platypterus* (Shaw and Nodder)
	マカジキ [makadʒiki]	マカジキ	*Tetrapturus audax* (Philippi)
	クロカーカジキ [kuroka:kadʒiki]	クロカジキ	*Makaira mazara* (Jordan and Snyder)
	シロカーカジキ [ʃiroka:kadʒiki]	シロカジキ	*Makaira indica* (Cuvier)
カタカシ [katakaʃi]	ユーアカー [ju:ʔaka:]	ホウライヒメジ	*Parupeneus ciliatus* (Lacepède)
		オキナヒメジ	*Parupeneus spilurus* (Bleeker)
	ジンバー [dʒimba:]	コバンヒメジ	*Parupeneus indicus* (Shaw)
		オオスジヒメジ	*Parupeneus barberinus* (Lacepède)

包括的方名	個別方名	標準和名	学　　名
カタカシ [katakaʃi]	ジンバー[ʤimba:]	リュウキュウヒメジ	*Parupeneus pleurostigma* (Bennett)
	イシジンバー [ʔiʃiʤimba:]	オジサン	*Parupeneus multifasciatus* (Quoy and Gaimard)
	ナグージンバー [nagu:ʤimba:]	未確認	
	トゥルバイジンバー [turubaiʤimba:]	未確認	
	ウズラーカタカシ [udzura:katakaʃi]	ヨメヒメジ	*Upeneus tragula* Richardson
	フールヤー [ɸu:ruja:]	モンツキアカヒメジ	*Mulloidichthys flavolineatus* (Lacepède)
	アカムルー [ʔakamuru:]	アカヒメジ	*Mulloidichthys vanicolensis* (Valenciennes)
	アヤカタカシ [ʔajakatakaʃi]	ミナミヒメジ	*Upeneus vittatus* (Forsskål)
ガチュン [gatʃuɴ] ガツン [gatsuɴ]	ガチュン [gatʃuɴ] ガツン [gatsuɴ]	メアジ	*Selar crumenophthalmus* (Bloch)
カツー[katsu:]	ハーガツー [ha:gatsu:]	ハガツオ	*Sarda orientalis* (Temminck and Schlegel)
	ジューサギラー [ʤu:sagira:] (マーガツー) [ma:gatsu:]	スマ	*Euthynnus affinis* (Cantor)
	アヤガツー [ʔajagatsu:]	カツオ	*Katsuwonus pelamis* (Linnaeus)
	マーガツー [ma:gatsu:] (イノーガツー) [ʔino:gatsu:]	未確認	
	チンブルゲーヤー [tʃimburuge:ja:] (シブターガツー) [ʃibuta:gatsu:]	未確認	
カマサー [kamasa:]	オーガマサー [ʔo:gamasa:]	タイワンカマス	*Sphyraena flavicauda* Rüppell
	アカバニーガマサー [ʔakabani:gamasa:]	ダルマカマス	*Sphyraena* sp.
	チキルーガマサー [tʃikiru:gamasa:]	オニカマス	*Sphyraena barracuda* (Walbaum)

包括的方名	個別方名	標準和名	学　　名
	フナガマサー [ɸunagamasa:]	オオカマス	*Sphyraena putnamae* Jordan and Seale
カマンタ [kamanta]	シラガマンタ [ʃiragamanta]	ヤッコエイ	*Dasyatis kuhlii* (Müller and Henle)
	ヘンジャーガマンタ [henʤa:gamanta]	マダラトビエイ	*Aetobatus narinari* (Euphrasen)
	ミジャーガマンタ [miʤa:gamanta]	未確認	
	マーイユーガマンタ [ma:ʔiju:gamanta]	未確認	
	ガマーガマンタ [gama:gamanta]	未確認	
クシクー [kuʃiku:] (クチクー) [kutʃiku:]	ビングシクー [biŋguʃiku:]	モンツキハギ	*Acanthurus olivaceus* Bloch and Schneider
	カーサーグシクー [ka:sa:guʃiku:]	シマハギ	*Acanthurus triostegus* (Linnaeus)
	アヤグシクー [ʔajaguʃiku:] (シーメーグシクー) [ʃi:me:guʃiku:]	ニジハギ	*Acanthurus lineatus* (Linnaeus)
クチヌイユ [kutʃinuiju]	クチヌイユ [kutʃinuiju]	ミナミマゴチ	?
グルクマー [gurukuma:]	グルクマー [gurukuma:]	グルクマ	*Rastrelliger kanagurta* (Cuvier)
グルクン [gurukuɴ]	ウクーグルクン [ʔuku:gurukuɴ]	クマササハナムロ	*Pterocaesio tile* (Cuvier)
	カブカヤーグルクン [kabukaja:gurukuɴ]	タカサゴ	*Pterocaesio diagramma* (Bleeker)
	ヒラーグルクン [hira:gurukuɴ]	ハナタカサゴ	*Caesio lunaris* Cuvier
	ジューマーグルクン [ʤu:ma:gurukuɴ]	ウメイロモドキ	*Caesio teres* Seale
クルシビスー [kuruʃibisu:]	クルシビスー [kuruʃibisu:]	オキナメジナ	*Girella mezina* Jordan and Starks
クヮーガナー [kwa:gana:]	クヮーガナー [kwa:gana:]	コトヒキ	*Terapon jarbua* (Forsskål)
サーラ [sa:ra]	サーラ [sa:ra]	カマスサワラ	*Acanthocybium solandri* (Cuvier)
	イノーザーラ [ʔino:ʣa:ra]	サワラ？	*Scomberomorus niphonius* (Cuvier)
サバ [saba]	サバ [saba]	ゴマサバ	*Scomber australasicus* Cuvier

包括的方名	個別方名	標準和名	学　　名
サバジックヮー [sabadʒikkwa:]	サバジックヮー [sabadʒikkwa:]	ツバメコノシロ	*Polydactylus plebeius* (Broussonet)
シジャー [ʃidʒa:]	ヒラシジャー [hiraʃidʒa:]	リュウキュウダツ	*Strongylura incisa* (Valenciennes)
	マーシジャー [ma:ʃidʒa:]	オキザヨリ	*Tylosurus crocodilus crocodilus* (Peron and Lesueur)
	ウキシジャー [ʔkiʃidʒa:]	テンジクダツ	*Tylosurus acus melanotus* (Bleeker)
ジューマー [dʒu:ma:]	アカジューマー？ [ʔakadʒu:ma:]	タカノハダイ	*Goniistius zonatus* (Cuvier)
ジュリグヮー [dʒurigwa:]	ジュリグヮー [dʒurigwa:]	アカタマガシラ	*Parascolopsis eriomma* (Jordan and Richardson)
シルイユ [ʃiruʔiju]	ダルマーシルイユ [daruma:ʃiruʔiju]	ヨコシマクロダイ	*Monotaxis grandoculis* (Forsskål)
	アカバニーシルイユ [ʔakabani:ʃiruʔiju]	タマメイチ	*Gymnocranius* sp.
		メイチダイ	*Gymnocranius griseus* (Temminck and Schlegel)
	アマクチシルイユ [ʔamakutʃiʃiruʔiju]	サザナミダイ	*Gymnocranius grandoculis* (Valenciennes)
	ナガーグヮーシルイユ [naga:gwa:ʃiruʔiju]	サザナミダイ	*Gymnocranius grandoculis* (Valenciennes)
	ヤンバルシルイユ [jambaruʃiruʔiju]	未同定	
スギ [sugi]	スギ [sugi]	スギ	*Rachycentron canadum* (Linnaeus)
スルル [sururu]	スルル [sururu]	キビナゴ	*Spratelloides gracilis* (Temminck and Schlegel)
センスラー [sensura:] (セーンスラー) [se:nsura:]	センスラーの一種 [sensura:]	キビレカワハギ	*Thamnaconus modestoides* (Barnard)
	センスラー [sensura:]	ソウジハギ	*Aluterus scriptus* (Osbeck)
タージックヮ [ta:dʒikkwa]	タージックヮ [ta:dʒikkwa]	サバヒー	*Chanos chanos* (Forsskål)
タチヌイユ [tatʃinuʔiju]	タチヌイユ [tatʃinuʔiju]	タチウオ	*Trichiurus japonicus* Temminck and Schlegel
タマン [tamaɴ]	タマン [tamaɴ]	ハマフエフキ	*Lethrinus nebulosus* (Forsskål)

付表1　魚類の方名・標準和名・学名対照表

包括的方名	個別方名	標準和名	学　　名
タマン[tamaɴ]	シラマータマン [ʃirama:tamaɴ] (マーヌックヮ) [ma:nukkwa]	シモフリフエフキ	*Lethrinus lentjan* (Lacepède)
	クチナギ [kutʃinagi]	イソフエフキ	*Lethrinus atkinsoni* Seale
		ハナフエフキ	*Lethrinus ornatus* Valenciennes
		マトフエフキ	*Lethrinus harak* (Forsskål)
	ムルー [muru:]	ホオアカクチビ	*Lethrinus rubriopercu-latus* Sato
		イトフエフキ	*Lethrinus genivittatus* Valenciennes
	イノームルー [ʔino:muru:]	アミフエフキ？	*Lehtrinus semicinctus* Valenciennes
	クサムルー [kusamuru:] (オームルー) [ʔo:muru:]	ムネアカクチビ	*Lethrinus xanthochilus* Klunzinger
		ヤエヤマフエフキ	*Lethrinus reticulatus* Valenciennes
	ヤキー [jaki:]	アマミフエフキ	*Lethrinus miniatus* (Forster and Sch-neider)
	ウムナガー [ʔumunaga:]	キツネフエフキ	*Lethrinus olivaceus* Valenciennes
		オオフエフキ	*Lethrinus microdon* Valenciennes
チックラ [tʃikkura]	チックラ [tʃikkura]	ボラ	*Mugil cephalus cephalus* Linnaeus
チヌマン [tʃinumaɴ]	チヌマン [tʃinumaɴ]	テングハギ	*Naso unicornis* (Forsskål)
チーネーンイユ [tʃi:nne:ɴʔiju]	チーネーンイユ [tʃi:nne:ɴʔiju]	ホシギス	*Sillago aeolus* Jordan and Evermann
チン [tʃiɴ]	チン [tʃiɴ]	ミナミクロダイ？	*Acanthopagrus sivicolus* Akazaki
トゥカキン [tukakiɴ]	トゥカキン [tukakiɴ]	イソマグロ	*Gymnosarda unicolor* (Rüppell)
トゥカジャー [tukaʤa:]	ミーグヮートゥカジャー [mi:gwa:tukaʤa:]	クロハギ	*Acanthurus xan-thopterus* Valenciennes
	アカミートゥカジャー [ʔakami:tukaʤa:]	カンランハギ	*Acanthurus bariene* Lesson

包括的方名	個別方名	標準和名	学　　名
	トゥカジャー [tukadʒa:]	コクテンサザナミハギ?	*Ctenochaetus binotatus* Randall
	クルミートゥカジャー [kurumi:tukadʒa:]	ヒラニザ	*Acanthurus mata* (Cuvier)
トゥクヌックヮ [tukunukkwa]	トゥクヌックヮ [tukunukkwa]	キリアナゴ	*Conger cinereus* Rüppell
トゥブー[tubu:]	サガーマー [saga:ma:]	ツマリトビウオ	*Parexocoetus brachypterus brachypterus* (Richardson)
	ウートゥブー [ʔu:tubu:]	オオメナツトビ?	*Cypselurus antoncichi* (Woods and Schultz)
	アカバニートゥブー [ʔakabani:tubu:]	未同定	
	キークワヤー [ki:kwaja:]	未確認	
	ナガーグヮートゥブー [naga:gwa:tubu:] (サカーグヮー) [saka:gwa:]	未確認	
	ブーカー [bu:ka:]	未確認	
	イノートゥブー(ウクジ) [ʔino:tubu:], [ʔukudʒi]	セミホウボウ	*Dactyloptena orientalis* (Cuvier)
ナガイユ [nagaʔiju]	ヤマトゥナガイユー [jamatunagaʔiju:]	ツムブリ	*Elagatis bipinnulata* (Quoy and Gaimard)
	ナガイユ [nagaʔiju]	インドマルアジ	*Decapterus russelli* (Rüppell)
	クサラーナガイユー [kusara:nagaʔiju:]	ニジオサバ	
	アカムロ [ʔakamuro] (アカムルー) [ʔakamuru:] (ウーシマナガイユ) [ʔu:ʃimanagaʔiju:]	オアカムロ	*Decapterus tabl* Berry
ナンズラー [nandzura:] (ベラ) [bera]	ナンズラー [nandzura:]	タレクチベラ	*Hemigymnus melapterus* (Bloch)
		カンムリベラ	*Coris aygula* Lacepède
	ナンズラー(ベラ) [nandzura:], [bera]	モンヒラベラ	*Xyrichtys melanopus* (Bleeker)
		クロブチテンス	*Xyrichtys geisha* Araga and Yoshino

包括的方名	個別方名	標準和名	学　名
	ヒノマルナンズラー [hinomarunanʣura:]	ヒノマルテンス	*Xyrichtys twistii* (Bleeker)
ハイユー[haiju:]	カタギラーハイユー (ヒラハイユー) [katagira:haiju:], [hirahaiju:]	ホシザヨリ	*Hemiramphus far* (Forsskål)
	ユシバーハイユー [juʃiba:haiju:]	センニンサヨリ	*Hyporhamphus quoyi* (Valenciennes)
	マルハイユー [maruhaiju:]	未確認	
	ミジバイユー [miʤibaiju:]	未確認	
ハザー [haʣa:]	ハザー [haʣa:]	オニカサゴ	*Scorpaenopsis cirrosa* (Thunberg)
ヒーチ [hi:tʃi]	ヒーチ [hi:tʃi]	ミナミキントキ	*Priacanthus sagittarius* Starnes
		クルマダイ	*Pristigenys niphonia* (Cuvier)
		オキナワクルマダイ	*Pristigenys meyeri* (Günther)
ヒーフカー [hi:ɸuka:]	ヒーフカー [hi:ɸuka:]	アオヤガラ	*Fistularia commersonii* Rüppell
		アカヤガラ	*Fistularia petimba* Lacepède
ヒカーグヮー [hika:gwa:]	クルビラー [kurubira:]	アマミスズメダイ	*Chromis chrysura* (Bliss)
	アカビカー(アカビキ) [ʔakabika:], [ʔakabiki]	キホシスズメダイ	*Chromis flavomaculata* Kamohara
	アヤビカーグヮー [ʔajabika:gwa:]	ロクセンスズメダイ	*Abudefduf sexfasciatus* (Lacepède)
	ナガビカーグヮー [nagabika:gwa:]	未同定	
	オービカー [ʔo:bika:]	未同定	
ビタロー [bitaro:]	ビタロー [bitaro:]	ロクセンフエダイ	*Lutjanus quinquelineatus* (Bloch)
		オキフエダイ	*Lutjanus fulvus* (Forster and Schneider)
	アヤビタロー [ʔajabitaro:] (アカツカザービタロー) [ʔakatsukaʣa:bitaro:]	ベンガルフエダイ	*Lutjanus bengalensis* (Bloch)

包括的方名	個別方名	標準和名	学　　名
	フカヤービタロー [ɸukaja:bitaro:]	ハナフエダイ	*Pristipomoides argyrogrammicus* (Valenciennes)
ヒチュー[hitʃu:] ヒツー[hitsu:]	ヒチュー(マットゥ) [hitʃu:], [mattu]	ミナミイスズミ	*Kyphosus* sp.
	クルヒチュー [kuruhitʃu:]	未同定	
ヒラトンマ [hiratomma]	ヒラトンマ [hiratomma]	モンダルマガレイ	*Bothus mancus* (Broussonet)
		アマミウシノシタ	*Synaptura marginata* Boulenger
ヒローサー [hiro:sa:]	ヒローサー [hiro:sa:]	メガネモチノウオ	*Cheilinus undulatus* (Rüppell)
		ミツバモチノウオ	*Cheilinus trilobatus* Lacepède
プーナー [pu:na:]	マックヮバク [makkwabaku]	ミナミハコフグ	*Ostracion cubicus* Linnaeus
	フーカキプーナー [ɸu:kakipu:na:]	ウチワフグ	*Triodon macropterus* Lesson
	イノープーナー [ʔino:pu:na:]	サザナミフグ	*Arothron hispidus* (Linnaeus)
	ミーバイプーナー [mi:baipu:na:]	オキナワフグ	*Chelonodon patoca* (Hamilton)
	スーグシプーナー [su:guʃipu:na:]	未確認	
	カナープーナー [kana:pu:na:]	未確認	
	ジューマガヤー [ʤu:magaja:]	未確認	
フーワー [ɸu:wa:]	フーワー [ɸu:wa:]	ミナミハタンポ	*Pempheris schwenkii* Bleeker
	エチオピア [ʔetʃiopia] (フカヤーフーワー) [ɸukaja:ɸu:wa:]	ヒレジロマンザイウオ	*Taractichthys steindachneri* (Döderlein)
フカ(サバ) [ɸuka], [saba]	ジンベー [ʤimbe:]	ジンベイザメ	*Rhincodon typus* Smith
	エージー [je:ʤi:]	ニタリ	*Alopias pelagicus* Nakamura
	ヒシサバ [hiʃisaba] (リョーシバエアサミ) [rjo:ʃibaeasami]	ネムリブカ	*Triaenodon obesus* (Rüppell)

付表1　魚類の方名・標準和名・学名対照表

包括的方名	個別方名	標準和名	学名
フカ(サバ) [ɸuka], [saba]	イッチョーサバ [ʔittʃo:saba]	イタチザメ	*Galeocerdo cuvier* (Peron and Lesueur)
	オーナンジャー [ʔo:nandʒa:]	ヨシキリザメ	*Prionace glauca* (Linnaeus)
	シルナカー [ʃirunaka:]	ヨゴレ	*Carcharhinus albimarginaus*(Rüppell)
	ナカー [naka:]	ハナザメ	*Carcharhinus brevipinna*(Müller and Henle)
	イーエーサバ[ʔi:ʔe:saba] (カシー, [kaʃi:]) (イーゲーサバ) [ʔi:ge:saba] (イーエーグヮー) [ʔi:ʔe:gwa:]	アカシュモクザメ	*Sphyrna lewini* (Griffith and Smith)
		シロシュモクザメ	*Sphyrna zygaena* (Linnaeus)
	タククェーサバ [takukwe:saba] (タククヮヤーサバ) [takukwaja:saba]	未確認	
	マヤーサバ [maja:saba]	未確認	
	ニンジャーサバ [nindʒa:saba]	未確認	
	ユービヌックヮー [ju:binukkwa:]	未確認	
	ミンダナー [mindana:]	未確認	
	ヌクギリサバ [nukugirisaba]	未確認	
	ハーカナヤー [ha:kanaja:]	未確認	
	クチサバ [kutʃisaba]	未確認	
	ウーバニー [ʔu:bani:]	未確認	
	イノーサバ [ʔino:saba]	未確認	
	クジラクヮヤー [kudʒirakwaja:]	未確認	
	ウキジャーラ [ʔukidʒa:ra]	未確認	
	ヒーダンウキジャーラ [hi:daɴʔukidʒa:ra]	未確認	

包括的方名	個別方名	標準和名	学　　名
	マーブカー [ma:buka:]	未確認	
	カマンタサバ [kamantasaba]	サカタザメ	*Rhinobatos schlegelii* Müller and Henle
	フナスーヤー [ɸunasu:ja:]	コバンザメ	*Echeneis naucrates* Linnaeus
マクブ [makubu]	マクブ [makubu]	シロクラベラ	*Choerodon shoenleinii* (Valenciennes)
マグロ [maguro] (スビ) [subi]	キハダ(スビ) [kihada], [subi]	キハダ	*Thunnus albacares* (Bonnaterre)
	メバチ(スビ) [mebatʃi], [subi]	メバチ	*Thunnus obesus* (Lowe)
	トンボ(スビ) [tombo], [subi]	ビンナガ	*Thunnus alalunga* (Bonnaterre)
	ウシスビ [ʔuʃisubi]	クロマグロ	*Thunnus thynnus* (Linnaeus)
マチ[matʃi]	チョーチンマチ [tʃo:tʃimmatʃi]	ハチビキ	*Erythrocles schlegelii* (Richardson)
	アカマチ [ʔakamatʃi]	ハマダイ	*Etelis coruscans* Valenciennes
	ヒーランマチ [hi:rammatʃi]	ハチジョウアカムツ	*Etelis carbunculus* Cuvier
	タイクチャー [taikutʃa:]	オオグチイシチビキ?	*Aphareus rutilans* Cuvier
	マーマチ [ma:matʃi]	オオヒメ	*Pristipomoides filamentosus* (Valenciennes)
	クルキンマチ [kurukimmatʃi] (プープーマチ) [pu:pu:matʃi]	ヒメダイ	*Pristipomoides sieboldii* (Bleeker)
	オーマチ [ʔo:matʃi]	アオチビキ	*Aprion virescens* Valenciennes
	シルシチューマチ [ʃiruʃitʃu:matʃi] (シルヒチューマチ) [ʃiruhitʃu:matʃi] →タマミーマチ [tamami:matʃi]	シマアオダイ	*Paracaesio kusakarii* Abe
	キンミーマチ [kimmi:matʃi] →イリキナーマチ [ʔirikina:matʃi]	ナガサキフエダイ	*Pristipomoides multidens* (Day)

包括的方名	個別方名	標準和名	学　　名
	シチューマチ [ʃitʃu:matʃi] (ヒチューマチ) [hitʃu:matʃi]	アオダイ	*Paracaesio caerulea* (Katayama)
マンビカー [mambika:] (フー) [ɸu:]	マンビカー(フー) [mambika:], [ɸu:]	シイラ	*Coryphaena hippurus* Linnaeus
ミーバイ [mi:bai]	アカジンミーバイ [ʔakadʒimmi:bai]	スジアラ	*Plectropomus leopardus* (Lacepède)
	クルバニーアカジン [kurubani:ʔakadʒiɴ]	スジアラ	*Plectropomus leopardus* (Lacepède)
	ジセーミーバイ [dʒise:mi:bai]	アザハタ	*Cephalopholis sonnerati* (Valenciennes)
		ユカタハタ	*Cephalopholis miniata* (Forsskål)
	タイガーミーバイ [taiga:mi:bai]	コクハンアラ	*Plectropomus laevis* (Lacepède)
	ユダヤーミーバイ [judaja:mi:bai]	マダラハタ	*Epinephelus polypheka-dion* (Bleeker)
	オーナシーミーバイ [ʔo:naʃi:mi:bai]	ホウキハタ	*Epinephelus morrhua* (Valenciennes)
	ナガジューミーバイ [nagadʒu:mi:bai]	バラハタ	*Variola louti* (*Forsskål*)
	ジューシルーナガジュー [dʒu:ʃiru:nagadʒu:]	オジロバラハタ	*Variola albimarginata* Baissac
	イシミーバイ [ʔiʃimi:bai]	カンモンハタ	*Epinephelus merra* Bloch
	インディアンミーバイ [ʔindiammi:bai] (ジュリグヮーミーバイ) [dʒurigwa:mi:bai]	シマハタ	*Cephalopholis iga-rashiensis* Katayama
	ハンゴーミーバイ [haŋgo:mi:bai]	シモフリハタ	*Epinephelus rivulatus* (Valenciennes)
		アカハタ	*Epinephelus fasciatus* (Forsskål)
	タカバーミーバイ [takaba:mi:bai]	ツチホゼリ	*Epinephelus cyanopodus* (Richardson)
	ヤーラーミーバイ [ja:ra:mi:bai] (ヨーローミーバイ) [jo:ro:mi:bai]	ナミハタ	*Epinephelus ongus* (Bloch)
		キビレハタ	*Epinephelus macrospi-los* (Bleeker)

包括的方名	個別方名	標準和名	学　　名
ミーバイ [mi:bai]	シルジーミーバイ [ʃiruʤi:mi:bai] (シラカーミーバイ [ʃiraka:mi:bai]	キテンハタ	*Epinephelus bleekeri*
	ハヤーミーバイ [haja:mi:bai]	シロブチハタ	*Epinephelus maculatus* (Bloch)
	(イミテーション)ハヤーミーバイ [ʔimite:ʃoɴhaja:mi:bai]	ホシヒレグロハタ	*Epinephelus corallicola* (Valenciennes)
		ヒトミハタ	*Epinephelus tauvina* (Forsskål)
	アーラミーバイ [ʔa:rami:bai]	クエ	*Epinephelus bruneus* Bloch
		チャイロマルハタ	*Epinephelus coioides* (Hamilton)
		ヤイトハタ	*Epinephelus malabaricus* (Bloch and Schneider)
	クレーミーバイ [kure:mi:bai] (ヤナグレー) [janagure:]	アジアコショウダイ	*Plectorhinchus picus* (Valenciennes)
	クレーミーバイ [kure:mi:bai] (ワーシバークレー) [wa:ʃiba:kure:]	クロコショウダイ	*Plectorhinchus gibbosus* (Lacepède)
	クレーミーバイ [kure:mi:bai]	コロダイ	*Diagramma pictum* (Thunberg)
		アヤコショウダイ	*Plectorhinchus lineatus* (Linnaeus)
	ガラサーミーバイ [garasa:mi:bai]	イシガキダイ	*Oplegnathus punctatus* (Temminck and Schlegel)
	ミーバイ [mi:bai]	ヤマブキハタ	*Saloptia powelli* Smith
		コモンハタ	*Epinephelus epistictus* (Temminck and Schlegel)
ミジュン [miʤuɴ]	ミジュン[miʤuɴ]	ヤクシマイワシ	*Atherinomorus lacunosus* (Foster)
	イリカーミジュン [ʔirika:miʤuɴ]	未確認	
ミックヮーヒーバー [mikkwa:hi:ba:]	ミックヮーヒーバー [mikkwa:hi:ba:] →イッチョーハララー [ʔittʃo:harara:]	ヒトスジエソ	*Synodus variegatus* (Lacepède)

包括的方名	個別方名	標準和名	学　名
ミミジャー [mimiʤa:]	ミミジャー [mimiʤa:]	ヒメフエダイ	*Lutjanus gibbus* (Forsskål)
	ナンバン [nambaɴ] (ヘーナーミミジャー) [he:na:mimiʤa:]	センネンダイ	*Lutjanus sebae* (Cuvier)
ムチグヮー [mutigwa:]	ムチグヮーの一種？ [mutigwa:]	アミメフエダイ	*Lutjanus decussatus* (Cuvier)
	イノームチグヮー [ʔino:mutigwa:]	ヨコシマタマガシラ	*Scolopsis lineata* Quoy and Gaimard
	ムチグヮー [mutigwa:]	ノコギリダイ	*Gnathodentex aurolineatus* (Lacepède)
モーモー [mo:mo:]	モーモー [mo:mo:]	ヒメテングハギ	*Naso annulatus* (Quoy and Gaimard)
		ゴマテングハギモドキ	*Naso maculatus* Randall and Struhsaker
		テングハギモドキ	*Naso hexacanthus* (Bleeker)
モンツキ [montsuki]	モンツキ [montsuki]	イッテンフエダイ	*Lutjanus monostigma* (Cuvier)
ヤマトゥバー [jamatuba:] (ヤマトゥビー) [jamatubi:]	ヤマトゥバー [jamatuba:] (ヤマトゥビー) [jamatubi:]	ニセクロホシフエダイ	*Lutjanus fulviflamma* (Forsskål)
レンコダイ [reŋkodai]	レンコダイ [reŋkodai]	キビレアカレンコ	*Dentex* sp.
その他	イナフク [ʔinaɸuku]	未確認	
	ハララー [harara:]	未確認	
	不明	アラメギンメ	*Polymixia berndti* Gilbert
	不明	アマクチビ	*Lethrinus erythracanthus* Valenciennes
	不明	キツネダイ	*Bodianus oxycephalus* (Bleeker)
	不明	キツネベラ	*Bodianus bilunulatus* (Lacepède)
	不明	クロホシマンジュウダイ	*Scatophagus argus* (Linnaeus)
	不明	キツネウオ	*Pentapodus caninus* (Cuvier)

付表２　魚類以外の生物の方名・標準和名・学名対照表

【貝：ンナグヮー　[nnagwa:]】

方　　名	標準和名	学　　名
アジケー[ʔadʒike:] (スークヮヤー) [su:kwaja:] (トゥビアジケー) [tubiʔadʒike:]	ヒレシャコガイ	*Tridacna squamosa* Lamark
タカシー(チビトゥガヤー) [takaʃi:], [tʃibitugaja:]	サラサバテイ？	*Tectus niloticus* (Linnaeus)
チヌマター？ [tʃinumata:]	クモガイ	*Lambis lambis* (Linnaeus)
ニーグイ[ni:gui] (ギラアジケー／アナグー) [giraʔadʒike:], [ʔanagu:]	ヒメシャコガイ	*Tridacna crocea* Lamark
フニガイ [ɸunigai]	ホネガイ	*Murex* (*Murex*) *pecten* Lightfoot
マンナグヮー [mannagwa:]	タマンガ (チョウセンサザエ)	*Turbo* (*Marmarostoma*) *argyrostomus* Linnaeus
ヤクゲー [jakuge:]	ヤコウガイ	*Turbo* (*Turbo*) *marmoratus* Linnaeus

【イカ：イカ　[ʔika]】

方　　名	標準和名	学　　名
アカイカ [ʔakaʔika]	アオリイカ	*Sepioteuthis lessoniana* Lesson
クブシミ [kubuʃimi]	コブシメ	*Sepia* (*Sepia*) *latimanus* Quoy & Gaimard
クヮーイカー [kwa:ʔika:]	未確認	
シロイカ(シルイカ) [ʃiroʔika], [ʃiruʔika]	アオリイカ	*Sepioteuthis lessoniana* Lesson
セーイカ [se:ʔika]	ソデイカ	*Thysanoteuthis rhombus* Troschel
チクカー [tʃikuka:]	コウイカ	*Sepiia* (*Platysepia*) *esculenta* Hoyle
トゥビイカー [tubiʔika:]	トビイカ	*Symplectoteuthis oualaniensis* Lesson
ムラサキイカ(ヤーラーイカ) [murasakiʔika], [ja:ra:ʔika]	未同定	

【タコ：タク　[taku]】

方　　名	標準和名	学　　名
シーゲーダク [ʃi:ge:daku]	シマダコ？	*Ocutopus ornatus* Gould
フタコ [ɸutako]	未確認	
マーダク [ma:daku]	マダコ	*Ocutopus vulgaris* Cuvier
ミジダク [miʤidaku]	未確認	

【エビ：イビ　[ʔibi]】

方　　名	標準和名	学　　名
アカイバー [ʔakaʔiba:]	カノコイセエビ	*Panulirus longipes* (A. Milne Edwards)
イノーイバー [ʔino:ʔiba:]	未同定	
オーイバー [ʔo:ʔiba:]	シマイセエビ	*Panulirus penicillatus* (Oliver)
セーグヮー [se:gwa:]	未同定	
トゥライビ(ゴシキエビ) [turaʔibi], [goʃikiʔebi]	ニシキエビ	*Panulirus ornatus* (Fabricius)
ワリグチャー [warigutʃa:]	セミエビ	*Scyllarides squamosus* (H. Milne Edwards)
	ゾウリエビ	*Parribacus antarcticus* (Lund)

【カニ：ガイ　[gai]】

方　　名	標準和名	学　　名
アサイガイ [ʔasaigai]	アサヒガニ	*Ranina ranina* (Linnaeus)
ウーミーガイ [ʔu:mi:gai]	未確認	
ウクサンガイ？ [ʔukusaŋgai]	メガネカラッパ	*Calappa philargius* (Linnaeus)
ウナトゥー [ʔunatu:]	マルソデカラッパ	*Calappa calappa* (Linnaeus)
カイツムリ？ [kaitsumuri]	オオカイカムリ	*Dromidiopsis dormia* (Linnaeus)
ギッチャー(ヒッツァー) [gittʃa:], [hittsa:]	ノコギリガザミ	*Scylla serrata* (Forskål)

方　　名	標準和名	学　　名
シナーアガイグワ [ʃina:ʔagaigwa]	未確認	
チヌガイ(ワタリ) [tʃinugai], [watari]	タイワンガザミ	*Portunus pelagicus*(Linnaeus)
ナチョーラガイ [natʃo:ragai]	未確認	
ハーレーガイ [ha:re:gai]	未確認	
マーガヤー [ma:gaja:]	未同定	

【ウミヘビ：イラブー　[ʔirabu:]】

方　　名	標準和名	学　　名
イラブー(イラバー) [ʔirabu:], [ʔiraba:]	エラブウミヘビ	*Laticauda semifasciata*(Reinwardt)
クビーグヮー [kubi:gwa:]	未同定	

【ウミガメ：カーミー　[ka:mi:]】

方　　名	標準和名	学　　名
アカガーミー [ʔakaga:mi:]	未確認 (アカウミガメ)	*Caretta caretta gigas* Deraniyagala
ガラサーガーミー [garasa:ga:mi:]	未確認(タイマイ)	*Eretmochelys imbricata squamata* Agassiz
シルガーミー [ʃiruga:mi:]	未確認	
ミジュガーミ [midʒuga:mi] (ミジャガーミー) [midʒaga:mi:]	アオウミガメ	*Chelonia mydas japonica*(Thunberg)

【藻類：ムー　[mu:]】

方　　名	標準和名	学　　名
アーサ [ʔa:sa]	ヒトエグサ	*Monostroma nitidum* Wittrock
ナチャーラ [natʃa:ra]	マクリ	*Digenea simplex*(Wulfen) C. Agardh
パクパクーアーサ [pakupaku:ʔa:sa]	未確認	
フクラー [ɸukura:]	未確認	

付表3　方言解説

方　　言	音声表記	漢字・仮名表記	意　　味
アーサ	[ʔa:sa]		海藻、とくにヒトエグサを指すこともある
アーサトゥエー	[ʔa:satue:]		採藻漁
アガイケーサー	[ʔagaike:sa:]		旧暦12月、季節風が繰り返しやってくること
アカジンビキ	[ʔakaʤimbiki]	アカジン曳き	アカジン〔スジアラ〕曳き縄漁
アカニサー(1)	[ʔakanisa:]		旧暦4月、急に襲ってくる北風
アカニサー(2)	[ʔakanisa:]		夏の明るい北風
アガリ	[ʔagari]	東	東
アギ	[ʔagi]	陸	陸
アギヤー	[ʔagija:]		追い込み網漁。沖縄ではグルクン【タカサゴ】などをおもな漁獲対象とする
アギンチュ (アギンツ)	[ʔagintʃu], [ʔagintsu]	陸人	陸の仕事をする人
アラベー	[ʔarabe:]	荒南風	旧暦5月の南風
アンダーグヮー	[ʔanda:gwa:]		脂がのったもの
アンダブーカー	[ʔandabu:ka:]		べたなぎ
アンブシ	[ʔambuʃi]		建干網漁
アンブシヤー	[ʔambuʃija:]	アンブシ家	建干網漁を家業とする家
アンマー	[ʔamma:]		原意は「お母さん」。本書では魚売りの女性を指す
イシカバ	[ʔiʃikaba]		サンゴの匂い
イシヤー	[ʔiʃija:]		アンブシ(建干網漁)の袋網を入れる場所
イチマンチュ (イチマンツ)	[ʔitʃimantʃu], [ʔitʃimantsu]	糸満人	糸満の人
イッポーバイ	[ʔippo:bai]		満ち潮、引き潮にかかわらず、潮が一方向に流れる状態
イノー	[ʔino:]		礁池
イビトゥエー	[ʔibitue:]		イセエビ漁
イマムン	[ʔimamuɴ]	今物	新鮮なもの
イユ	[ʔiju]	魚	魚
イユマチ	[ʔijumatʃi]	魚市	魚市場

方　　言	音声表記	漢字・仮名表記	意　　味
イリー	[ʔiri:]	西	西
ウーシクー	[ʔu:ʃiku:]	大月	月の明るい晩
ウームナー	[ʔu:muna:]		オス
ウェーク	[ʔwe:ku]		櫂
ウキイユ	[ʔukiʔiju]	浮き魚	海底付近ではなく、海の中層あるいは表層に生息する魚
ウキジュ	[ʔukiʤu]		家族のとった魚の一部を売らせる約束を交わした他家のアンマー。魚の「受け手」という意味
ウグヮン、ウガン	[ʔugwaɴ], [ʔugaɴ]	御願	祈願・祈禱
ウグヮンジュ、ウグヮンズ	[ʔugwanʤu], [ʔugwanʣu]	御願所	祈願する場
ウサギバイ	[ʔusagibai]		斜めから吹く風
ウタキ	[ʔutaki]	御岳	聖地。神様を祭った場所
ウチバイ	[ʔutʃibai]		陸に向けて流れる潮
ウティカジ	[ʔutikaʤi]		北西風
ウミンチュー(ウミンチュ)、ウミンツー(ウミンツ)	[ʔumintʃu:], [ʔumintʃu], [ʔumintsu:], [ʔumintsu]	海人	漁師
ウヤードゥシ(ウヤールシ)	[ʔuja:duʃi], [ʔuja:ruʃi]		ある魚が多く発生する年
ウル	[ʔuru]		サンゴ
おじい(ウンメー)	[ʔoʤii], [ʔumme:]		おじいさん
おばあ(パーパー)	[ʔobaa], [pa:pa:]		おばあさん
カーシーベー	[ka:ʃi:be:]	夏至南風	夏の到来を告げる南風
カジマーイ	[kaʤima:i]	風廻り	嵐
カジンニー	[kaʤinni:]	風ん根	日の出、日の入り時に見える、光の帯
カネー(カネ)	[kane:], [kane]		入漁料
カミアキネー(カミアチネー)	[kamiʔakine:] [kamiʔatʃine:]		行商
カミンチュ(カミンツ)	[kamintʃu], [kamintsu]	神人	祭祀を司る人、神に仕える人
ガンシナ	[ganʃina]		頭上運搬をするとき頭に載せる輪。バーキを固定し、クッションの役目も果たす

方　言	音声表記	漢字・仮名表記	意　味
キタアミ	[kitaʔami]		袖網
キタナー	[kitana:]		延縄漁の幹縄
クシカジ	[kuʃikaʤi]	東風	東風
クスイムン	[kusuimuɴ]	薬物	薬効のあるもの
グソー	[guso:]	後生	あの世
クチ	[kutʃi]	口	干瀬の大きな切れ目
グナーグヮー	[guna:gwa:]		小さいもの
グナサン	[gunasaɴ]		小さい
グバーリ	[guba:ri]		サンゴの破片などからなる砂利
クムイ	[kumui]	小窪	窪み
クリ	[kuri]		イカ墨
クレーンユー	[kure:ɴju:]		暗い夜
サーラビキ	[sa:rabiki]	サーラ曳き	サーラ〔サワラ〕曳き縄漁
サギグスイ	[sagigusui]		何でも下げる薬(下剤)
サバニ(サバンニ)	[sabani], [sabanni]		くり舟
シーシマシグスイ(チーシマシグスイ)	[ʃi:ʃimaʃigusui], [tʃi:ʃimaʃigusui]		血の循環をよくする薬
シーブン	[ʃi:buɴ]		おまけ
シシマチ	[ʃiʃimatʃi]	肉市	肉市場
シジャートゥエー	[ʃiʤa:tue:]		シジャー【ダツ】追い込み網漁
シナ	[ʃina]	砂	砂
シマムン	[ʃimamuɴ]	島物	沖縄のもの
ジュー	[ʤu:]	尾	尾
シラマー	[ʃirama:]		砂地
シラマーイ	[ʃirama:i]	白廻り	雨も降らなければ、雲もなく、風も強くはない。そのまま、ただ風が方向を変えていく現象
スーガン	[su:gaɴ]	潮岩	潮流と風向きが逆行するとき波が岩のように固くなること
スーギリ	[su:giri]	潮切り	潮が止まった状態
スクイユ	[sukuʔiju]	底魚	海底近くに生息する魚
スニ	[suni]	曽根	曽根

方　　言	音声表記	漢字・仮名表記	意　　味
スルシカー	[suruʃika:]		追い込み網漁で用いられる脅し縄
タティナー	[tatina:]		一本釣り漁
チブ	[tʃibu]		深み
チブル	[tʃiburu]		頭
チンブクジケー	[tʃimbukuʤike:]		棹釣り漁
ティーフー	[ti:ɸu:]	台風	台風
ティールグヮー	[ti:rugwa:]		籠漁
トゥビイカートゥエー	[tubiʔika:tue:]		トゥビイカー〔トビイカ〕釣り漁
トゥブートゥエー	[tubu:tue:]		トゥブー【トビウオ】追い込み網漁
トーオン	[to:ʔoɴ]		干瀬の小さな切れ目
トゥミグスイ	[tumigusui]		下痢などを止める薬
ニシ	[niʃi]	北	北
ニングヮチカジマーイ	[niŋgwatʃikaʤima:i]	二月風廻り	旧暦二月の大嵐
ヌーリグモ、ヌーリグム	[nu:rigumo], [nu:rigumu]	ヌーリ雲	上層雲と中層雲の総称
ノーイ	[no:i]		なぎ
ハーガイ	[ha:gai]		浅瀬
バーキ	[ba:ki]		ざる
ハーレー	[ha:re:]		旧暦5月4日に行われる舟漕ぎ祭祀
ハマウリ、ハマウイ	[hamaʔuri], [hamaʔui]	浜売り	セリを通さないで漁師の家族が直接魚を売る方法
バラマチ	[baramatʃi]	雑市	雑貨や乾物などさまざまなものを売る市場
ハラミ(ハラン)	[harami], [haraɴ]		魚の卵
パンタタカー	[pantataka:]		イノーを漁場とする小型の追い込み網漁
ヒース	[hi:su]	引潮	引き潮
ヒカーグヮートゥエー	[hika:gwa:tue:]		ヒカーグワー【スズメダイ】追い込み網漁
ヒシ	[hiʃi]	干瀬	礁嶺。干潮時には干上がる
ヒシナギ	[hiʃinagi]		陸にそって流れる潮
ヒシワタ	[hiʃiwata]		干瀬の内側の浅いところ

方　言	音声表記	漢字・仮名表記	意　味
ヒシンクシ	[hiʃiŋkuʃi]		礁斜面
ヒシンナイ	[hiʃinnai]		干瀬にぶつかる波の音
ヒチハラバイ（ヒチャーラバイ）	[hitʃiharabai], [hitʃa:rabai]		追い風
ヒチャス	[hitʃasu]		下層を流れる潮
ヒルアッキ	[hiruʔakki]	昼アッキ	昼間の網漁の操業
ヒンガン	[hiŋgaɴ]	彼岸	彼岸
フー	[ɸu:]	帆	帆
プーカー	[pu:ka:]		魚の浮き袋
フカ	[ɸuka]	深	イノー（礁池）に対し外海
フカッキ（トゥビイカートゥエー）	[ɸukakki], [tubiʔika:tue:]		フカ【サメ】釣り漁、トゥビイカー〔トビイカ〕釣り漁
フカバイ	[ɸukabai]		沖に向けて流れる潮
フクル	[ɸukuru]	袋	袋網
フサーギ	[ɸusa:gi]		旧暦4月、雨の中に竜巻のようなものが起こる現象
ブリブシ	[buribuʃi]		昴
ブレーク	[bure:ku]		潮の細かな上下運動
ヘー	[he:]	南	南
ボースーアミ	[bo:su:ʔami]	芒種雨	旧暦4～5月にかけて降る雨
マーサズー	[ma:saʥu:]		よい潮
マースニー	[ma:suni:]	マース煮	潮煮
マギー	[magi:]	大きい	大きい
マギバイ	[magibai]		潮がとても速く流れる状態
マチグヮー	[matʃigwa:]	市小	市場
マブイグミ（マブイグミー）	[mabuigumi], [mabuigumi:]	魂込め	沖縄では強い感情の揺れを経験したときなどに、マブイ（魂）を落とすという考え方がある。マブイを落としたとされる人は「魂込め」をして、落としたマブイを再び体にもどす
ミー	[mi:]	目	目
ミーニシ	[mi:niʃi]	新北風	夏の終わり、初めて吹く北風
ミームナー	[mi:muna:]		メス
ミッス	[missu]	満潮	満ち潮

方　　言	音声表記	漢字・仮名表記	意　　味
ムインカーズー	[muiŋka:ʥu:]		潮が上層から海底に至るまでに2重、3重に異なる方向に流れている状態
ムサ	[musa]		うねり
ムリーカジ	[muri:kaʤi]		通常の嵐とは反対に、反時計回りに風向きが変わること
ヤージムヤー	[ja:ʤimuja:]		生息場所が決まっている魚
ヤーセーマチ (ヤサイマチ)	[ja:se:matʃi], [jasaimatʃi]	野菜市	野菜市場
ヤーラバイ	[ja:rabai]		潮が緩やかに流れる状態
ヤトゥイングヮ、ヤトゥイングヮー	[jatuiŋgwa], [jatuiŋgwa:]	雇い小	前金と引き換えに、漁撈や家事などの労働に従事するため、糸満であずかられている子ども
ヤナ	[jana]		岩
ヤナー	[jana:]		悪いもの
ヤナズー	[janaʥu:]		悪い潮
ヤマアティ	[jamaʔati]	山あて	陸上の目印の見え方から海上での位置を特定する方法
ヤマトゥ ヤマトゥー	[jamatu] [jamatu:]	大和	沖縄以外の日本。内地、本土ともいう
ヤマトゥンチュ (ヤマトゥンチュー、ヤマトゥンツ)	[jamatuntʃu], [jamatuntʃu:], [jamatuntsu]	大和人	沖縄人以外の日本人。アイヌは含まれない
ヤンリ	[janri]		しけ
ユーアミタカアミー	[ju:ʔamitakaʔami:]		刺し網漁
ユクサンバイ	[jukusambai]		横から吹く風
ユルアッキ	[juruʔakki]	夜アッキ	夜間の網漁の操業
ワース	[wa:su]		上層を流れる潮
ワーラバイ	[wa:rabai]		向かい風
ワタクサー	[watakusa:]		私財
ンズ	[nʥu]		溝
ンナグヮートゥエー	[nnagwa:tue:]		採貝漁

付表4　海の地名

方　　名	音声表記	区　分
ウーンズ	[ʔu:nʣu]	溝
ナカンズ	[nakanʣu]	溝
アタカーンチグヮーヌヒシ	[ʔataka:ntʃigwa:nuhiʃi]	干瀬
アブシンヒシ	[ʔabuʃinhiʃi]	干瀬
アムル	[ʔamuru]	干瀬
ウェーンチ	[ʔwe:ntʃi]	干瀬
ガーラシー	[ga:raʃi:]	干瀬
ガジャ	[gaʤa]	干瀬
カンチ	[kantʃi]	干瀬
ギルマビシ	[girumabiʃi]	干瀬
シジグムインシビ／シジグムイヌシビ	[ʃiʤigumuinʃibi]／[ʃiʤigumuinuʃibi]	干瀬
シナガンチ	[ʃinagantʃi]	干瀬
シバザキヌヒシ	[ʃibaʣakinuhiʃi]	干瀬
ナカマサー	[nakamaʃa:]	干瀬
ナカンガジャ	[nakaŋgaʤa]	干瀬
ニシナカンチ	[niʃinakantʃi]	干瀬
フカマーヤーヌヒシグヮー	[ɸukama:ja:nuhiʃigwa:]	干瀬
フクジンチヌヒシ	[ɸukuʤintʃinuhiʃi]	干瀬
ヒサンチ	[hisantʃi]	干瀬？
ヒシジュニー	[hiʃiʤuni:]	干瀬
ヘーナカンチ	[he:nakantʃi]	干瀬
ミジャイヌヒシ	[miʤainuhiʃi]	干瀬
ユクンチヌヒシ／ユクンチビシ	[jukuntʃinuhiʃi]／[jukuntʃibiʃi]	干瀬
ンズグヮーガシラヌヒシ	[ndzugwa:gaʃiranuhiʃi]	干瀬
フカマーヤーヌトーオン	[ɸukama:ja:nuto:ʔoɴ]	トーオン
アナギ	[ʔanagi]	島
イーフー／イーユ	[ʔi:ɸu:]／[ʔi:ju]	島
ウカワ	[ʔukawa]	島
エーギナ	[ʔe:gina]	島
シナガ(瀬長)	[ʃinaga]	島

方　名	音声表記	区　分
イヌヤグムイ	[ʔinujagumui]	小窪
ジジグムイ	[ʤiʤigumui]	小窪
ソージグムイ	[so:ʤigumui]	小窪
ナカンズヌクムイ	[nakanʣunukumui]	小窪
ムーグムイ／モーグムイ	[mu:gumui] [mo:gumui]	小窪
ウェーンチグチ	[ʔwe:ntʃigutʃi]	口
カングチ	[kaŋgutʃi]	口
ギルマグチ	[girumagutʃi]	口
スイグチ	[suigutʃi]	口
ミジャイグチ	[miʤaigutʃi]	口
アーランヤー	[ʔa:raɴja:]	海
イシブンチ	[ʔiʃibuntʃi]	海？
ウルンミー	[ʔurummi:]	海
クララン	[kuraraɴ]	海
シライ	[ʃirai]	海
シラマグチ	[ʃiramagutʃi]	海(昔は口だったかもしれない)
シランズ	[ʃiranʣu]	海
ナカシーグヮー	[nakaʃi:gwa:]	海
ナゴージ	[nago:ʤi]	海
フクルテーシ	[ɸukurute:ʃi]	海
ヘーサガイ	[he:sagai]	海
ヘーンムグトゥ	[he:mmugutu]	海
ナカウルグヮー	[nakaʔurugwa:]	サンゴ

〈参照文献〉

秋道智彌　1977「伝統的漁撈における技能の研究――下北半島・大間のババガレイ漁」『国立民族学博物館研究報告』2(4)：702–764ページ。

秋道智彌　2002「序・紛争の海―水産資源管理の人類学的課題と展望―」秋道智彌・岸上伸啓(編)『紛争の海――水産資源管理の人類学』人文書院、9–36ページ。

五十嵐忠孝　1977「トカラ列島漁民の“ヤマアテ”―伝統的漁撈活動における位置測定」人類学講座編纂委員会(編)『人類学講座第12巻 生態』雄山閣出版、139–161ページ。

伊志嶺安進　1987『沖縄気象歳時記』ひるぎ社。

伊谷原一　1990「沖縄県北部伊是名島のモズク養殖活動」『沖縄民俗研究』10：37–55ページ。

市川英雄　2009『糸満漁業の展開構造――沖縄・奄美を中心として』沖縄タイムス社。

市川光雄　1978「宮古群島大神島における漁撈活動―民族生態学的研究―」加藤泰安・中尾佐助・梅棹忠夫(編)『探検 地理 民族誌　今西錦司博士古稀記念論文集』中央公論社、495–533ページ。

糸満漁業協同組合　1998『平成9年度業務報告書・平成10年度事業計画書』糸満漁業協同組合。

糸満漁業協同組合　2013『平成24年度業務報告書』糸満漁業協同組合。

糸満市史編集委員会 1991『糸満市史 資料編12 民俗資料』糸満市役所。

糸満市土地開発公社　(出版年不明)『糸満市南浜公有水面埋立事業概要』糸満市土地開発公社。

糸満市土地開発公社　2004『設立30周年 糸満市土地開発公社』糸満市土地開発公社。

糸満市役所総合調整室　1975『いとまん』糸満市役所。

糸満市役所総務部総務課　1998『糸満市勢要覧』糸満市役所。

糸満町役所　1958(?)『町勢要覧1957』糸満町役所。

伊波普猷　1962(1940)「琉球国由来記解説」伊波普猷・東恩納寛惇・横山重(編)『琉球資料叢書第2』井上書房、1–33ページ。

伊波普猷　2000(1919)『沖縄女性史』平凡社。

今村薫　1989「石垣島における漁民の妻の社会的役割―ウキジュ関係を手がかりとして―」『季刊人類学』20(3)：129–178ページ。

煎本孝　1977a「房総漁民の生態―岩礁帯における漁撈採集活動の時間・空間構造とその形成に関与する性・年齢的役割について―」前掲『人類学講座第12巻 生態』251–279ページ。

煎本孝　1977b「房総海士、海女の潜水採集活動―日周活動リズムにおける空間利

用と行動的適応―」前掲『人類学講座第12巻 生態』297–312ページ。
煎本孝　1996『文化の自然誌』東京大学出版会。
上田不二夫　1991『沖縄の海人――糸満漁民の歴史と生活』沖縄タイムス社。
上田不二夫　1992「沖縄の旅漁民――糸満漁民の歴史と生活」谷川健一(著者代表)『海と列島文化第6巻　琉球弧の世界』小学館、479–502ページ。
上原初美　1976「糸満における漁業ニンジュ」『沖縄民俗』22：161–179ページ。
卯田宗平　2001「新・旧漁業技術の拮抗と融和―琵琶湖沖島のゴリ底引き網漁におけるヤマアテとGPS―」『日本民俗学』226：70–102ページ。
海老沢明彦　1995「アマミフエフキ(やきー)の生物情報と資源の状況」『平成7年度普及に移す技術の概要』沖縄県農林水産試験研究推進会議、沖縄県農林水産部、117–118ページ。
大胡修　1979「島根半島一漁村における漁撈活動」『国立民族学博物館研究報告』4(3)：379–403ページ。
大村敬一　2002「カナダ極北地域における知識をめぐる抗争―共同管理におけるイデオロギーの相克―」前掲『紛争の海――水産資源管理の人類学』149–167ページ。
大村八十八　1983(1912)「沖縄県水産一斑」沖縄県農林水産行政史編集委員会(編)『沖縄県農林水産行政史第17巻(水産業資料編Ⅰ)』農林統計協会、3–51ページ。
沖縄開発庁　1976『沖縄の振興開発』沖縄開発庁。
沖縄県水産試験場　1986『沖縄県の漁具・漁法』沖縄県漁業振興基金。
沖縄県土地開発公社豊見城村地先開発室　(出版年不明)『豊見城村地先開発事業』沖縄県土地開発公社。
沖縄県立水産試験場　1983(1929)「島尻郡中頭郡 各村漁業調査」前掲『沖縄県農林水産行政史第17巻(水産業資料編Ⅰ)』654–711ページ。
沖縄大学沖縄学生文化協会　1982「那覇市第一牧志公設市場調査報告」『郷土』20：5–86ページ。
沖縄の文化と自然を守る十人委員会(編)　1976『沖縄喪失の危機』沖縄タイムス社。
奥谷喬司(編著)　2000『日本近海産貝類図鑑』東海大学出版会。
小熊英二　1998『〈日本人〉の境界――沖縄・アイヌ・台湾・朝鮮　植民地支配から復帰運動まで』新曜社。
鹿熊信一郎　2002「沖縄におけるパヤオ漁業の発展と紛争の歴史」前掲『紛争の海―水産資源管理の人類学』39–59ページ。
片岡千賀之　1987「糸満漁民の海外出漁」中楯興(編)『日本における海洋民の総合研究――糸満系漁民を中心として上巻』九州大学出版会、379–395ページ。
片岡千賀之　1991『南洋の日本人漁業』同文舘出版。
加藤久子　1987「漁村・糸満における地域共同体としての「門」の形成と機能」『沖縄文化研究』13：373–432ページ。
加藤久子　1990『糸満アンマー――海人の妻たちの労働と生活』ひるぎ社。
河上肇　1977(1911)「琉球糸満の個人主義的家族」内田義彦(編)『近代日本思想体系18 河上肇集』筑摩書房、409–423ページ。

河村只雄　1999(1939)『南方文化の探究』講談社。
木崎甲子郎　1997「生物の来た道」池原貞雄・加藤雄三（編）『沖縄の自然を知る』築地書館、14–32ページ。
金城善　1989「糸満市の字と小字(2)―字糸満―」糸満市史編集担当『糸満市史研究資料7 糸満市史だより第2集』糸満市役所、37ページ。
金城善　2009a「二つの白銀岩の由来をめぐる諸問題」『島津入り400年記念シンポジウム 白銀岩の由来と薩摩・志布志』糸満市役所経済観光部商工観光課、3–22ページ。
金城善　2009b「白銀堂の名称と白銀岩及び白銀堂の変遷」前掲『島津入り400年記念シンポジウム 白銀岩の由来と薩摩・志布志』39–97ページ。
口蔵幸雄　1977「漁撈活動における年齢による仕事の配分―沖縄県石垣市新川地区の漁民集団の場合―」前掲『人類学講座第12巻生態』313–335ページ。
熊倉文子　1998「海を歩く女たち―沖縄県久高島における海浜採集活動―」篠原徹（編）『民俗の技術』朝倉書店、192–216ページ。
小橋川共男・目崎茂和　1989『《増補版》石垣島・白保 サンゴの海――残された奇跡のサンゴ礁』高文研。
小松かおり　2002「シシマチ（肉市）の技法」松井健（編）『講座・生態人類学6　核としての周辺』京都大学学術出版会、39–90ページ。
小松かおり　2007『沖縄の市場〈マチグヮー〉文化誌――シシマチの技法と新商品から見る沖縄の現在』ボーダーインク。
小松和彦　1993「文庫版解説」イーフー・トゥアン（著）、山本浩（訳）『空間の経験――身体から都市へ』筑摩書房、413–424ページ。
坂岡庸子　1987「糸満漁民婦人の家族生活」前掲『日本における海洋民の総合研究――糸満系漁民を中心として上巻』211–223ページ。
佐久田繁　1974『カラー沖縄 ニライの海』月刊沖縄社。
桜田勝徳　1992(1935)「糸満漁夫の聞書」谷川健一（編）『日本民俗文化資料集成第3巻 源海民――家船と糸満』三一書房、411–433ページ。
篠原徹　1982「漁民とその民俗的空間――島根半島軽尾漁村における漁場の構造と漁業の関係」小林行雄博士古稀記念論文集刊行委員会（編）『考古学論考　小林行雄博士古稀記念論文集』平凡社、737–764ページ。
篠原徹　1986「一本釣り漁師の生態」『季刊人類学』17(3)：89–137ページ。
篠原徹　1990『自然と民俗――心意の中の動植物』日本エディタースクール出版部。
篠原徹　1994「環境民俗学の可能性」『日本民俗学』200：111–125ページ。
島秀典　1989「糸満漁民の出稼ぎ形態と実態　1出漁（出稼ぎ）C–5漁場利用と漁業紛争、D加唐島（呼子）―呼子事件の顛末―」中楯興（編）『日本における海洋民の総合研究――糸満系漁民を中心として下巻』九州大学出版会、163–184ページ。
島袋伸三　1983「沖縄のサンゴ礁海域の地名」南島地名研究センター（編）『南島の地名第1集』新星図書出版、42–46ページ。
島袋伸三　1992「サンゴ礁の民俗語彙」サンゴ礁地域研究グループ（編）『熱い心の

島——サンゴ礁の風土記』古今書院、48–62ページ。
島袋伸三・渡久地健　1990「イノーの地形と地名」『民俗文化』2：243–263ページ。
白井祥平　1982『沖縄有害生物大事典　原色百科　動物編』新星図書出版。
菅原和孝　2000「ブッシュマンの民族動物学」松井健（編）『自然観の人類学』榕樹書林、159–210ページ。
須藤健一　1978「サンゴ礁海域における磯漁の実態調査中間報告(2)—石垣市登野城地区漁民の潜水漁法—」『国立民族学博物館研究報告』3(3)：535–556ページ。
瀬川清子　1971『販女——女性と商業』未来社。
関礼子　2004「開発の海に集散する人びと—平安座における漁業の位相とマイナー・サブシステンスの展開—」松井健（編）『沖縄列島——シマの自然と伝統のゆくえ』東京大学出版会、127–166ページ。
高桑守史　1994『日本漁民社会論考——民俗学的研究』未来社。
高橋そよ　2004「沖縄・佐良浜における素潜り漁師の漁場認識—漁場をめぐる「地図」を手がかりとして—」『エコソフィア』14：101–119ページ。
高山佳子　1999「伊良部島の海浜採集活動」『動物考古学』13：33–71ページ。
高良倉吉・田名真之（編）　1993『図説 琉球王国』河出書房新社。
竹川大介　1996「沖縄糸満系漁民の進取性と環境適応—潜水追い込み網漁アギャーの分析をもとに—」網野義彦・塚本学・宮田登（編）『列島の文化史10』日本エディタースクール出版部、75–120ページ。
竹川大介　1998「沖縄潜水追込網漁に関する技術構造論—自立性の高い分業制から創発される、柔軟で複雑な作業手順とその変容—」篠原徹（編）『民俗の技術』朝倉書店、94–117ページ。
武田淳　1988「沖縄サンゴ礁海域における漁撈の変化—本島南部の一漁村を事例にした生態人類学的検討—」『人類科学』40記念号（地域文化の均質化に関する総合的研究）：81–113ページ。
武田正倫　1982『原色甲殻類検索図鑑』北隆館。
田和正孝　1997『漁場利用の生態 文化地理学的考察』九州大学出版会。
千原光雄　1970『標準原色図鑑全集 15 海藻・海浜植物』保育社。
寺嶋秀明　1977「久高島の漁撈活動—沖縄諸島の一沿岸漁村における生態人類学的研究—」伊谷純一郎・原子令三（編）『人類の自然誌』雄山閣出版、167–239ページ。
寺嶋秀明　2002「イトゥリの森の薬用植物利用」寺嶋秀明・篠原徹（編）『講座・生態人類学7　エスノ・サイエンス』京都大学学術出版会、13–70ページ。
飛永精照（監修）　1989『沖縄民俗薬用動植物誌』ニライ社。
内藤直樹　1999「「産業としての漁業」において人—自然関係は希薄化したか—沖縄県久高島におけるパヤオを利用したマグロ漁の事例から—」『エコソフィア』4：100–118ページ。
中楯興（編著）　1987『日本における海洋民の総合研究——糸満市漁民を中心として上巻』九州大学出版会
中楯興（編著）　1989『日本における海洋民の総合研究——糸満系漁民を中心として

下巻』九州大学出版会。
中坊徹次（編）　2000『日本産魚類検索　全種の同定第２版』東海大学出版会。
仲松弥秀　1992（1944）「糸満町及び糸満漁夫の地理的研究」前掲『日本民俗文化資料集成第３巻　漂海民――家船と糸満』434–451ページ。
仲松弥秀　1993『うるま島の古層――琉球弧の村と民俗』梟社。
中村健児・上野俊一　1963『原色日本両生爬虫類図鑑』保育社。
那覇地方裁判所・同検事局　1939「糸満漁民と所謂個人主義に就て」『世態調査資料第18號』司法省調査部。
日刊宮古　1983「八重干瀬の地名」南島地名研究センター（編）『南島の地名第１集』新星図書出版、70–76ページ。
「日本の食生活全集沖縄」編集委員会（編）　1988『日本の食生活全集47　聞き書　沖縄の食事』農山漁村文化協会。
野池元基　1990『サンゴの海に生きる――石垣島・白保の暮らしと自然』農山漁村文化協会。
農林水産省経済局統計情報部　2000『第10次漁業センサス（第４報　第４分冊）』農林統計協会。
野口武徳　1987『漂海民の人類学』弘文堂。
野本寛一　1995『海岸環境民俗論』白水社。
橋本芳郎　1977『魚貝類の毒』東京大学出版会。
浜田英嗣　1987「糸満漁業生産物の商品化構造」前掲『日本における海洋民の総合研究――糸満系漁民を中心として上巻』185–197ページ。
原子令三　1972「嵯峨島漁民の生態人類学的研究―とくに漁撈活動をめぐる自然と人間の諸関係について―」『人類学雑誌』80(2)：81–112ページ。
檜垣巧　1989「糸満漁民の出稼ぎ形態と実態１出漁（出稼ぎ）F対馬」前掲『日本における海洋民の総合研究――糸満系漁民を中心として下巻』190–207ページ。
福地曠昭　1983『糸満売り――実録・沖縄の人身売買』那覇出版社。
外間守善　1986『沖縄の歴史と文化』中央公論社。
堀信行　1980「奄美諸島における現成サンゴ礁の微地形構成と民族分類」『人類科学』32：187–224ページ。
益田一・尼岡邦夫・荒賀忠一・上野輝彌・吉野哲夫（編）　1988（1984初版）『日本産魚類大図鑑』東海大学出版会。
松井健　1975「民俗分類の構造―南西諸島の場合―」『季刊人類学』6(1)：3–68ページ。
松井健　1989『琉球のニュー・エスノグラフィー』人文書院。
松井健　1991『認識人類学論攷』昭和堂。
松井健　1997『自然の文化人類学』東京大学出版会。
松井健　1998『文化学の脱＝構築――琉球弧からの視座』榕樹書林。
三栖寛　1987「追い込み網漁業の生成と発展（一.　追い込み網漁業の変遷）」前掲『日本における海洋民の総合研究――糸満系漁民を中心として上巻』101–128ページ。

目崎茂和　1989「日本のサンゴ礁・白保のサンゴ礁」小橋川共男・目崎茂和（著）『《増補版》石垣島・白保 サンゴの海—残された奇跡のサンゴ礁』高文研、81–118ページ。
本川達雄　1985『サンゴ礁の生物たち——共生と適応の生物学』中央公論社。
山田孝子　1984「ニンドゥ族の住居と植物の世界」伊谷純一郎・米山俊直（編）『アフリカ文化の研究』アカデミア出版会、621–670ページ。
結城登美雄　2009『地元学からの出発——この土地を生きた人びとの声に耳を傾ける』農山漁村文化協会。
吉嶺全二　1991『沖縄 海は泣いている——「赤土汚染」とサンゴの海』高文研。
吉本哲郎　2008『地元学をはじめよう』岩波書店。
Acheson, James M.　1981 Anthropology of Fishing. *Annual Review of Anthropology* 10: 275–316.
Akimichi, Tomoya　1984 Territorial Regulation in the Small-Scale Fisheries of Itoman, Okinawa. In Kenneth Ruddle and Tomoya Akimichi (eds.) *Maritime Institutions in the Western Pacific* (Senri Ethnological Studies 17), pp. 89–120. Osaka: National Museum of Ethnology.
Berkes, Fikret　1993 Traditional Ecological Knowledge in Perspective. In Julian T. Inglis (ed.) *Traditional Ecological Knowledge Concepts and Cases*, pp. 1–10. Ottawa: International Program on Traditional Ecological Knowledge and International Development Research Center.
Berlin, Brent, Dennis E. Breedlove and Peter H. Raven　1973 General Principles of Classification and Nomenclature in Folk Biology. *American Anthropologist* 75 (1): 214–242.
Ellen, Roy　1986 What Black Elk left unsaid: the illusory images of Green primitivism, *Anthropology Today* 2 (6): 8–12.
Ellen, Roy and Holly Harris　2000 Introduction. In Roy Ellen, Peter Parkes and Alan Bicker (eds.), *Indigenous Environmental Knowledge and its Transformations: Critical Anthropological Perspectives*, pp. 1–33. Amsterdam: Harwood Academic Publishers.
Hamilton, Richard and Richard Walter　1999 Indigenous Ecological Knowledge and its Role in Fisheries Research Design: A Case Study from Roviana Lagoon, Western Province, Solomon Islands, *Traditional Marine Resource Management and Knowledge* 11: 13–25.
Ingold, Tim. 1996 Hunting and Gathering as Ways of Perceiving the Environment. In Roy Ellen and Katsuyoshi Fukui (eds.), *Redefining Nature: Ecology, Culture and Domestication*, pp. 117–155. Oxford and Washington, D. C.: Berg.
Johannes, Robert E.　1981 *Words of the Lagoon: Fishing and Marine Lore in the Palau District of Micronesia*. Berkeley and Los Angeles: University of California Press.
Matsui, Takeshi　1981 Studies in Ryukyu Folk Biology: Part II Kurima Ethno-

ichthyology. *Zinbun*17: 39–105.

Ruddle, Kenneth, Edward Hviding, and Robert E. Johannes　1992 Marine Resources Management in the Context of Customary Tenure, *Marine Resource Economics* 7: 249–273.

Ushijima, Iwao and Cynthia Neri Zayas (eds.)　1994 *Fishers of the Visayas: Visayas Maritime Anthropological Studies I: 1991–1993*. Quezon: CSSP Publications.

Warren, D. Michael, L. JAN Slikkerveer and David Brokensha　1995 *The Cultural Dimension of Development: Indigenous Knowledge Systems*. London: Intermediate technology publications.

White, Lynn, Jr.　1967 The Historical Roots of our Crisis, *Science* 155(3767): 1203–1207.

〈新聞〉

2005 『縮刷版 琉球新報(『うるま新報』改題)第 21 巻』不二出版。

1998 年 11 月 19 日 『琉球新報』。

〈web site〉

糸満市役所　http://www.city.itoman.lg.jp/docs/2013043000027/

NHK 沖縄放送局 『沖縄戦 70 年――語り継ぐ未来へ』戦跡と証言、山巓毛(糸満市)[放送日 2010 年 3 月 31 日]http://www.nhk.or.jp/okinawa/okinawasen70/senseki/detail65.html

〈地図・海図〉

糸満市役所企画開発部企画調整課　2006『ひかりとみどりといのりのまち　糸満市』糸満市役所。

海上保安庁　1982(1997 年補刷)『日本南西諸島沖縄群島(1／200,000)』海上保安庁。

〈空中写真〉

国土地理院　1977 年(撮影)空中写真　沖縄 C OK-77-1(C61-2、C62-2、C62-3、C63-2、C63-3、C63-5、C64A-1、C64A-3、C65-2、C65-3、C66-2、C67-2、C68-3)

株式会社きもと　1997 年(撮影)空中写真

〈著者紹介〉
三田　牧（みた・まき）〈旧姓 川端〉
1972年　兵庫県に生まれ、京都で育つ。
2002年　京都大学大学院人間・環境学研究科博士後期課程研究指導認定退学。
2006年　博士（人間・環境学）取得。
日本学術振興会特別研究員（DC2）、京都文教大学教務補佐員、ベラウ（パラオ）国立博物館客員研究員、国立民族学博物館機関研究員、日本学術振興会特別研究員（RPD）などを歴任。
1996年より沖縄県糸満で漁撈文化について学ぶ。その後、糸満漁民の足跡を追いパラオ（現地名ベラウ）へ赴き、漁撈文化について学ぶとともに、パラオの人びとの日本統治経験について聞き取りを行う。2010年より調査地を沖縄に戻し、第二次世界大戦前に沖縄からパラオに移住した人びとのオーラル・ヒストリーの聞き取りを行う。
現　在　神戸学院大学人文学部准教授。
主　著　*Palauan Children under Japanese Rule: Their Oral Histories*（Senri Ethnological Reports 87）, Osaka: National Museum of Ethnology, 2009.『はじまりとしてのフィールドワーク――自分がひらく、世界がかわる』（李仁子・金谷美和・佐藤知久編、共著、昭和堂、2008年）。

海を読み、魚を語る
二〇一五年三月二〇日　初版発行
著　者　三田　牧

発行者　大江正章
発行所　コモンズ
東京都新宿区下落合一―五―一〇―一〇〇二
TEL〇三（五三八六）六九七二
FAX〇三（五三八六）六九四五
振替　〇〇一一〇―五―四〇〇一二〇
info@commonsonline.co.jp
http://www.commonsonline.co.jp/
印刷・理想社／製本・東京美術紙工
乱丁・落丁はお取り替えいたします。
ISBN 978-4-86187-123-8 C3039